und Mein ... äußerung; dies ...
Freiheit, sich Informationen un ...
Verständigungsmitteln ohne Rü ...
zu beschaffen, zu empfangen un ...

ARTIKEL 20
VERSAMMLUNGS- UND VEREINIGUNGSFRE...

(1) Jeder Mensch hat das Recht au... lungs- und Vereinigungsfreiheit zu fri... Zwecken.

(2) Niemand darf gezwungen werden, e... Vereinigung anzugehören.

ARTIKEL 21 ALLGEMEINES UND GLEICHES WAHLRE...

(1) Jeder Mensch hat das Recht, an der Le... der öffentlichen Angelegenheiten seines Lan... unmittelbar oder durch frei gewählte Vertreter teilzunehmen.

(2) Jeder Mensch hat unter gleich...
...en das Recht auf Zula...
...mtern in sei...

Reiner Engelmann/Urs M. Fiechtner (Hg.)

Dass wir heute frei sind ...

Menschen schützen Menschenrechte

Ein Amnesty-International-Lesebuch

Sauerländer

Dieses Buch ist Amnesty International
zu seinem 50-jährigen Bestehen gewidmet.
Die meisten der 25 Beiträge wurden eigens
für dieses Buch verfasst.

Projektleitung: Paula Peretti

Bibliografische Information der Deutschen Nationalbibliothek

Die Deutsche Nationalbibliothek verzeichnet diese Publikation in der
Deutschen Nationalbibliografie; detaillierte bibliografische Daten sind
im Internet über http://dnb.d-nb.de abrufbar.

© Sauerländer 2011
Bibliographisches Institut GmbH, Dudenstr. 6, 68167 Mannheim
Alle Rechte vorbehalten
Umschlaggestaltung: heike ossenkop pinxit, Basel, unter Verwendung
einer Illustration von Aljoscha Blau
Innentitelvignette: Aljoscha Blau
Druck: Friedrich Pustet KG, Gutenbergstr. 8, 93051 Regensburg
ISBN 978-3-7941-8107-0
www.sauerlaender.de

INHALT

Vorwort der Herausgeber

Jeder hat schon mal was davon gehört und meint, dass Menschenrechte ein absolut wichtiges Thema sind, na klar, aber doch vielleicht nicht wichtig genug, um irgendetwas darüber wissen zu wollen.

Das finden, wenn man den Umfragen der letzten Jahre trauen darf, erstaunlich viele Menschen in Westeuropa. In Deutschland zum Beispiel, wo man doch so gerne sprichwörtlich »auf sein gutes Recht« pocht, pochen manche offenbar im Nebel, denn die Umfragen sagen uns, dass dort 42 % der Befragten kein einziges Menschenrecht nennen können. Und 28 % haben sogar noch nie etwas von der Menschenrechtserklärung der Vereinten Nationen gehört.

Auch von Amnesty International hat fast jeder schon einmal gehört. Jedenfalls irgendetwas. Die größte und einflussreichste Menschenrechtsorganisation der Welt, die gleichzeitig auch zu den ältesten und erfahrensten nichtstaatlichen Organisationen überhaupt zählt, genießt fast überall hohes Ansehen – außer bei Diktatoren, versteht sich. Aber wenn danach gefragt wird, welche Organisationen sich für die Durchsetzung der Menschenrechte einsetzen, können nur 30 % der Deutschen Amnesty nennen. Und 40 % fällt dazu überhaupt nichts ein.

Manchmal darf man sich fragen, ob das deutsche Bildungssystem noch alle Bücher im Schrank hat. Wir haben deshalb den 50. Geburtstag von Amnesty zum Anlass genommen, den langen Kampf um die Verwirklichung der Menschenrechte zum Thema zu machen. Wir haben erfahrene Insider, kompetente Fachleute sowie renommierte Autorinnen und Autoren gebeten, über ihre Sicht der Dinge zu schreiben, die Arbeit von Menschen und Organisationen für die Durchsetzung der Menschenrechte zu erläutern und ein Licht auf solche Menschenrechtsverletzungen zu werfen, die heute in der Öffentlichkeit kaum bekannt sind. Und wir haben sie gebeten, über die alte und immer wieder nachgewiesene Erfahrung zu berichten, dass der Kampf um unsere Rechte nicht umsonst ist und jeder sich jederzeit, überall und noch dazu erfolgreich einmischen kann. Herausgekommen ist ein Buch, mit dem man vielleicht noch mehr tun kann, als es nur in den Schrank zu stellen.

Urs M. Fiechtner, Reiner Engelmann

STEFAN KESSLER

Menschenrechte – mehr als ein Thema für Sonntagsreden?

Aktuelle Beispiele

Im Sommer 2010 lösten die französischen Behörden mehrere Siedlungen von Roma auf und schoben zahlreiche Menschen ab, vor allem nach Bulgarien und Rumänien. Der scharfen Kritik an den damit verbundenen Menschenrechtsverletzungen, der sich sogar die Europäische Kommission anschloss, begegnete die Regierung mit dem beleidigten Hinweis, Frankreich sei »das Mutterland der Menschenrechte« und benötige deshalb keine »Belehrung« von außen. Auch Deutschland schiebt Roma ab – in diesem Fall vor allem in den Kosovo – und kümmert sich kaum um die Kritik hieran, die sogar von der UN-Menschenrechtskommissarin erhoben wird. Sind die Menschenrechte zur kleinen Münze geworden, mit der man nach Belieben umgehen kann?

Fast könnte man diesen Eindruck haben. Menschenrechte werden auf der einen Seite immer wieder beschworen und ihre Achtung in zahlreichen Reden eingefordert. In den Jahren 2008 – beim 60. »Geburtstag« der Allgemeinen Erklärung der Menschenrechte – und 2009 – als das deutsche Grundgesetz 60 Jahre alt wurde – wurde das geneigte Publikum geradezu überhäuft von Bekenntnissen zu den Menschenrechten, die von Regierungs- wie Oppositionspolitikern abgegeben wurden. Auf der anderen Seite erleben wir es nicht selten, dass Menschenrechte hinter Anforderungen der »Realpolitik« zurückstehen sollen.

Das erleben wir im Falle des sudanesischen Staatschefs Omar al-Bashir, gegen den vom Internationalen Strafgerichtshof ein Haftbefehl erlassen worden ist. Grund: Bashir wird vorgeworfen, für schwerste Verbrechen gegen die Menschlichkeit verantwortlich zu sein, die etwa im Konflikt um die sudanesische Provinz Darfur verübt worden sind. Trotz des Haftbefehls reist Bashir fröhlich außerhalb des Sudan umher, wohl wissend, dass sich kein anderer Staat traut, ihn gefangen zu nehmen. Stattdessen wird vielmehr der Internationale Strafgerichtshof kritisiert und ihm vorgeworfen, Bashir sei für die Lösung der Konflikte im zentralen Afrika eine Schlüsselpersönlichkeit und der mit den Menschenrechtsverletzungen begründete Haftbefehl ginge zu weit.

Ein weiteres Beispiel: Für den Bau des Ilisu-Staudamms in der Türkei werden Zehntausende Menschen zwangsweise umgesiedelt. Trotz gegenteiliger Versprechen an die ausländischen Investoren und Kreditagenturen bemüht sich die türkische Regierung nicht um eine angemessene Entschädigung der Betroffenen, die ihre Wohnung und Heimat verlieren. Erst nach massiver Kritik von Menschenrechts- und Entwicklungsorganisationen sah sich die deutsche Bundesregierung veranlasst, Kreditgarantien, mit denen die Beteiligung deutscher Firmen am Staudammprojekt gesichert werden sollte, wieder zurückzuziehen.

Bedeutet dies, dass Menschenrechte im Konfliktfall immer hinter wirtschafts- oder machtpolitischen Erwägungen zurückstehen müssen? Dies wäre eine äußerst kurzsichtige Politik. Denn Menschenrechte bilden die Grundlage einer freiheitlich-demokratischen Ordnung. Wird diese Grundlage verlassen, gerät auch die Ordnung unserer Staatswesen in Gefahr. Außerdem ist längst anerkannt, dass Staaten nur dann wirklich stabil sind, wenn in ihnen die Menschenrechte geachtet und geschützt werden. Und stabile Staatsordnungen geben die besten Voraussetzungen für eine nachhaltige Politik, sei es im Bereich der Außenbeziehungen, der Wirtschaft oder der Entwicklungshilfe.

Ein weiterer Gesichtspunkt kommt hinzu: Menschenrechte sind in internationalen Verträgen festgelegt. Dies sind entweder so umfassende Abkommen wie die beiden internationalen Pakte über bürgerliche und politische Rechte (»Zivilpakt«) sowie über wirtschaftliche, soziale und kulturelle Rechte (»Sozialpakt«). Oder es handelt sich um Regelwerke, die einzelne Rechte betreffen (zum Beispiel die »UN-Konvention zur Abschaffung der Folter«) oder bestimmte Gruppen schützen (etwa die »UN-Kinderrechtskonvention« oder die »Genfer Flüchtlingskonvention«). Verletzt ein Staat die hierin niedergelegten Menschenrechte, verstößt er zugleich gegen seine vertraglichen Zusagen. Wie vertrauenswürdig ist dann allgemein ein solcher Staat? Wer garantiert, dass er nicht auch Verpflichtungen etwa aus Wirtschaftabkommen verletzt? Mit anderen Worten: Ein Staat, der die Menschenrechte missachtet, ist auch in anderen Bereichen kein verlässlicher Vertragspartner.

Außen- und Innenpolitik gleichermaßen gefordert

Die Erkenntnis, dass Menschenrechtsschutz und »Realpolitik« miteinander in Einklang gebracht werden müssen, hat ganz konkrete Auswirkungen. Zum Beispiel bei der Außenhandelspolitik. Seit Jahren fordern Amnesty International und andere Organisationen, dem zügellosen Verkauf von Leicht- und Kleinwaffen nicht mehr tatenlos zuzusehen. Denn täglich (!) sterben mehr als 1000 Menschen alleine durch Klein- und Leichtwaffen. Auch Deutschland exportiert Waffen in Länder, in denen die Menschenrechtssituation besorgniserregend ist: Deutsche Maschinenpistolen gehen nach Ägypten, Malaysia und Mexiko, Schnellfeuergewehre nach Mexiko, Philippinen und Saudi-Arabien. Deshalb fordern die Organisationen in Deutschland eine klare gesetzliche Menschenrechtsklausel bei Rüstungsexporten. Wir brauchen mehr Transparenz, eine effektive Kontrolle durch das Parlament. Damit die »goldene Regel« greift: Keine Waffenexporte, wenn sie zu Menschenrechtsverletzungen führen können. Keine Geschäfte mit dem Tod.

Menschenrechte sind aber nicht nur ein Thema für die nach außen gerichtete Politik, für die Beziehungen zu anderen Staaten. Sie müssen auch Grundlage der Innenpolitik sein, und zwar nicht nur im Verhältnis zwischen dem Staat und seinen Bürgerinnen und Bürgern, sondern auch und gerade beim Umgang mit solchen Menschen, die nicht zum Staatsvolk im engeren Sinne gehören, also vor allem mit Flüchtlingen. Es gibt vielfältige Ursachen dafür, dass Menschen ihre Herkunftsländer verlassen und in einem anderen Land Schutz, Arbeit und ein Zuhause suchen. Weltweit befinden sich Millionen Menschen auf der Flucht, die meisten von ihnen innerhalb Asiens und Afrikas. Von dem kleinen Prozentsatz derjenigen, die Europa erreichen, stellt ein noch kleinerer Teil in Deutschland einen Antrag auf Asyl.

Welche Perspektiven hält Deutschland all jenen bereit, die durch Verfolgung, Krieg und Unrecht ihre Existenzgrundlage verloren haben und geflohen sind? »Politisch Verfolgte genießen Asylrecht«, lautet Artikel 16a Abs. 1 des Grundgesetzes. Wer dies aus welchen Gründen in Anspruch nehmen kann, wird seither heftig debattiert. Viele regionale Krisen oder Bürgerkriege, die Menschen zur Flucht zwingen, werden hierzulande nicht als Asylgrund eingestuft. Deutschland hat jedoch die Genfer Flüchtlingskonvention unterzeichnet, wonach jede Person als Flüchtling gilt, die »aus der begründeten Furcht vor Verfolgung wegen ihrer Rasse, Religion, Nationalität, Zugehörigkeit zu einer bestimmten sozialen Gruppe oder wegen ihrer politischen Überzeugung sich außerhalb des Landes befindet, dessen Staatsangehörigkeit sie besitzt«. Neben dem Asylrecht nach dem Grundgesetz gibt es daher die Möglichkeit, den Flüchtlingsstatus gemäß der Genfer Flüchtlingskonvention zu bekommen oder aufgrund humanitärer Gründe oder anderer Abschiebungshindernisse vorübergehend in Deutschland bleiben zu können. Entfällt das Abschiebungshindernis, etwa wegen Veränderung der Lage im Herkunftsland, so wird das Aufenthaltsrecht wieder entzogen. Viele Menschen, die nicht abgeschoben werden können, erhalten jedoch kein Aufenthaltsrecht, sondern nur eine Duldung, die nur den eigentlich illegalen Aufenthalt straffrei macht, aber keine längerfristige Niederlassung und Integration ermöglicht, da in der Regel keine Arbeits- und Ausbildungserlaubnis erteilt wird.

Der Fluchtweg wird zum Nadelöhr

1993 wurde das Grundrecht auf Asyl durch die sogenannte Drittstaatenregelung drastisch eingeschränkt: Betritt man auf der Reise nach Deutschland einen anderen, als sicher geltenden Staat Europas, so kann man ausschließlich dort Asyl beantragen. Da alle Länder, die Deutschland umgeben, als sichere Drittstaaten gelten, kommt im Grunde nur die Einreise auf dem Luftweg infrage, um in Deutschland Asyl beantragen zu können. Das deutsche Asylverfahren beschäftigt sich daher akribisch mit der Ermittlung des Fluchtweges, den glaubhaft nachzuweisen oft schwierig ist.
Eine maßgebliche Rolle für den Verlauf des Verfahrens spielt die Erstanhörung vor der Behörde, die über den Asylantrag entscheidet: das Bundesamt für Migration und Flüchtlinge. Oft gehen Flüchtlinge ohne

ausreichende Vorinformation in diese Anhörung oder können – sei es aufgrund unzureichender Übersetzung oder sei es, weil die Befragung sich auf formale Aspekte konzentriert – nicht alle relevanten Inhalte einbringen. Alles, was erst später vorgebracht wird, unterliegt dem Verdacht der Unglaubwürdigkeit und kann nur noch schwer im Verfahren geltend gemacht werden.

Vom Zeitpunkt der Antragstellung bis zur Entscheidung, ob Asyl gewährt wird oder nicht, befinden sich die Flüchtlinge im Asylverfahren, welches Wochen, Monate oder auch mehrere Jahre dauern kann. All ihre Belange werden in dieser Zeit durch besondere Gesetze – zum Beispiel das Asylbewerberleistungsgesetz – geregelt. Über den Aufenthaltsort innerhalb des Bundesgebietes entscheidet das Bundesamt für Migration und Flüchtlinge mittels Zuweisung. Vielerorts erfolgt die Unterbringung von AsylbewerberInnen in Heimen, also Massenunterkünften, in denen sich mehrere Personen ein Zimmer teilen und stockwerkweise Küche und Sanitäreinrichtungen gemeinsam genutzt werden. Oft liegen diese Unterkünfte am Rande oder außerhalb der Ortschaft. Den Landkreis, in dem sich die Unterkunft befindet, dürfen AsylbewerberInnen aufgrund der sogenannten Residenzpflicht regulär nicht verlassen.

Ausgrenzung versus Unterstützung

Während des laufenden Asylverfahrens wird höchstens dann eine Arbeitserlaubnis erteilt, wenn auf eine gewünschte Stelle kein Deutscher oder bevorrechtigter Ausländer vermittelt werden kann. Die Antragstellenden können sich somit ihren Lebensunterhalt nicht selbst verdienen, sondern erhalten Leistungen nach dem Asylbewerberleistungsgesetz. Das Hilfeniveau ist weit unter dem, was deutsche Leistungsempfänger erhalten! Teilweise werden die Leistungen nicht als Bargeld gewährt, sondern in Form von Nahrungsmittelpaketen oder von Chipkarten, die den Einkauf in ausgewählten Läden vorschreiben.

Das Arbeitsverbot und die Einschränkung der Bewegungsfreiheit bringen eine soziale Isolation mit sich, die politisch gewollt ist. Bevor die Entscheidung für oder gegen ein Aufenthaltsrecht fällt, ist die nähere

Berührung mit der deutschen Gesellschaft und ein aktives Einleben der Flüchtlinge nicht erwünscht. Die Teilnahme an Deutschkursen wird in diesem Stadium kaum ermöglicht, ja auch die schulische Bildung der Kinder basiert vielerorts auf ehrenamtlichen Initiativen. So verstreichen für viele Menschen die Monate und Jahre mit Warten, ohne dass Möglichkeiten bestehen, die persönliche, berufliche und familiäre Perspektive aktiv in die Hand zu nehmen und zu beeinflussen.

In der Regel erscheinen den Ortsansässigen, die in den seltensten Fällen die Unterkünfte von innen kennen oder um einzelne Biografien wissen, die Asylbewerberheime und die darin lebenden Menschen als eine Bedrohung oder als Störfaktor. Auf der anderen Seite gibt es Unterstützerkreise, Bürgerinitiativen oder Besuchsgruppen, die den Kontakt zu diesen ausländischen Nachbarn suchen. Sie interessieren sich für das, was die Menschen mitbringen, und werden kreativ, damit Kinder etwas lernen können, Sprachbarrieren aufgebrochen werden und gesellschaftliche Partizipation an einzelnen Punkten beginnen kann. Damit treten sie für das ein, was der deutsche Staat vernachlässigt: Schutz für schutzlose Menschen.

Dieses zivilgesellschaftliche Engagement ist nicht nur für den Flüchtlingsschutz unverzichtbar, sondern für den Menschenrechtsschutz insgesamt. Nur wenn Mitglieder und Unterstützende von Organisationen wie Amnesty International immer wieder Briefe auch an deutsche Politikerinnen und Politiker schreiben, auf die Straße gehen und mit vielfältigen, fantasievollen Aktionen die Öffentlichkeit mobilisieren, kann sich bei denen, die politische Entscheidungen fällen, die Erkenntnis weiter durchsetzen: Menschenrechte und »Realpolitik« stehen nicht im Widerspruch zueinander, sondern Menschenrechte müssen die Grundlage der »Realpolitik« sein. Und damit mehr als nur Thema für Sonntagsreden.

GERD RUGE

50 Jahre Amnesty International in Deutschland

Eigentlich war es ein Sommerfest mit Wein und freundschaftlichen Gesprächen, zu dem sich Journalisten, Schriftsteller, Schauspieler und jüngere Akademiker von der Kölner Universität Anfang September 1961 getroffen hatten. Als es kurz vor 22 Uhr klingelte, stand ein schmalgesichtiger englischer Quäker vor der Tür, Eric Baker. Er kam unmittelbar vom Bahnhof, weil er die Chance nutzen wollte, uns etwas von einer ganz neuen Idee zu erzählen, die gemeinsame Freunde in England acht Wochen zuvor durch die Gründung einer kleinen Vereinigung namens »Appeal for Amnesty« umgesetzt hatten. Ich hatte ihn nicht mehr erwartet, eigentlich war es schon zu spät am Abend, aber als Eric Baker zu erzählen begann, etwas schwerfällig, aber sehr ernst und überzeugend, schlug die Stimmung des Sommerfestes um. Es war, als hätte Baker ein Stichwort gegeben, auf das die meisten nur gewartet hatten. In England gäbe es nun diese Vereinigung, die für politische Gefangene, die wegen ihrer Meinung, ihres Glaubens verfolgt würden, eintreten wolle, berichtete er. Und zwar nicht nur für eine Richtung, sondern jeweils für einen Gefangenen im kommunistischen Osten, im demokratischen Westen und in der Dritten Welt.

Das leuchtete uns ein. Leute, die für politische Gefangene in der DDR eintraten, gab es schon und andere Organisationen, die nur für Kommunisten in der Bundesrepublik Deutschland Unterschriften sammelten. Diese Einseitigkeit konnte solche Vereinigungen zu politischen Propagandawerkzeugen machen, aber wenn es klar war, dass man Verfolgte in Ost und West und in der Dritten Welt in Dreiergruppen gemeinsam und gleichzeitig unterstützen werde, war der Missbrauch des Einsatzes für die Freiheit der Meinungen wie der politischen Häftlinge ausgeschlossen.

15 oder 20 von uns fanden gleich, dass man diesen Gedanken auch in der Bundesrepublik Deutschland umsetzen könne und müsse. Wir

hatten unterschiedliche Erfahrungen, aber in einem waren wir uns einig: Auch in der Bundesrepublik bestand die Gefahr, dass der politischen Auseinandersetzung im Ost-West-Konflikt Grundprinzipien der Meinungsfreiheit und der Menschenrechte geopfert werden könnten.

Einer sagte, für eine Vereinsgründung müsse man 17 Mitglieder haben – ob das stimmte, wussten wir nicht, aber 17 waren wir jedenfalls. Also beschlossen wir, am nächsten Morgen beim Notar Näheres zu erfragen. Mit Vereinsrecht und Vereinsgründung hatten wir alle keine Erfahrung. Dass wir einen Schatzmeister brauchten, erfuhren wir auch, den musste Felix Rexhausen machen, ein bekennender schwuler Satiriker, der einmal Volkswirtschaft studiert hatte. Carola Stern, die von der Parteihochschule der DDR in den Westen gekommen war, übernahm die Gründung und Betreuung von Dreiergruppen. Ich, ein engagierter Journalist ohne Verwaltungsbegabung, machte den Vorsitzenden. Wolfgang Leonhardt war als junger Mann mit Ulbricht aus der Sowjetunion in die DDR gekommen und vor dem Stalinismus zu Tito nach Jugoslawien geflohen. Er gehörte mit der Journalistin Sabine Rühle, die sich für die Meinungsfreiheit der Dichter und Schriftsteller ins Zeug gelegt hatte, zum Gründerkern. Eigentlich war es ein abenteuerlicher Gedanke, dass Leute wie wir eine Vereinigung organisieren wollten. Also nahmen wir uns die Engländer zum Vorbild, die ihre Vereinigung »Appeal for Amnesty« zwei Monate zuvor offiziell gegründet hatten. Von ihnen übernahmen wir den Namen »Amnestie Appell«. Der sagte nicht viel, war aber sehr praktisch für eine Organisation, die sich in der Zeit des Kalten Krieges für politische Gefangene einsetzen wollte, auch wenn es um mehr als nur Haftentlassungen ging. In dieser Zeit, in der sich die politischen Spannungen zwischen Ost und West ständig verschärften, war das Misstrauen gegen eine Gruppe, die weder der einen noch der anderen Seite Gefolgschaft versprach, außerordentlich hoch. Wer für Verfolgte, Inhaftierte und Gefolterte, egal aus welchem Lager sie kamen, Hilfe in der Öffentlichkeit suchte und zugleich der Öffentlichkeit zeigen wollte, was politische Verfolgung bedeutet, geriet auf beiden Seiten ins Zwielicht. In der Bundesrepublik gab es den Vorwurf kommunistischer Propaganda, in der DDR die Verdächtigung, dass da westliche Geheimdienste dahinter steckten.

Es war viel Überzeugungsarbeit nötig, um wenigstens einige bekannte Leute zur Unterstützung zu gewinnen. So hielten wir von Anfang an das Prinzip der Dreiergruppen aufrecht, das sicherstellte, dass kein einseitiges Propagandainstrument entstünde. Als Berthold Beitz von der Krupp-Stiftung die erste große Spende von 10 000 DM überwies, konnten wir Hans Matthöfer von der IG-Metall dafür gewinnen, ebenfalls 10 000 DM zu spenden, und schließlich den Kölner Kardinal dafür gewinnen, sich ebenso zu beteiligen. Richtig publik durften wir es nach dem Wunsch der Spender nicht machen, aber es war eine Basis, die uns vor mancher aggressiven Kritik schützen konnte. Kurz danach kam ein anglikanischer Geistlicher aus London, um beim Bundesjustizminister nachzufragen, wie man in Bonn die Verhaftung des Chefredakteurs des DDR-Deutschlandfunks rechtfertigen könne, der als propagandistischer Rädelsführer gegen die Bundesrepublik im Ruhrgebiet im Gefängnis saß. Und ein indischer Gewerkschaftler reiste nach Ostberlin, um sich für einen linken Gewerkschaftler einzusetzen, der in der DDR im Gefängnis saß. Ein französischer Journalist vom kommunistischen Parteiorgan »Humanité« setzte sich in Prag für einen inhaftierten katholischen Priester ein.

Allmählich gelang es uns, eine Basis des Vertrauens aufzubauen, die es auch manchen Politikern möglich machte, die Ziele von »Amnestie Appell« von Fall zu Fall zu unterstützen. Es schien geradezu, als hätten manche Menschen nur auf die Gelegenheit gewartet, und ihre Teilnahme an der Arbeit von »Amnestie Appell« half, diese Arbeit gegen bösartige Angriffe abzusichern.

Das war ein wesentlicher Teil der Arbeit im ersten Jahr. Als die Bundesregierung leitenden Redakteuren des »Spiegel« Landesverrat vorwarf und sie ins Gefängnis brachte, organisierten wir eine achtstündige Debatte zwischen Juristen und Journalisten aus Deutschland, England, Frankreich und der Schweiz, die unter dem knalligen Titel *Landesverrat und Pressefreiheit* als Buch veröffentlicht wurde. Es waren international angesehene Leute (drei von ihnen wurden später in ihren Ländern Justizminister), deren Mitwirkung an unserem Projekt die Ernsthaftigkeit unserer Bemühungen deutlich und glaubwürdig machte.

Im Juni 1961 war die englische Gruppe gegründet worden. Im September folgte die deutsche Gruppe offiziell als »Amnestie Appell«. Im September 1962 setzten sich rund 20 Leute aus sechs verschiedenen Ländern in einem Café in Luxemburg zusammen, um ihre gerade erst entstehenden Sektionen zu einer internationalen Organisation zusammenzufügen. Die Namen »Appeal for Amnesty« und »Amnestie Appell« schienen überholt, denn nun war klar, dass eine breitere und auf lange Zeit angelegte Arbeit bevorstand. Es ging ja nicht mehr nur, wie bei der Begründung der englischen Gruppe, um einen Aufruf für die Begnadigung verurteilter politischer Häftlinge, sondern es war deutlich, dass die Arbeit sich über das große Feld der Menschenrechte erstrecken würde. Außerdem war es wichtig, dass wir uns für Menschen aus Osteuropa, dem Westen und den um ihre Freiheit kämpfenden Menschen der kolonialen Dritten Welt einsetzen würden. Gerade diese Probleme der Dritten Welt waren damals kaum im Blickfeld der Europäer, wenn es um den Einsatz der Menschenrechte ging.

Zusammenfassen und abgrenzen ließen sich die Aufgaben nicht so leicht. Als die Engländer vorschlugen, als neuen Namen einfach »Amnesty International« zu wählen, gab es einige Zweifel. Das sei weder ein Name noch ein Programm, kritisierten die belgischen Teilnehmer. Aber dann einigten sich alle darauf, dass es die Hauptsache sei, der Name präge sich gut ein und die Gruppen und Mitglieder täten wirklich etwas, dass diesem Namen Ehre mache. Von Anfang an war klar, dass der Name die Aktivitäten nicht auf ein schmales Programm einengte, sondern dass man gegen viele Formen der Verfolgung, Unterdrückung und Verletzung der Menschenrechte eintreten könne. Sie ließen sich zu keinem Zeitpunkt im Voraus definieren und begrenzen, argumentierte Peter Benenson, der Gründer, der den ersten Aufruf, den »Appeal for Amnesty«, entworfen hatte. Heute wissen wir, wie recht er damit hatte.

REINER ENGELMANN

Marios Geschichte

August 2010

Mario hatte alles vorbereitet für seine Rückkehr. Seine Arbeitsstelle hatte er vor Monaten schon gekündigt, auch mit einigen Kolleginnen und Kollegen über seine Entscheidung gesprochen. Nicht mit allen. Nicht mit denen, die entweder offen oder hinter seinem Rücken erleichtert aufatmen würden. Wieder einer weniger, würden einige vielleicht denken. Wohl aber mit denen, zu denen er Vertrauen hatte, die seinen Entschluss aufrichtig bedauerten.

Nach und nach hatte er überlegt, was er aus seiner Wohnung mitnehmen würde und wovon er sich würde trennen müssen. Er beschloss, eine Liste anzulegen, auf der ganz oben seine Bücher standen. Bücher, die er in all den Jahren gelesen hatte, die ihn begleitet hatten, die ihm über dunkle Stunden, die er hier erlebte, hinweggeholfen hatten, auf die wollte er in seiner neuen Heimat nicht verzichten. Ebenso war es mit seiner CD-Sammlung. Auch die Musik war es, die ihn, besonders wenn er unter seinen Depressionen litt, aus dem Tal geführt und ihm neue Kraft gegeben hatte.

Die Formalitäten zu erledigen, war für ihn die unangenehmste Aufgabe. Obwohl er ausreichende Erfahrungen mit deutschen Behörden in all den Jahren gesammelt hatte, erschreckte ihn immer wieder die nüchterne Sachlichkeit und auch die Distanz der Verwaltungsbeamten.

Seine Wohnung war schon weitervermietet, dafür hatte der Hausbesitzer gesorgt. Er müsse sie aber termingerecht räumen, der Nachmieter sei darauf angewiesen. Ja, so war sein Verhältnis zu seinem Vermieter, da hatte sich auch nach mehr als zehn Jahren nichts geändert, nichts Persönliches war entstanden, keine Frage nach dem Warum der Rückkehr. Beim Abschied die letzte Inspektion der leergeräumten Wohnung, nur ein Kopfnicken, alles sei in Ordnung, ein kurzer Händedruck, ein »Auf Wiedersehen«, das Mario mit einem Kopfschütteln quittierte. Nein, es würde sicher kein Wiedersehen geben.

Anders war es mit seinen Freunden. Ein großes Abschiedsfest hatten sie für ihn organisiert. Zuerst wehrte er sich dagegen, er wolle nicht im Mittelpunkt stehen, wolle keine Sentimentalitäten aufkommen lassen – und außerdem, sich von so vielen Freunden auf einmal zu verabschieden, das falle ihm schwer, das müssten sie doch verstehen. Schließlich hatte er doch ihrem Drängen nachgegeben, es war die letzte Gelegenheit, sie alle noch einmal kurz vor seiner Abreise zu sehen.

In den Wochen zuvor hatte er sie dafür einzeln und nacheinander besucht. Dabei hatten sie sich die gemeinsame Zeit erzählend in Erinnerung gerufen, sich gegenseitig versprochen, den Kontakt auch nach seiner Auswanderung zu halten; ja, einige seiner Freunde betrachteten Marios Rückkehr in seine Heimat als Auswanderung, schließlich habe er ja mehr als die Hälfte seines bisherigen Lebens in Deutschland zugebracht. Ja, sie wollten in Verbindung bleiben, auf jeden Fall schriftlich und ab und an auch mal miteinander telefonieren. Einladungen zu Besuchen und Gegenbesuchen wurden ausgesprochen, wobei allen bewusst war, dass dies, wenn überhaupt, kaum möglich sein würde.

Mehr als 30 Jahre hatte Mario in Deutschland gelebt. Nachdem er als Asylbewerber anerkannt war, absolvierte er einen Deutschkurs, der ihm die ersten Sprachkenntnisse vermittelte, die er mithilfe deutscher Freunde im Laufe der Zeit ständig verbesserte. Er bezog eine kleine Dachwohnung, absolvierte erfolgreich eine Ausbildung in der Computerbranche und fand in diesem Bereich auch eine Arbeitsstelle – nicht ohne Komplikationen, denn er bekam diese Stelle nur, weil es keinen deutschen Mitbewerber gab. Eine Arbeitsstelle, die ihm nicht nur seinen Lebensunterhalt sicherte, sondern mit der er, wenn er sparsam lebte, auch seine Familie in Argentinien zumindest sporadisch unterstützen konnte.

Nach all dem war Deutschland so etwas wie seine Heimat geworden. Zumindest glaubte er das über lange Zeit, argumentierte auch damit, dass er hier Freunde habe, dass er wisse, in welchen Geschäften man gut und günstig einkaufen könne; er fahre hier Auto und habe sich nicht nur mit den Verkehrsregeln, sondern auch mit anderen Gesetzen und Vorschriften vertraut gemacht, die ihm besonders an seinem Arbeitsplatz dazu verhalfen, in den Betriebsrat gewählt zu werden. Zu diesem Zeitpunkt hatte er neben seiner argentinischen auch die deutsche Staatsbürgerschaft erlangt.

Was niemand wusste, weil er es verschwieg, war, dass er immer noch in seiner Muttersprache dachte und oft auch noch in seiner Muttersprache träumte. Zurück in sein Heimatland, zurück nach Argentinien, ging er freiwillig. Gekommen war er unfreiwillig. Niemand hatte ihn danach gefragt, ob er nach Deutschland, nach Schweden, nach Frankreich, nach Dänemark oder in ein anderes Land wollte. Sein Name stand auf einer Liste mit Hunderten von weiteren Namen, die, so sah es das Angebot der damaligen deutschen Regierung an die argentinische Militärjunta vor, in Deutschland aufgenommen werden sollten. Dass Marios Name auf der Liste stand, hatte er mit großer Wahrscheinlichkeit einer Amnesty-Gruppe zu verdanken, die sich seit über einem Jahr für ihn, einen von mehr als 30 000 »Verschwundenen« in Argentinien, einsetzte. Sein Name auf der Liste rettete ihm das Leben.

Von den Militärs in seinem Heimatland wurde er nicht gefragt, wohin er wollte. Er musste Anträge stellen, er musste Formulare ausfüllen und schließlich musste er warten, warten auf eine Entscheidung. Wochen gingen dabei ins Land. Aber es passierte etwas. Er kam, nachdem er fast zwei Jahre in einem geheimen Haftlager eingesperrt war, in offizielle Haft. Er bekam regelmäßig etwas zu essen, duschen durfte er regelmäßig und einem Arzt wurde er vorgestellt, der ihn von oben bis unten untersuchte. Schließlich, als alle Formalitäten erledigt waren, die Wartezeit überstanden war, wurde er wurde ins Flugzeug gesetzt und ausgeflogen.

April 1976

Mario stand vor dem großen Wandspiegel, der im Flur seiner Wohnung hing, und versuchte, an seinem äußeren Erscheinungsbild zu arbeiten. Er mochte es eigentlich nicht, seine Haare zu einer halbwegs ansehnlichen Frisur zu bändigen. Er mochte es auch nicht, einen Anzug zu tragen. Und eine Krawatte dazu erst recht nicht. Die hatte er sich aber schon umgebunden, bevor er sich seinen Haaren widmete. Sogar geduscht hatte er, bevor er sich anzog. Als er fertig war und sich im Spiegel betrachtete, war er zufrieden mit sich. So könnte einer aussehen, der zu einer Familienfeier geht. Mit Anzug, Krawatte und ordentlich gekämmtem und gescheiteltem Haar. Das könnte er jedem glaubhaft versichern, würde er danach gefragt werden. Zu Großvaters Geburtstag sei er unterwegs, und dann würde er auch noch stolz das Geschenk vorzeigen, ein länglich-rundes Päckchen, vielleicht eine Flasche Wein, dick in buntes Geschenkpapier eingepackt und an beiden Enden mit Schleifen zugebunden.

Nein, er war zu keinem Familienfest unterwegs. Seine Frisur, seine Kleidung, selbst das Päckchen, das er jetzt unter dem Arm hielt, waren Tarnung, dienten zu seiner Sicherheit. In Wirklichkeit hatte er sich mit einigen Studenten von der Universität Córdoba, an der er auch studierte, verabredet. Sie hatten sich vor ein paar Wochen, kurz nach dem Militärputsch, zu einer Gruppe zusammengeschlossen, weil sie besorgt waren über die politische Situation in ihrem Land. Diese Besorgnis nahm mehr und mehr konkrete Formen an. Menschen, die sie kannten, wurden verhaftet und verschwanden, so vermuteten sie, irgendwo in geheimen Haftzentren. Bestärkt sahen sie sich in ihren Vermutungen darin, dass man Leichen von Menschen in Straßengräben gefunden hatte, die Tage zuvor verhaftet wurden, bei Nachfragen von Angehörigen aber nicht als Gefangene in offizieller Haft registriert waren. Dazu wiesen sie zum Teil erhebliche Folterspuren auf. Die Bedrohung war sehr konkret geworden. Studenten von ihrer Universität und auch ein Professor waren vor wenigen Tagen verhaftet worden.

Bei ihrem letzten Treffen hatten sie sich vorgenommen, die Namen der verschwundenen Studenten und den des Professors nicht nur an der Universität, sondern auch in der Stadt bekannt zu machen. Und diese Namen standen, zusammen mit den Verhaftungsdaten, auf Flugblättern, die Mario zusammengerollt, in Geschenkpapier eingepackt, unter dem Arm hielt.

Bevor er die Wohnung verließ, rief er sich noch einmal schnell ein paar Sicherheitsregeln in Erinnerung: Niemals den gleichen Weg zu einem vereinbarten Treffpunkt nehmen; nach Möglichkeit belebte Straßen wählen; darauf achten, ob jemand eine längere Strecke hinter einem hergeht, dann entweder langsamer oder schneller gehen oder die Richtung wechseln, auf keinen Fall aber rennen; ist man nicht ganz sicher, ob man von einer oder mehreren Personen beschattet wird, auf keinen Fall zu dem vereinbarten Treffpunkt gehen. Wenn er achtsam war, würde er sicher ans Ziel kommen. Das redete er sich ein, als er die Wohnungstür öffnete.

In diesem Augenblick sah er, dass es schon zu spät war. Direkt vor seiner Wohnungstür hatten sie sich schon postiert – Militärs, mit Maschinenpistolen im Anschlag. Sicher hätten sie jeden Augenblick seine Wohnung gestürmt.

Warum hatte er nichts gehört? Waren sie gerade erst gekommen? Oder warteten sie schon lange mucksmäuschenstill darauf, dass er aus der Wohnung kam?

Blitzschnell, wie in einem Reflex, schob er die Wohnungstür wieder zu. Dann überschlugen sich seine Gedanken. Die einzig ihm verbleibende Fluchtmöglichkeit war durch das Schlafzimmerfenster auf das Garagendach und von dort … Dort würden sie dann stehen und ihn greifen. Aber so weit sollte er erst gar nicht kommen. Noch bevor er das Schlafzimmer erreichte, wurde die Wohnungstür eingetreten, wenige Sekunden später packte ihn jemand von hinten an den Haaren, riss ihn zuerst herum und dann zu Boden. Er merkte, wie ihm beide Arme auf den Rücken gedreht und an den Handgelenken zusammengebunden wurden; er merkte, mit einem Anfall von Panik, dass man ihm ein Tuch in den Mund stopfte, bis er fast daran erstickte, und schließlich stülpte man ihm noch eine schwarze Kapuze über den Kopf, die am Hals festgezogen wurde. Nur einmal hatte er versucht, sich zu wehren, mehr aus Angst als aus Überzeugung, seine Lage dadurch verbessern zu können. Man hatte ihn wieder auf die Beine gestellt. Er trat mit einem Fuß nach vorne, so, als wolle er einen Fußball quer über ein Spielfeld schießen, trat aber ins Leere, verlor dabei das Gleichgewicht, kippte nach vorne um und fiel ungeschützt auf den Boden. Um ihn herum hörte er Gelächter. Dann kamen Fragen: Ob er allein sei, wo er Waffen versteckt habe, wo sich das Propagandamaterial befinde, mit wem er sich treffen würde. Namen sollte er nennen, alle Namen von denen, die mit ihm in der Studentengruppe seien. Nicht alles verstand er, dafür war es zu laut in der Wohnung. Unzählige Militärstiefel, so hatte er das Gefühl, trampelten durch das Zimmer, Befehle wurden gebrüllt, Bücher aus den Regalen geworfen und, so hörte es sich für ihn an, Möbelstücke umgekippt.

Antworten konnte er nicht, wie auch? Allenfalls den Kopf schütteln oder nicken, aber wurde das registriert?

Nach einiger Zeit – er konnte nicht sagen, ob es Sekunden oder Minuten waren – wurde er an Beinen und Schultern gepackt und nach draußen geschleppt. Der Kofferraum eines Autos wurde geöffnet. Man solle ihn dort hineinwerfen, hörte er eine Stimme, und das taten sie. Den Oberkörper gekrümmt, die Beine angewinkelt, lag Mario in dem engen Raum. Zunächst versuchte er noch, seine Gedanken irgendwie zu ordnen, versuchte, nachdem sie losgefahren waren, anhand der Kurven und geraden Strecken herauszufinden, welche Route sie eingeschlagen hatten. Die Angst überwältigte ihn, weil er kaum noch atmen konnte, das Tuch war so weit in seinen Hals gerutscht, dass er würgen musste.

Nach einer schier endlos erscheinenden Fahrt, bei der Mario, wenn sie durch Kurven oder Schlaglöcher fuhren, im Kofferraum hin und her rutschte, sich an Kopf und Schultern stieß, hielt das Auto plötzlich an. Unter lauten Befehlen und Schlägen von Soldaten wurde er aus dem Kofferraum gezerrt. Immer noch gefesselt und die Kapuze über dem Kopf, mit wackeligen und schmerzenden Beinen, wurde er in einen Raum geführt. Jemand fingerte an seiner Kapuze, öffnete den Knoten, zog sie ihm vom Kopf und anschließend den Knebel aus dem Mund. Sein Mund schmerzte, seine Zunge fühlte sich trocken an und hart wie Sandstein.

In der ersten Nacht wurde Mario immer dann, wenn er sich wieder etwas erholt hatte, in den Verhörraum gebracht und befragt. Namen sollte er preisgeben, die Namen der Mitglieder der Studentengruppe, mit der er sich traf. Weil er ihnen keine nannte, trafen ihn unvorbereitet Schläge in Magen- und Nierengegend, manchmal auch Faustschläge gleichzeitig auf beide Ohren. In einen Wasserbottich wurde er getaucht, bis er meinte zu ertrinken. Und am Ende der Nacht versuchten sie es mit Strom.

Juni 1976

Pablo Falcone war einer der wenigen aus der Studentengruppe, der noch nicht verhaftet war. Acht waren sie, eine überschaubare Zahl, größer sollte die Gruppe auch nicht sein. Fünf von ihnen wurden in den letzten Wochen verhaftet, Mario war der Erste. Nach seiner Verhaftung hatten sie sich nicht mehr an einem verabredeten Ort getroffen, sondern alles, was zu besprechen war, mussten sie sich »zufällig«

beim Aneinander-Vorbeigehen zuflüstern, und wenn es etwas mehr zu sagen gab, bat man den anderen um Feuer für die Zigarette.

Pablo hatte die Namen seiner verhafteten Freunde auf winzig kleine Zettelchen geschrieben, die er immer in seiner Hosentasche hatte. Das war nicht ungefährlich. Wäre er verhaftet worden, hätte man ihn gleich als Mitglied der Studentengruppe identifizieren können. Dieses Risiko musste er aber eingehen, er war es seinen Freunden schuldig. Diese Zettel trug er auch nicht einfach so mit sich, nein, er wollte sie jemandem übergeben, jemandem, der sie weitergeben konnte, jemandem, der vielleicht Hilfe, welcher Art auch immer, organisieren konnte, jemandem, der dann davon wusste, damit er, Pablo, mit diesem Wissen nicht mehr allein wäre. Er hatte nur keine Idee, wer diese Person sein könnte.

Dass er sie einem Kameramann, dazu auch noch einem ausländischen, übergeben konnte, war reine Glückssache. Neugierde vortäuschend, war Pablo auf ihn zugegangen, stellte Fragen, erfuhr, dass der Kameramann eine Reportage über Kirchen in Südamerika mache, redete über dies und jenes, beobachtete ihn, versuchte ihn einzuschätzen. Würde er ihm vertrauen können? Er musste es riskieren. Er fasste in seine Hosentasche, kramte die Zettel hervor und übergab sie ihm, ohne etwas dazu zu sagen. Bevor Pablo sich umdrehte und wieder ging, schauten sich beide für einige Sekunden fest in die Augen.

Erleichtert atmete Pablo auf. Er war ein Risiko eingegangen, aber er hatte etwas getan, er hatte sich nicht vor lauter Angst versteckt. Ob der Kameramann etwas damit anfangen konnte? Er wusste keine Antwort. Aber er hoffte es.

Mai 1977

Für die Mitglieder der Amnesty-Gruppe begann nun die Arbeit. Vom internationalen Sekretariat in London war ihnen Marios Fall zugeteilt worden. Für die Gruppe war es am Anfang nur ein Fall, der Fall eines verschwundenen argentinischen Bürgers, mit Name und Verhaftungsdatum. Und einer Reihe von Adressen argentinischer Regierungsstellen, an die die Gruppe sich wenden sollte, um Aufklärung über den Verbleib Marios zu fordern.

So wurden Briefe geschrieben, zunächst von den Gruppenmitgliedern, später schlossen sich bundesweite Brief- und Postkartenaktionen sowie Unterschriftensammlungen an, alle mit dem Ziel, den Aufenthaltsort Marios bekannt zu geben und ihn unverzüglich aus der Haft zu entlassen. Ungezählte Briefe und einmal, nach einem mehrtägigen Informationsstand, sogar ein ganzer Waschkorb voll. Briefe, die alle unbeantwortet blieben. Keinerlei sichtbare Reaktionen waren für die Absender zu erkennen.

Weitere Schritte wurden geplant. Dann, 1978, sollte in Argentinien die Fußballweltmeisterschaft stattfinden. Deswegen wandte sich die Gruppe an das Auswärtige Amt in Bonn, forderte, man möge von dort Druck auf die argentinische Regierung ausüben und als humanitäre Geste solle Deutschland politische Gefangene aus diesem Land aufnehmen. Klar, dass Marios Fall in diesen Briefen nicht nur so nebenbei erwähnt wurde, sondern sein Schicksal wurde als ein Beispiel von Tausenden von »Verschwundenen« dargestellt.

Die damalige Bundesregierung reagierte zögerlich; ja, man könne bis zu 400 Personen aufnehmen, in dieser Zahl seien allerdings auch schon die Familienmitglieder der Gefangenen enthalten; jeder Einzelfall müsse, verständlicherweise, genau geprüft werden; eigens dafür würden Mitarbeiter der deutschen Botschaft die Gefangenen, auch die in den abgelegensten Provinzen, in ihren Gefängnissen aufsuchen und mit ihnen gemeinsam den Ausreiseantrag stellen. Dieser müsse mit den Akten der argentinischen Behörden abgeglichen werden, die natürlich auch gesichtet und geprüft werden müssten; auch mit den Angehörigen der Gefangenen müsse geredet werden, und aus all diesen Ergebnissen würde in der Botschaft eine Gesamtakte über den Fall angelegt, die der Bundesregierung und dem Verfassungsschutz zur Prüfung vorgelegt würde. Erst bei einer Unbedenklichkeit aller Stellen würde die Entscheidung der Botschaft in Buenos Aires mitgeteilt und der Weg für ein Visum war frei. Erst dann konnte der Gefangene einen Ausreiseantrag bei der argentinischen Regierung stellen, was eine Bearbeitungsfrist von vier Monaten bedeutete.

Ein Gruppenmitglied rechnete aus, nachdem diese Reaktion des Auswärtigen Amtes offiziell bekannt war, dass, bis alle Formalitäten erledigt seien, neun Monate vergehen könnten. Neun Monate – für einen Menschen in Freiheit ein überschaubarer Zeitraum, für einen Gefangenen, der in ständiger Ungewissheit lebt, ob sein Antrag bewilligt wird, einer Ungewissheit darüber, ob er wieder verhört und gefoltert wird, einer Ungewissheit darüber, ob er nicht weiteren Willküraktionen der Wachmannschaften ausgesetzt ist, einer Ungewissheit, ob er das Ende des Bearbeitungszeitraumes seines Antrages, in welcher Zukunft er auch liegen mag, überhaupt noch erlebt, für einen solchen Menschen können neun Monate eine Ewigkeit bedeuten.

Trotz aller Ungewissheit in der Gruppe, ob all die durchgeführten und noch geplanten Aktionen zu einem Ziel führen würden, zu der Freilassung Marios, arbeiteten sie weiter, schrieben weiter Briefe, schrieben gegen eine wie aus Beton gegossene Mauer an, appellierten an alle Verantwortlichen, sich für Mario einzusetzen, und hatten, da sie nicht mit einer Antwort rechneten, doch den einen Wunsch: All ihre Briefe mögen doch Nadeln sein in den Kopfkissen derer, die für diese Verbrechen Verantwortung tragen.

Dezember 1977

Mario war am Ende seiner Kräfte. Schon mehr als anderthalb Jahre war er nun schon in dieser Zelle. Seit anderthalb Jahren waren seine Hände auf dem Rücken gefesselt und nur zum Essen, Duschen oder zum Besuch der Toilette wurden die Fesseln abgenommen. Manchmal konnte er auch eine Hand vorsichtig aus der Schlinge ziehen. Dann rieb er sich die Hände, massierte sie, damit sie wieder durchblutet wurden. Auch die Kapuze über dem Kopf hatten sie ihm nicht abgenommen, anderthalb Jahre Dunkelheit, die nur zum Essen oder bei den »Verhören« unterbrochen wurde. Wenn er befragt wurde, richtete man ihm eine Lampe direkt auf sein Gesicht, das blendete so stark, dass seine Augen schmerzten. Bei einfachen Befragungen war es aber nie geblieben, sie hatten ihn, wenn er keine Antwort gab, gequält, bis er bewusstlos war.

Als er an einem Tag im Dezember 1977 von einem Verhör, das anders war als all die anderen vorher, in seine Zelle zurückgebracht wurde, fragte er, nachdem er sicher war, dass kein Wachposten mehr im Zellentrakt war, seinen Zellennachbar, was PEN-Häftling bedeutete. PEN-Häftlinge seien offizielle politische Häftlinge, erfuhr er. Häftlinge, die auf Verfügung der Exekutive hin in regulären Gefängnissen inhaftiert seien. Häftlinge, deren Namen auf Gefangenenlisten stünden. Dieses Verhör, von dem Mario zurückgebracht wurde, war keines der üblichen Verhöre, wie er sie aus seiner bisherigen Zeit im Lager kannte. Es war auch eine andere Person, die ihn befragte. Die Stimme hatte er bislang noch nicht gehört. Ob er Kontakte zum Ausland habe, wollte man von ihm wissen. Als Mario verneinte, machte er sich schon auf irgendwelche Schläge gefasst. Es passierte aber nichts. Es passierte auch nichts, nachdem er die gleiche Frage zum dritten und vierten Male verneint hatte. Dann wurde er in einen Nebenraum geführt, wo er mehrere Stunden zubringen sollte, ohne dass etwas geschah.

Schließlich, nachdem er wieder im Verhörraum saß, die Schreibtischlampe ihn wieder blendete, erklärte dieselbe Stimme, die ihn Stunden zuvor befragt hatte, er sei jetzt ein PEN-Häftling und er würde verlegt werden. Er solle vergessen, was hier geschehen war, oder, noch besser, er solle vergessen, dass er überhaupt hier gewesen war.

Was ein PEN-Gefangener war, wusste Mario zu diesem Zeitpunkt noch nicht. Aber er hatte oft genug mitbekommen, dass Häftlinge davon erzählten, sie würden verlegt werden. Manchmal konnten sie dann im Zellentrakt die Salven aus den Maschinenpistolen hören, wenn sie erschossen wurden. Panik machte sich in Mario breit, als er von seiner Verlegung erfuhr. Er wollte nicht sterben, bis jetzt hatte er durchgehalten, durchgehalten mit dem einen Ziel: weiterzuleben. Und nun? War sein Ende damit besiegelt? Alles drehte sich in seinem Kopf, ihm wurde schwindlig und fast wäre er vom Stuhl gefallen, hätte er sich mit letzter Kraft nicht dagegen gewehrt. Deswegen hörte er auch nicht mehr die Stimme, die ihm erklärte, dass er von einem Mitarbeiter der deutschen Botschaft aufgesucht werden würde. Man wolle seine Ausreise prüfen.

Januar 1979

Liebe Amnesty-Freunde,
seit mehr als einem Monat bin ich nun in Deutschland. Dass ich hier
sein kann, dass ich nach all den Jahren endlich frei bin, habe ich euch
zu verdanken. Euer Einsatz hat mir das Leben gerettet.

In dem Gefangenenlager wurde ich fast täglich gefoltert. Ich weiß gar nicht mehr, welche Grausamkeiten sie mit mir angestellt haben, ich will jetzt auch nicht daran denken. Überleben wollte ich die Zeit, aber ich wusste nie, ob und wie lange ich das noch durchstehen würde. Manchmal erschien mir sogar der Tod einfacher. Dann hätten die ganzen Qualen ein Ende. Aber ich wollte leben, ich hatte immer noch einen kleinen Funken Hoffnung auf eine andere, eine bessere Zeit.

Und von einem auf den anderen Tag hat sich bei mir etwas geändert. Ich war nicht mehr der namenlose Häftling in irgendeinem unbekannten Lager (heute weiß ich, dass dieses Lager »La Perla« heißt, eine geradezu schmeichelnde Bezeichnung für die Grausamkeiten, die dort sicher immer noch geschehen), der ständig gefoltert wurde, sondern kam in ein offizielles Gefängnis. Heute weiß ich, dass ich das euch zu verdanken habe, euch und eurem Einsatz für mich. Als ihr angefangen habt, für mich Briefe zu schreiben, wurde ich seltener gefoltert, bis ich dann später in offizielle Haft kam.

Später werde ich euch mehr von mir erzählen.

Für mich ist es jetzt wichtig, dass ich hier eine psychologische Betreuung habe. Ich hoffe, ich kann meine Erlebnisse im Gefängnis und im Lager mit deren Hilfe verarbeiten.

Mit einem Amnesty-Mitglied hatte ich hier im Sammellager auch schon Kontakt. Artur heißt er und hat sich wohl auf Asylfragen spezialisiert. Er will mich beraten und mir dabei auch helfen, einen Asylantrag zu stellen.

Ich würde mich sehr darüber freuen, wenn wir Kontakt zueinander haben könnten. Vielleicht ist es ja auch einmal möglich, dass wir uns treffen.

Eine herzliche Umarmung an alle, die sich für mich eingesetzt haben.

Mario

SAKIR BILGIN

Morgen! Morgen!
Wenn wir heute etwas tun …

In der Geschichte eines jeden Landes gibt es dunkle Tage, an denen die Menschenrechte an den Nagel gehängt werden.

In der Türkei war der 12. September 1980 ein solcher Tag: Der Tag, an dem die Militärjunta die Regierung übernahm und das Land buchstäblich in die Finsternis trieb. Von diesem Tag an standen maßlose Menschenrechtsverletzungen an der Tagesordnung. Wir in Deutschland lebenden Demokraten und Verteidiger der Menschenrechte verbrachten unsere Tage und Nächte damit, uns mit anderen demokratischen Kräften in der Türkei zu verbinden und zu solidarisieren. Ein Foltertod folgte dem nächsten, laufend wurden Menschen hingerichtet. Von Gewerkschaftlern über Menschenrechtsaktivisten bis hin zu Friedensanhängern: Jeder wurde verhaftet. Auch die Pressefreiheit wurde erheblich eingeschränkt. Es war kaum möglich, verlässliche Neuigkeiten aus der Presse zu vernehmen. Der Druck auf die Presse war enorm und, wenn dies nicht half, lief die Zensur auf Hochtouren.

Das Land befand sich in diesem Klima der Angst und Verunsicherung, als ich mich Ende April 1981 nach vorheriger Terminabsprache zu dem Büro von Amnesty International in der Domstraße in Köln begab. Den zwei jungen Damen dort übergab ich einen großen Briefumschlag mit den Worten: »In diesem Umschlag befinden sich viele Briefe und Notizen von Gefangenen aus Istanbul.«

Bei beiden spürte ich eine gewisse Aufregung in dem Moment, als sie den Briefumschlag annahmen. Ich war der festen Überzeugung, dass die darin enthaltenen Dokumente eine erhebliche Bedeutung hatten. Es war das erste Mal, dass handschriftliche Notizen von Gefangenen ohne Umwege an die Öffentlichkeit gelangen würden. Für die Veröffentlichung hatten wir uns vorgenommen, die Dokumente an eine einflussreiche und bekannte Organisation zu geben. Als Erstes war uns Amnesty eingefallen.

Die Briefe und Notizen waren ins Deutsche übersetzt worden. Der mit Unterschriften von 130 Gefangenen aus dem Sultanahmet-Gefängnis versehene Appell war sehr kurz:

Wir, die politischen Gefangenen, die diesen Aufruf unterschrieben haben, teilen mit, dass wir in höchstem Maße gefoltert wurden und die Folter auch im Gefängnis andauert.

Die Gefangenen aus dem Hasdal-Gefängnis gaben Beispiele massiver Folter und schlossen ihren Appell mit den folgenden Worten:

Wir legen diesen Brief in eure Hände!

Es gab auch Briefe einzelner Gefangener. Diese Menschen hatten ihr Leben aufs Spiel gesetzt, um ihre Mitteilungen aus dem Gefängnis nach draußen zu befördern. Hasan Degerli aus dem Sultanahmet-Gefängnis berichtete in seiner Notiz vom 13. März 1981 von der 45 Tage andauernden schweren Folter durch die Polizei und der sich daran anschließenden, ebenso schweren Folter im Gefängnis. Er beendete seinen auf einem kleinen Stück Papier verfassten Hilfeschrei mit den Worten:

Man hat hier das Gefühl, als wäre dies kein Gefängnis, sondern ein Folterhaus.

In dem Gespräch betonte ich mehrmals, dass eine Veröffentlichung der Dokumente durch Amnesty International Wirkung zeigen würde. Ich machte die Damen darauf aufmerksam, dass die Originale sich in unseren Händen befänden, sodass die in dem Umschlag befindlichen Kopien zunächst notariell beglaubigt und dann veröffentlicht werden müssten ...

Als ich das Büro verließ, fühlte ich mich erleichtert. Ich hatte einmal mehr etwas für die unter schwersten Haftbedingungen leidenden politischen Gefangenen tun können, von dem ich glaubte, dass es nützlich sein würde. Es war noch nicht dunkel, als ich mit einem guten Gefühl nach Hause ging. Wir wohnten in einer Wohnung in der Graditzer Straße in Köln-Niehl. Ich hatte vor einem Jahr geheiratet und im ersten Monat des neuen Jahres einen Sohn bekommen. Jedoch konnte ich mir kaum Zeit für meine Familie nehmen. Ich verbrachte die meiste Zeit neben der Schule damit, für den unter meinem Vorsitz gegründeten Volksverein aktiv zu sein und an Veranstaltungen der Lehrergewerkschaft mitzuwirken. In meinen Augen war es zu so etwas wie einer heiligen Mission geworden, mich nach der Machtergreifung durch das Militär für die Türkei, für mein Land, einzusetzen ...

An meiner ersten Schule hatte ich zwei Kollegen kennengelernt: Rolly Brings und dessen Frau Viola. Der ständige Drang dieser Freunde, etwas Gutes für die Gesellschaft tun zu wollen, sowie ihre hervorragende Beziehung zu ihren größtenteils ausländischen Schülern waren mir sofort aufgefallen. Auch für sie waren Werte wie Demokratie, Freiheit, Menschenrechte und Gleichheit wichtig. Sie engagierten sich für eine »bessere Welt« … Rolly befasste sich außerdem mit Musik. Er hatte eine Band gegründet, zu der auch ein italienischer Kollege gehörte: Peppino war an derselben Schule wie wir. Ich bemerkte bald, dass seine Sympathie zu mir nach einem Vorfall, der sich ereignete, zunahm …

Eines Nachts klingelte mein Telefon. Es rief eine Person an, an die ich in dem Moment überhaupt nicht gedacht hatte. Die Stimme kam mir zunächst fremd vor, denn wir hatten uns seit langer Zeit nicht gesehen. Es war ein Oppositioneller, der in der Türkei polizeilich gesucht wurde, gegen ihn war ein Haftbefehl ergangen. Ich kannte ihn aus meiner Studienzeit. Damals war er der Anführer einer Schülerorganisation gewesen. Als er sagte: »Ich rufe aus Holland an!«, überkam mich eine große Freude. Er hatte sich also aus den Fängen der Militärdiktatur befreien und ins Ausland flüchten können. Er wollte sich nach Deutschland absetzen und bat mich um Hilfe. In Holland habe er bereits alle Vorkehrungen getroffen, er wolle einen kleinen Grenzübergang passieren und bräuchte jemanden, der ihn an der deutschen Seite der Grenze empfing und von dort ins Landesinnere brachte.

Eine Person, die sich in einer sehr schwierigen Lage befand und die ich obendrein noch sehr gut kannte, bat mich also um Hilfe. »Lass mich mal überlegen, mir wird schon was einfallen!«, sagte ich, bevor wir das Gespräch beendeten, wohl wissend, dass es alles andere als einfach sein würde. So etwas musste streng geheim geplant werden. Es sprachen mehrere Gründe dagegen, andere in die Planung und Ausführung einzubeziehen. Zudem hätte ich es mir nicht verziehen, wenn andere Personen, nur weil sie mir helfen wollten, auffliegen und erhebliche Schwierigkeiten bekommen würden. So eine Hilfe konnte ich von keinem erwarten. Es sollte lieber mir etwas zustoßen, bevor anderen etwas zustieß. Ich hatte mich entschieden: *Ich selbst* würde diese Person von der Grenze abholen.

Meinen Entschluss teilte ich meiner Frau mit, in dem Gedanken, mir könnte tatsächlich etwas zustoßen. Sie wollte mich begleiten. Es lag auf der Hand: Mit einer Frau an meiner Seite würde ich weniger auffallen. Wir begaben uns zu der verabredeten Zeit zu der entsprechenden Stelle und warteten in der nächtlichen Dunkelheit. Je näher der Moment der Grenzüberschreitung rückte, desto nervöser wurden wir. Noch vor dem letzten Kontrollgang der Grenzbeamten wollte mein Freund die Grenze überqueren. Ich schaute auf die Uhr und dann war es so weit: Er müsste jetzt kurz davor sein, die Grenze zu passieren. In diesem Moment bemerkte ich, wie die Polizeitrupps sich mit schnellen Schritten in Richtung der Grenzöffnung bewegten. Sie hatten ihren Kontrollgang früher begonnen als geplant. Mein Freund wurde ertappt, eben in dem Moment, in dem er die Grenze überqueren wollte. Die Polizisten nahmen sofort die gesamte Umgebung in Beschlag und auch wir wurden von ihnen geschnappt. Meine Frau war schwanger, was mir Sorgen bereitete. Ich gab an, dass sie nichts über die von mir geplante Aktion wusste. Weiter erklärte ich, dass ich einer Person helfen wollte, die aus ihrer Heimat hatte fliehen müssen, um Asyl in einem anderen Land zu beantragen. Ich versuchte sie davon zu überzeugen, dass dieser Mensch Asyl in Deutschland benötigte, und erklärte, alle Verantwortung auf mich zu nehmen, aber das alles half nichts. Sie übergaben ihn an die holländische Polizei. Nicht einmal einen kurzen Moment konnten wir miteinander reden, obwohl ich dies so sehr gewollt hatte. Am Morgen ließen sie uns laufen. Ich brachte meine Frau nach Hause und ging zur Schule. Zur ersten Unterrichtsstunde war ich wieder im Dienst bei meinen Schülern.

Es waren fast drei Monate seit diesem Vorfall vergangen, als ich eines Morgens die Schule betrat und den Schulleiter erblickte, der bereits am Eingang auf mich zu warten schien. Er machte einen aufgewühlten Eindruck und bat mich, ihn in sein Zimmer zu begleiten.

»Es wird gegen Sie ermittelt und man hat von uns einige Informationen verlangt«, sagte er.

»Was ist denn, Herr Winkelmann?«, entgegnete ich. »Wo ist das Problem?«

Er stand auf und raste in dem Zimmer auf und ab. »Wie kann so etwas geschehen?«, fragte er und blickte mich entsetzt an. »Wie kann ein Lehrer Menschenhandel betreiben? Das geht nicht in meinen Kopf!«

Offensichtlich war man im Rahmen des gegen mich laufenden Verfahrens auch an ihn herangetreten. An meinem Handeln sei nichts Verwerfliches, versuchte ich ihm zu erklären und verwies darauf, dass es notwendig gewesen sei, einem auf meine Hilfe angewiesenen Freund beizustehen. Ich hatte keinen Menschenhandel betrieben, sondern vielmehr aus einem politischen Verantwortungsgefühl heraus einem Asylsuchenden in einer menschenwürdigen Weise geholfen. Ihm war anzusehen, dass ihn das nicht überzeugte. In seinem Kopf schwirrten wüste Gedanken, er war völlig durcheinander. Mir war bewusst, dass er zwar mit meiner Arbeit an der Schule zufrieden war, aber mich mit Argwohn beobachtete, seit ich ihn mit derart seltsamen Dingen vor den Kopf gestoßen hatte.

Kurze Zeit später stand ein Wechsel meiner Dienststelle zur Debatte. Ich widersetzte mich nicht …

Die Gespräche, die ich mit meiner Frau zu Hause führte, liefen immer wieder auf die Situation in der Türkei hinaus. Sie wusste, dass ich Amnesty International die Dokumente übergeben hatte. Mit der Hoffnung, Neuigkeiten zu erfahren, schalteten wir unser Radio auf Kurzwelle und hörten regelmäßig die ausländischen Sender. Nach dem Essen schalteten wir BBC ein, um die Nachrichten nicht zu verpassen. Währenddessen dachte ich stets an die Notwendigkeit, die Lage in den Gefängnissen einer breiten Öffentlichkeit zugänglich zu machen …

Hierüber sprachen wir auch mit Rolly Brings. Ich erzählte ihm von meinem Vorhaben, ein Informationsblatt zu veröffentlichen. Er begrüßte meinen Vorschlag und übernahm den Posten des verantwortlichen Chefredakteurs. Es freute mich, dass er als Deutscher diese Verantwortung auf sich nahm. Im Mai 1981 erschien die erste Ausgabe des deutschsprachigen Bulletins namens »Türkei-Nachrichten«. Wir bemühten uns, das Medium an ein breites Publikum zu verteilen.

In der ersten Ausgabe der »Türkei-Nachrichten« berichteten wir von einem außergewöhnlichen Fall der Folter. Ein politischer Oppositioneller namens Hasan Asker Özmen war zu Tode gefoltert worden. Als Folge des öffentlichen Aufruhrs und des Drucks wurde ein Verfahren eingeleitet. Der stellvertretende Kommissar Enver Öztürk war angeklagt, Hasan Asker Özmen getötet zu haben. Die Aussage des Angeklagten vor Gericht gelangte an die Presse. Diese war zum einen ein Geständnis der Folter und zum anderen eine befremdende Form der Verteidigung: »Ich mache diese Arbeit seit acht Jahren und weiß ganz genau, wem ich in welcher Dosierung Stromschläge verpasse. Aus diesem Grund ist es schlicht und ergreifend nicht möglich, dass ich diese Person umgebracht habe.«

Während wir uns darum bemühten, weitere Fälle von Menschenrechtsverletzungen der Öffentlichkeit zugänglich zu machen, kam mir nicht in den Sinn, dass mich einige Zeit später ein ähnliches Schicksal treffen würde. In den Weihnachtsferien des Jahres 1983 befand ich mich in Istanbul. Kurz bevor ich nach Deutschland zurückkehren wollte, bekam ich einen Anruf von einem Freund. Er war Vorsitzender einer Gewerkschaft in Anatolien. Seit dem Militärputsch wurde er polizeilich gesucht. Es bedeute ein Risiko, sich mit solch einer Person zu treffen. Sicherlich war er in einer ausweglosen Situation und war gezwungen, mich anzurufen, nachdem er von meinem Aufenthalt in Istanbul erfahren hatte. Ich konnte nicht Nein sagen und ging zu dem Treffen. Als ich das Café, das wir als Treffpunkt verabredet hatten, betrat, zwangen mich plötzlich mehrere Personen in Zivil mit gezückten Waffen zu Boden. Sie legten mich auf den Bauch, mein Gesicht zu Boden. Mit ihren Stiefeln drückten sie auf meine Arme und Beine. Währenddessen durchsuchten sie mich …

In diesem Moment begann meine Untersuchungshaft, die exakt 45 Tage dauern sollte. Ich wurde von der für politische Straftaten zuständigen Polizei festgehalten, unter Bedingungen, die so hart waren, dass sie kaum beschrieben werden können. Mit Ausnahme der Zeit im Verhörzimmer wurde ich alleine in eine dunkle Zelle gesperrt. In dieser Zeit habe ich nicht ein Mal Tageslicht gesehen. Sie folterten mich auf verschiedene Arten. Ich sah Personen, die noch viel massiver als ich gefoltert wurden. Die Zellen waren überfüllt mit Gefangenen. Ständig hörte man jammernde und schreiende Menschen. Auf dem Weg zum Verhör verrutschte manchmal meine Augenbinde und ich sah Menschen, die sich über den Boden schleppten …

Mir wurde vorgeworfen, Mitglied einer politischen Organisation zu sein. Stichhaltige Beweise dafür, dass dies tatsächlich so war, gab es nicht. Es wurde behauptet, dass ich einer der führenden Oppositionellen im Ausland gegen das Militärregime sei. In diesem Zusammenhang existierten Berichte, die aus dem Ausland übermittelt worden waren. Die Polizei wiederholte laufend die in diesen Berichten enthaltenen Informationen. Ich war auf Fotos abgebildet, die bei verschiedenen Veranstaltungen, Demonstrationen und Kundgebungen gefertigt worden waren. Ich leugnete nicht, dass ich ein politischer Gegner der Regierung war. Die Polizei versuchte jedoch, mich mit bewaffneten Überfällen sowie Sprengstoffattacken in Verbindung zu bringen, von denen ich noch nicht einmal wusste. Dies war ein taktisches Vorgehen. Man wollte meinen Willen brechen und Druck auf mich ausüben, indem man einen Bezug zwischen mir und terroristischen Akten herstellte …

In den 45 Tagen der Untersuchungshaft dachte ich ständig an meine Familie in Köln – meine 23-jährige Frau und meinen Sohn, der erst vor Kurzem seinen ersten Geburtstag gehabt hatte. Und ich dachte an meine Freunde aus der Gewerkschaft und meine Kollegen … Ich hatte Rolly Brings bei dem Verfassen eines Liedtextes geholfen. Er hatte die Komposition fertiggestellt und das Ergebnis war ein schönes Lied, das allerdings noch nicht bekannt war. In den Folgejahren sangen die Bläck Fööss dieses Lied und es wurde ein Hit: *Morje, Morje! … Morgen, Morgen!*

Dieses Lied begann so:

Deine Sorgen sind auch meine Sorgen.
Du und ich, wir haben dasselbe Leid.
Dein Morgen ist auch mein Morgen.

Der Refrain lautete:

Morgen, morgen, morgen … wenn wir heute etwas tun.
Morgen, morgen, morgen … wenn du und ich zusammenstehen.

Die Worte »wenn wir heute etwas tun« kamen mir oft in den Sinn … Aber zugleich dachte ich, dass in der Situation, in der ich mich befand, niemand wirklich etwas hätte für mich tun können. Denn keiner konnte wissen, wo ich mich befand. 45 Tage lang durfte ich mit niemandem Kontakt aufnehmen. Ich wurde behandelt wie ein Terrorist. Meine ganze Hoffnung galt der Freilassung durch die Militärstaatsanwaltschaft, zu der ich nach meiner Untersuchungshaft bei der für politische Straftaten zuständigen Polizei gebracht werden sollte. Zwei Wochen lang wurden wir in der Militärkaserne von Selimiye festgehalten. Auch hier wurde uns eine Kontaktaufnahme mit der Außenwelt verwehrt. Kein Bekannter, kein Familienmitglied, noch nicht einmal ein Anwalt konnte mit mir in Verbindung treten. Alles war verboten.

Die von mir so herbeigesehnte Verhandlung vor der Militärstaatsanwaltschaft wurde dann sehr kurz gehalten. Es war eine reine Formalität. Noch bevor ich das Verhandlungszimmer verlassen hatte, war mir klar, dass ich nicht freigelassen werden würde. Und es kam, wie ich befürchtet hatte. Die Soldaten hatten entschieden und es begann meine Haftzeit, von der ich nicht wusste, wann und wie sie enden würde …

Zunächst wurde ich in das auf der asiatischen Seite von Istanbul befindliche Gefängnis Alemdag verbracht, ebenfalls eine Militärkaserne. Hier konnte ich, erstmals seit dem Beginn meiner Untersuchungshaft zwei Monate zuvor, meine Mutter sehen und Besuch von einem Anwalt empfangen, den meine Familie beauftragt hatte. Von allen Insassen des Gefängnisses erregte ich die meiste Aufmerksamkeit. Ich war der einzige Gefangene aus Deutschland und jeder stellte sich dieselbe Frage: Was wusste man im Ausland von den Vorkommnissen in den Gefängnissen und bei der Polizei? Inwieweit waren die europäische Öffentlichkeit und Amnesty International über Folter und Menschenrechtsverletzungen informiert? Was tat man für die politischen Gefangenen? In jedem der Gefängnisse wurde ich mit solchen Fragen konfrontiert. Die Informationen, die von uns nach Deutschland gelangten, waren nur ein Bruchteil von dem, was wirklich geschah. Ich sah und hörte Dinge, die mich in Schrecken versetzten. Die Schläge, der Terror und die Folter wurden auch im Gefängnis fortgeführt. Aber es war schwierig, die Außenwelt hierüber in Kenntnis zu setzen. Ich nahm an einem Hungerstreik teil, der für die Abschaffung des Terrors und der menschenunwürdigen Haftbedingungen in den Gefängnissen abgehalten wurde und 27 Tage dauerte. Als ich in den letzten Tagen des Hungerstreiks mit der Hilfe von Soldaten, die mir unter die Arme griffen, den Besuchsraum betrat, erblickte ich meine Mutter, wie sie in der gegenüberliegenden Kabine stand. Sie war so außer sich angesichts meines Zustandes, dass sie kaum ein Wort herausbrachte. Aus ihren wenigen Worten erfuhr ich, dass meine Verhaftung in Deutschland Wellen geschlagen hatte und dass viele Personen und Organisationen sich für meine Freilassung einsetzten, insbesondere die GEW sich sehr bemühte. Die Trauer meiner Mutter beendete das kurze Gespräch. Ich hatte vermutet, dass meine Freunde, Verbündeten und Kollegen sich mit mir solidarisieren würden. Aber bezüglich des Umfangs hatte ich bis dahin keinerlei Vorstellung …

Der Hungerstreik ging zu Ende, ohne dass wir auch nur eine unserer Forderungen hatten durchsetzen können. In derselben Woche entfernten sie uns aus den Zellen, mit dem Vorwand, diese kontrollieren zu wollen. Bei unserer Rückkehr in die Zellen bot sich uns ein Bild der Verwüstung: Unsere Sachen lagen wild durcheinander auf dem Boden; Gegenstände waren zerstört, sogar Brillen zerbrochen, die Bettmatratzen aus der Verankerung gelöst und die wenigen Bücher, die wir hatten, waren zerfleddert worden. Das hatte ich in dieser Form nicht erwartet. Ich war wie gelähmt.

Es waren einige Tage seit diesem Vorfall vergangen, als ein Soldat in meine Zelle kam. Er befahl mir, sofort meine Sachen zu packen und die Zelle zu verlassen. Ich ging mit einem Sack in der Hand auf den Flur. Der Soldat schlug die Zellentür mit solch einer Wucht wieder zu, dass ein Knall durch das ganze Gebäude hallte. Sie schubsten und zerrten mich weg. Ich wehrte mich.

»Wo bringt ihr mich hin?«, rief ich.

Als Antwort bekam ich Schläge auf den ganzen Körper.

»Zieh dich aus!«, schrien sie.

Da ich ihrer Aufforderung nicht Folge leistete, fingen sie an, die Kleidung von meinem Körper zu reißen, während sie mir hasserfüllt weitere Hiebe versetzten.

Ich schrie mit meiner ganzen Kraft: »Die Würde des Menschen wird die Folter besiegen!«

Alle Gefangenen vernahmen mein Geschrei und fingen an, gegen die Eisentüren ihrer Zellen zu schlagen und zu treten. Es war, als würde das ganze Gefängnis vor Lärm einstürzen.

Sie legten mich auf den Bauch, mein Gesicht zu Boden. Mit Gewalt öffneten sie meine Beine und kontrollierten, unter dem Vorwand, mich zu durchsuchen, meinen Hintern … Nach einer ganzen Weile zerrten sie mich über den Flur und schmissen mich splitternackt in eine Zelle. Die Zellentür wurde verschlossen, aber ich schrie weiter: »Die Würde des Menschen wird die Folter besiegen! Nieder mit dem faschistischen Militärregime!« Im nächsten Moment war ich still. Ich sah mich um. Die Zelle war vollkommen leer, genauso nackt, wie ich es war. Die Böden waren aus Beton; kein Bett, keine Matratze … Man konnte kein Geräusch hören. Ich hielt mich an dem Gitter der kleinen Fensteröffnung fest und blickte nach draußen auf eine Lüftungsanlage, die von allen vier Seiten durch Wände eingeschlossen war. Es war niemand zu sehen. Ich begann, in der Zelle auf und ab zu gehen.

Die Gedanken schossen mir nur so durch den Kopf. Warum hatten sie mich hierhin gebracht? Warum verspürten sie mir gegenüber solch einen Hass? Es gab mehr als 1400 Insassen in diesem Gefängnis. Aber ich wurde als Erster aus meiner Zelle entfernt. Man wollte sich an mir rächen. Ich vermutete, dass die draußen für mich laufenden Kampagnen das Militärregime störten! Hinzu kam, dass man glaubte, ich sei einer der Initiatoren und Führer des Hungerstreiks gewesen. Nach ungefähr einer Stunde öffnete sich die kleine Öffnung in der Zellentür und eine Hand warf meine Unterwäsche und Pyjamas in die Zelle. Sie hatten mir alles genommen… Ich wurde isoliert. So begann meine mehr als drei Monate während Isolationshaft, zu der in der Folge auch andere Neuankömmlinge des Gefängnisses verdammt werden sollten.

In den Augen des Militärregimes und des Staates waren wir keine Menschen. Dies war mir in der Isolationshaft noch klarer geworden. So wie wir mit niemandem sprechen durften, konnten wir auch keine Briefe empfangen. Alles war verboten. Die einzige Nachrichtenquelle waren diejenigen Gefangenen, die aus dem Gerichtssaal wieder in die Anstalt gebracht wurden und während ihrer Verhandlung einige Informationen hatten erhalten können. Immer wieder wurden wir im Rahmen von militärischen Aktionen verprügelt…

Die Wintermonate in der Isolationshaft waren eine sehr schwere Zeit. Mittlerweile hatten sie eine einheitliche Kleidung eingeführt, die alle Gefangenen tragen mussten. Um dies durchzusetzen, wurde rohe Gewalt angewandt. Das Militärregime war sehr streng. Wir aber machten ebenso keinerlei Zugeständnisse und wehrten uns mit allen Kräften. Vier Monate waren vergangen und sie hatten uns nicht ruhigstellen können. Also wurden wir in ein anderes Gefängnis transportiert. Sieben von uns, mich eingeschlossen, schleppten sie in ein Militärfahrzeug. Es fuhr uns zum Militärgefängnis Sagmalcilar. Dort angekommen, wurde ich als Erster aus dem Fahrzeug gezerrt. Wie bei jedem anderen Gefängnistransport auch, brachten sie mich zunächst in ein Zimmer im Eingangsbereich, in dem ich ärztlich untersucht werden sollte.

Wegen der Schläge, die wir in Isolationshaft hatten erleiden müssen, hatte ich zahlreiche Wunden an den Beinen, schwere Prellungen an meiner linken Schulter und an meinem Rücken. Ich wollte, dass diese Verletzungen protokolliert werden, aber der Arzt sagte nicht ein Wort.

Die ärztliche Untersuchung wurde schon im nächsten Moment – als ich noch vor dem Arzt stand – wieder für beendet erklärt und die Soldaten zogen mich an den Armen. Meine Füße verloren die Haftung zum Boden. Mit Tritten wurde ich aus dem Zimmer in einen Korridor befördert. Sie versuchten, mir die Einheitskleidung überzuziehen. Ich sagte, dass sie mich nicht zwingen könnten, sie zu tragen, aber niemand hörte mir zu. Schließlich schafften sie es, mir Hose und Jacke anzuziehen. Dann stellten sie sich neben mich, während ein Soldat von hinten meinen Kopf festhielt. Es wurde ein Lichtbild geschossen, das meine Ankunft im Gefängnis dokumentieren sollte. Erst danach ließen sie mich wieder los. Ich riss mir sofort die Kleidung, die sie mir mit Gewalt übergestülpt hatten, vom Leib. Nun zogen sie mich durch den schmalen Flur und warfen mich in eine der Zellen …

Außerhalb der Gefängnismauern wurde bestimmt etwas für meine Freilassung getan. Jedoch konnte ich keinerlei Informationen erhalten. Meine Lage war äußerst bedrückend und die Tage vergingen nur langsam. Es stand ein neuerlicher Hungerstreik vor der Tür. Hofgänge waren strikt verboten, sodass wir die ganze Zeit in der Zelle verharren mussten. Gegen Ende des Monats Mai brachten sie mich – zu dem Zeitpunkt für mich völlig überraschend – in den Besuchsraum. In der Gesprächskabine vor mir stand ein Mann, den ich bis dahin noch nie gesehen hatte. Er sagte mir, dass er mein Anwalt sei. In naher Zukunft würde mein Gerichtsprozess beginnen. Ich würde also das erste Mal vor den Staatsanwalt treten. Ich verspürte eine gewisse Aufregung, die sich steigerte, als ich von meinem Anwalt erfuhr, dass eine Delegation aus Deutschland kommen würde, um der Verhandlung beizuwohnen. Am Montag, dem 11. Juni 1984, anderthalb Jahre nach meiner Verhaftung, betrat ich erstmals den Verhandlungssaal. Es war einer der Tage in meinem Leben, die ich niemals vergessen werde. Ich wurde im Rahmen des 4. Devrimci-Sol-Gemeinschaftsprozesses angeklagt, so wie über hundert andere Personen auch.

Der Verhandlungssaal war früher eine Sporthalle gewesen. Er war sehr groß und von Soldaten besetzt. Man ließ uns auf Bänken sitzen, die in Reihen aufgestellt waren. An beiden Enden der Bänke standen Soldaten, die uns bewachten. Die Bühne, auf der in wenigen Augenblicken die Richter Platz nehmen würden, war ebenfalls rechts und links von Soldaten gesichert. Das Gesamtbild erzeugte die Atmosphäre eines Militärtribunals. Als eine Weile später die Militärrichter den Saal betraten, verstärkte sich dieser Eindruck.

Voller Aufregung beobachtete ich die Zuschauer, die nach und nach hereingelassen wurden. Es war ein unvergesslicher Moment, als die für mich angereiste Delegation den Saal betrat, der auch Maria Waldermann angehörte, mit der ich an derselben Schule unterrichtet hatte. Sie transportierte förmlich die Stimmung an meiner Schule, das Kollegium und meine Schüler in den Gerichtssaal. Und sie brachte mir einen kleinen Zettel mit einem handschriftlichen Gruß von meiner Frau, die ich seit mehr als 18 Monaten nicht gesehen hatte.

Aber in dem Moment ging es nicht um diesen persönlichen Gruß, sondern allein um den Kampf für Menschenrechte in meinem Land, für die einzutreten Maria Waldermann als Mitglied der Delegation in den Saal gekommen war. Maria, Reinhard, Klaus und die anderen Freunde wussten, dass Menschenrechtsverletzungen sowie die Missachtung demokratischer Grundrechte und Freiheiten, in welchem Land auch immer sie geschahen, die schärfste Reaktion hervorrufen mussten. Sie waren der Auffassung, dass Faschismus nicht nur einen Angriff auf alle positiven Werte eines Landes, in dem er an die Macht gelangt, darstellt, sondern gleichzeitig auch die Errungenschaften der Menschheit auf der ganzen Welt gefährdet.

Meine Situation im Gefängnis wurde mithilfe der Beobachterdelegationen und der für meine Freilassung geführten Kampagnen genauer beleuchtet. Es konnte zwar nicht davon ausgegangen werden, dass diese Aktivitäten meine juristische Lage verbesserten. Aber meine Inhaftierung erhielt eine neue politische Dimension. Jetzt war es wichtig, dass die Solidaritätsbekundungen an Kontinuität gewannen. Würde dies nicht gelingen, hätte das negative Auswirkungen auf meine rechtliche Position in dem Gerichtsverfahren.

Ich konnte beobachten und spüren, wie sich die Gerichte durch die Anwesenheit der Beobachterdelegationen veranlasst fühlten, vorsichtiger vorzugehen. Diese Besuche bewirkten nicht nur eine Erleichterung bei den Angeklagten und ihren Familien. Alle Gefangenen und ihre leidgeprüften Familien schöpften beim Anblick dieser Menschen, die aus Solidarität mit ihnen aus einem fremden Land angereist waren, neue Kraft und Mut für den weiteren Widerstand. Die Gespräche, welche die Delegationen vor den Gefängnistoren mit den Angehörigen führten, fanden auch in den Zellen ihr Echo. Die Freude, die sie bei den Gefangenen auslösten, schlug bei der Gefängnisleitung und bei den Gerichten natürlich ins Gegenteil um ...

Nach dem Beginn des Gerichtsverfahrens und der ersten Verhandlung, in der lediglich unsere Personalien protokolliert worden waren, vergingen anderthalb Jahre, ohne dass noch eine weitere Verhandlung in meinem Fall stattgefunden hatte. Niemand – mein Anwalt eingeschlossen – konnte einschätzen, was mit mir geschehen würde. In dieser Zeit beantragten wir in regelmäßigen Abständen meine Freilassung. Im neuen Jahr, also drei Jahre nach meiner Verhaftung, forderten mich die Richter noch einmal dazu auf, eine Schriftprobe abzugeben. Ich wurde wieder in die Militärkaserne von Selimiye verbracht und gab der dortigen Militärstaatsanwaltschaft zum vierten Mal eine Schriftprobe ab. Einen Monat danach fand eine erneute Verhandlung statt, zu der ich wiederum nicht geladen wurde. Am Abend überbrachten mir die von der Verhandlung kommenden Freunde die Nachricht meiner Freilassung ...

Ich hatte, nach einer Haftzeit unter schwersten Bedingungen, meine Freiheit wiedererlangt und konnte mich nicht darüber freuen. Denn das Erlebte, all die Dinge, die ich in den mehr als drei Jahren sehen musste, hatten mich sehr mitgenommen. Die Unterdrückung durch die Militärdiktatur und die von ihr verübten Ungerechtigkeiten dauerten an. Die politischen Gefangenen, für deren Freilassung ich im Ausland gekämpft hatte, waren immer noch in Haft ...

Bei meiner Entlassung aus dem Gefängnis drückten sie mir am Ausgang einen großen Sack in die Hand. Ich wusste nicht, was sich in dem Sack befand. Meine neu erlangte Freiheit und die Freude der mich empfangenden Menschen ließen mich auch vergessen, den Inhalt zu prüfen. Am nächsten Tage fiel es mir wieder ein. Ich leerte den Sack auf den Boden des Wohnzimmers. Unzählige Briefe, Bücher, Kleidungsstücke und Geschenke, die allesamt an mich versandt, aber nicht an mich weitergegeben worden waren, lagen vor mir. Am meisten rührten mich die Bilder, die Schüler für mich gemalt hatten.

Über meine Rückkehr nach Deutschland hatte sich auch Maria Waldermann sehr gefreut. Die Solidaritätsbewegung, der sie angehörte, war die treibende Kraft gewesen, die meine Freilassung bewirkt hatte. Es war ihnen gelungen, all meine Freunde in der Gewerkschaft, von denen an erster Stelle der GEW-Vorsitzende Reinhard Hocker zu nennen ist, zu mobilisieren und eine sehr einflussreiche Bewegung ins Leben zu rufen. Vom Bundespräsidenten über den Außenminister bis hin zum Ministerpräsidenten von NRW hatten sich zahlreiche Amtsträger für meine Freilassung eingesetzt. Bei Reisen von offiziellen Delegationen in die Türkei hatte auch der Punkt »Kölner Lehrer«, also meine persönliche Situation, auf der Tagesordnung gestanden. Dem Bericht eines Delegationsmitglieds zufolge hatte der Chef der Militärjunta im Rahmen eines Besuches der Delegation seinen Leuten den folgenden Befehl erteilt: »Lasst diesen Mann frei!«

Der mit legalen Mitteln geleistete Widerstand und die kontinuierliche Solidarisierung hatten zum Ziel geführt. Und auch die Zeilen des Liedes hatten recht behalten: *Wenn wir heute etwas tun!* Ohne Kampf keine Freiheit. In der Haft hatte ich die wahre Bedeutung von Freiheit verstanden. Auch wenn man sich im Gefängnis befindet, darf man nicht darin nachlassen, sich von der alltäglichen Erscheinung der Gefangenschaft zu lösen. Die Freiheit eines Menschen kann nicht mit Handschellen, Eisentoren oder Gittern vernichtet werden. Die Freiheit ist ein so erhabenes Gefühl, dass sie mit solchen Mitteln nicht erstickt werden kann. Die Finsternis der Kerker und die Grausamkeiten der Folter können das Licht im Inneren des Menschen nicht auslöschen. Die wahre Freiheit ist diejenige, die sich in der Seele, im Gewissen und im Herzen des Menschen befindet. Trägt eine Person diese Freiheit nicht in sich, kann sie auch nicht mit Hoffnung in die Welt blicken.

Drei Jahre nachdem ich Amnesty International die Dokumente aus den Gefängnissen überreicht hatte, realisierte ich, dass dies die Kraft war, welche die Gefangenen ermutigt hatte, trotz all der Widerstände und der Unterdrückung einen Hilfeschrei zu verfassen …

Es hat mich viel Zeit gekostet, das in Deutschland für mich angelegte Archiv durchzusehen. Ebenso wie Kirchen, Abgeordnete, Künstler, Gewerkschaftler und nicht zuletzt Amnesty International hatten sich zahlreiche Menschen und Organisationen an der laufenden Kampagne beteiligt und ihre Unterstützung gegeben. Eine Anfrage des Amnesty-Büros aus dem Bezirk Essen vom 5. Mai 1983 an den NRW-Kultusminister enthielt eine sehr außergewöhnliche Forderung. In dem mit den Worten »*Sehr geehrter Minister*« eingeleiteten Schreiben fiel zwischen den vielen gestellten Fragen diese eine Aufforderung besonders auf:

Können Sie sich der Auffassung anschließen, dass das schreckliche Schicksal von Herrn Bilgin ein bedeutsamer Anlass ist, das Thema Menschenrechte im Schulunterricht Nordrhein-Westfalens aktuell zu behandeln und die Kollegen und die Kolleginnen Herrn Bilgins zu praktischer Solidarität anzuregen, etwa durch die Verfassung von Petitionen zugunsten seiner sofortigen Freilassung an sämtlichen Schulen als einen ersten Schritt?

Und der teilnahmsvolle Brief fuhr fort: *Da wir als ai-Mitglieder immer wieder von den schrecklichen Realitäten in den türkischen Gefängnissen Kenntnis erhalten und bei unseren Aktionen auf ein reges Interesse der Bevölkerung stoßen, möchten wir vor eventuellen Aktionen zugunsten von Herrn Bilgin und seiner Familie Ihre rasche Richtigstellung abwarten …*

Nach meiner Rückkehr nach Deutschland wurde ich zu Versammlungen in vielen Städten und Regionen eingeladen. Verschiedene Büros von Amnesty International organisierten Abende mit mir. Thema waren immer Menschenrechte und Grundfreiheiten sowie deren Unterdrückung. Fast überall wurde ich danach gefragt, was ich erlebt hatte und wie ich mich retten konnte. In einem Artikel über die Versammlung aus dem Bezirk Dortmund vom 3. März 1989 hatte die »WAZ« die folgende Überschrift gewählt:

Amnesty beklagt Folter in der Türkei … Erst als der internationale Druck zu stark geworden war, hatte sich die Regierung entschieden, Bilgin freizulassen.

Diese Nachricht enthielt keinerlei Übertreibung.

Bei einer Veranstaltung für mein neu erschienenes Buch fragte ein Zuhörer: »Warum haben Sie diesen Titel für Ihr Buch gewählt?« Ich hatte dieses Buch geschrieben, um meine Erlebnisse in der Haft mit der Öffentlichkeit zu teilen, und der Verlag hatte zunächst den Titel *Stiefelknechte* vorgeschlagen. Ich befand diesen Vorschlag für nicht sehr gut und übergab dem Verlag – in der Hoffnung, diese könnten eine Hilfe bei der Titelwahl sein – einige der Postkarten und Bilder, welche die Kinder für mich gefertigt hatten. Ein Bild fiel ihnen sofort auf. Das Bild hatte ein neunjähriges deutsches Mädchen gemalt: Ein Polizist schlug mit einem Knüppel auf mich ein. In der oberen Ecke des Bildes war eine Sonne abgebildet, aus ihr kullerten Tränen und daneben stand geschrieben: »Die Sonne weint!«

Und tatsächlich hatte die Sonne in der Türkei der 1980er-Jahre geweint. Die demokratischen Kräfte, junge Menschen, die Zukunft des Landes war in den Militärgefängnissen eingesperrt. Hunderttausende von Menschen befanden sich in Haft! Die Zahl der Foltertoten hatte schon längst die Hundert überschritten; Tausende von Menschen blieben für immer geschädigt. Unzählige wurden vermisst. Mehr als 50 Menschen wurden hingerichtet ... *Jeden Tag weint die Sonne* nannten wir das Buch, inspiriert von dem Bild, das dieses kleine Mädchen für mich gemalt hatte. Der Zuhörer war zufrieden mit meiner Antwort.

Je mehr Menschen auf der ganzen Welt daran glauben, dass bei Unterdrückung, Folter und Menschenrechtsverletzungen die Sonne weint, desto entschlossener können sie für die Einhaltung der Menschenrechte kämpfen. Nur dann hat die Menschheit berechtigte Gründe, auf eine bessere Zukunft zu hoffen ...

LARISSA M. PROBST

Einzelfall und Einzelschicksal? Frei und gleich in der virtuellen Welt

And of course, the information society's very life blood is freedom. It is freedom that enables citizens everywhere to benefit from knowledge, journalists to do their essential work, and citizens to hold government accountable. Without openness, without the right to seek, receive and impart information and ideas through any media and regardless of frontiers, the information revolution will stall, and the information society we hope to build will be stillborn.
Kofi Annan, ehemaliger Generalsekretär der Vereinten Nationen

»Shi Tao: 10 Jahre Haft für eine E-Mail – schreibt eine E-Mail für seine Freilassung!«

Was soll das? Warum fordert Amnesty International weltweit Menschen auf, E-Mails an chinesische Botschaften und andere Verantwortliche zu schreiben?
Mit der Verbreitung des World Wide Web sind die staatlichen Grenzen in Bezug auf Kommunikation und Öffentlichkeit völlig verwischt. Die Möglichkeiten für den Informations- und Meinungsaustausch kann man sich einerseits vorstellen – wir nutzen sie fast täglich –, andererseits sind sie global kaum vorstellbar. Die rechtliche Situation und die Verantwortlichkeiten von Staaten und globalen Akteuren, wie Yahoo!, Google, Microsoft –, aber auch jedes einzelnen Nutzers sind extrem komplex. Die Allgemeine Erklärung der Menschenrechte und deren 30 Artikel bilden eine internationale Grundlage für alle Menschen und Akteure, die sich in der virtuellen, grenzenlosen Welt bewegen. Shi Tao, Journalist und Dichter in China, hatte über sein Yahoo-Konto eine E-Mail an eine amerikanische Nichtregierungsorganisation (NGO)

geschrieben. Darin schrieb er, dass die chinesische Regierung Journalisten davor gewarnt hatte, im Vorfeld des 15. Jahrestages über das Massaker auf dem Tiananmen-Platz zu berichten. Diese E-Mail wurde anonym veröffentlicht. Durch die Zusammenarbeit mit Yahoo konnte die chinesische Regierung den Absender dieser E-Mail ermitteln. Daraufhin verurteilte ein Gericht Shi Tao im April 2005 zu zehn Jahren Haft. Die Urteilsbegründung: Er soll dem Ausland »Staatsgeheimnisse« verraten haben. In China erklären die Behörden vieles zu einem Staatsgeheimnis, auch wenn sie die staatliche Sicherheit nicht unmittelbar betreffen. Wie Shi Tao beteuerte, handelte es sich nicht um Staatsgeheimnisse. Seine Familie ist seit seiner Verhaftung ständigen Schikanen ausgesetzt. Seine Ehefrau hielt dem Druck nicht stand und ließ sich von ihm scheiden.

Anna Aktivia

Verfolgen wir den Weg eines Menschen, der sich an der Aktion von Amnesty International beteiligt und folgende E-Mail an die chinesische Botschaft schickt:
Exzellenz,
ich schreibe Ihnen, um gegen die Inhaftierung des Journalisten und Dichters Shi Tao zu protestieren. Ich bin besorgt darüber, dass Shi Tao ausschließlich wegen der Wahrnehmung seines Rechts auf freie Meinungsäußerung und Informationsfreiheit verurteilt wurde. Ich möchte Sie deshalb auffordern,
1. *sich für die sofortige und bedingungslose Freilassung Shi Taos einzusetzen,*
2. *die körperliche Unversehrtheit von Shi Tao zu garantieren und sicherzustellen, dass er regelmäßig Zugang zur Familie hat und die notwendige medizinische Versorgung bekommt,*
3. *dafür Sorge zu tragen, dass jeder Mensch in China das Internet nutzen darf, um sich im Einklang mit dem grundlegenden Recht auf freie Meinungsäußerung Informationen zu beschaffen, diese weiterzugeben und zu verbreiten.*
Mit freundlichen Grüßen
Anna Aktivia

Diese E-Mail wird kaum Folgen für die Verfasserin haben. Eine einzelne E-Mail wird auch keine Wirkung bei der chinesischen Botschaft erzielen. Wenn allerdings mehrere Millionen E-Mails von allen Kontinenten an die unterschiedlichen Botschaften für die Freilassung des chinesischen Journalisten geschrieben werden, wird der Druck auf die Verantwortlichen erhöht. Da die E-Mails alle von individuellen Personen und Absendern stammen, ist es sehr schwierig, einen einfachen E-Mail-Filter einzurichten, der diese Nachrichten aus dem Blickfeld verbannen könnte. Kommen dann noch unzählige Faxe und Briefe mit den gleichen Forderungen hinzu, kann man sich der Aufmerksamkeit der Verantwortlichen sicher sein. Gleichzeitig werden die Forderungen in politischen Gesprächen auf höchster Ebene von den unterschiedlichen Vertretern der Länder – Botschafterinnen, Außenminister, Wirtschaftsminister, Kanzlerin und Präsident – geäußert. Auch hierbei ist es wiederum wichtig, dass unsere gewählten Vertreter auch von jedem Einzelnen und von Organisationen wie Amnesty International auf den Fall hingewiesen werden und sich entsprechend dafür einsetzen. Es ist eine Frage der Zeit, der Ignoranz und des internationalen Drucks, bis Shi Taos Fall neu aufgearbeitet wird und eine Freilassung erwirkt werden kann!

Urgent Actions

Eine Folge für die Verfasserin der E-Mail kann sein, dass sie erfährt, dass durch ihre Unterstützung Shi Tao freigelassen wurde. Sie ist ein wichtiger Teil einer engagierten Öffentlichkeit. Der Einzelfall Shi Tao ist in China kein Einzelfall, sondern steht stellvertretend für eine Vielzahl von unrechtmäßig inhaftierten JournalistInnen und anderen Menschen, die von ihrem Recht auf freie Meinungsäußerung und Informationsfreiheit (Artikel 19) Gebrauch gemacht haben. Die Dimension unserer Forderungen und deren Wirkung ist entsprechend viel größer. Je schneller mehr Menschen sich beteiligen, desto größer wird natürlich der Druck. Oft kommt es auf Minuten und Stunden an. Oft ist es auch wichtig, jahre- und jahrzehntelang durchzuhalten und die Forderungen ständig zu wiederholen. Die Erfolgsquote bei der Verhinderung von Verhaftungen, drohenden Hinrichtungen, Zwangsräumungen, schweren gesundheitlichen Eingriffen und anderen schweren Menschenrechtsverletzungen, zu denen Amnesty International sogenannte »Urgent Actions« oder »Eilaktionen« gestartet hat, liegt bei 40 %. Wie erfolgreich und schnell könnten diese Instrumente wirken, wenn sich ein Großteil der Internetnutzer mit einer einfachen E-Mail starkmachen würde?

Das World Wide Web bietet unglaubliche Möglichkeiten, sich international schnell und einfach zu organisieren, zu solidarisieren, für die Rechte anderer und die eigenen Rechte zu kämpfen. Unternehmen wie Yahoo, Google und Microsoft spielen hierbei eine ganz entscheidende Rolle. Sie ermöglichen diesen Datenaustausch allen Menschen, die Computer- und Internetzugang haben, werden allerdings auch zum Werkzeug von Menschenrechtsverletzern, wie in dem Fall von Yahoo in China. Sie verletzen die Rechte ihrer Nutzer. Diese Unternehmen müssen selbst die internationalen Menschenrechtsstandards einhalten und ihren Einfluss weltweit positiv in die Waagschale für die Einhaltung der Menschenrechte werfen. Es kann nicht in ihrem Sinne und im Sinne ihrer NutzerInnen sein, dass Informationen in einigen Ländern zensiert werden. Es ist nicht glaubwürdig, wenn ein Nutzer bei der Eingabe der gleichen Suchbegriffe in unterschiedlichen Ländern völlig verschiedene Ergebnisse, Texte, Bilder, Videos bekommt. Wieder stehen auch wir, die Nutzer, in der Pflicht, den Unternehmen zu verdeutlichen, dass wir Licht in dunkle Unrechtsecken werfen. Jede und jeder trägt die Verantwortung, sich gegen Unrecht und Ungerechtigkeit zu wehren und sich einzusetzen. Heutzutage gibt es (auch dank des Internets) kaum noch Ausreden, man habe a) nichts gewusst und b) nicht gewusst, wie man sich engagieren kann!

Wachsam, schnell und mutig

Ein Auszug eines Artikels aus der »Zeit« zeigt diese Perspektive des Falls Shi Tao:
Menschenrechte: Yahoo entschädigt chinesische Dissidenten
Der Internetkonzern Yahoo hat im Rechtsstreit um das Schicksal von
zwei inhaftierten chinesischen Dissidenten einem Vergleich zugestimmt.
Die beiden Männer waren verhaftet und gefoltert worden, nachdem

das Unternehmen Informationen über ihre Onlineaktivitäten an chine-
sische Behörden weitergeleitet hatte [...]

Eine weitere Folge für die Verfasserin der E-Mail an die chinesische Botschaft, die potenzielle Mitbefreierin des inhaftierten Journalisten, könnte sein, dass sie sich intensiver mit den Zusammenhängen beschäftigt. Sie kann sich selbst über die Hintergründe und die Situation informieren. Je mehr mutige Journalisten und Bloggerinnen es schaffen, differenziert über menschenverachtende Taten zu berichten, desto besser werden die Informationen für jeden Einzelnen. Auf diese Blogger und JournalistInnen kommt es an, denen der Wahrheitsgehalt und die Differenziertheit der Nachrichten wichtig ist. Der investigative Journalismus ist eine Grundlage für fundierte Informationsbeschaffung und Meinungsbildung. Eine Öffentlichkeit, die sich durch Boulevardnachrichten, Selbstzensur oder Zensur beeinflussen und manipulieren lässt, wird zur Gefahr für Menschen und deren Rechte.

Wenn ein Einzelfall wie Shi Tao durch die Medien bekannt wird – ohne verzerrte oder falsche Hintergrundinformationen –, werden oftmals auch diejenigen mobilisiert, die die betroffenen Menschen, die Familie und das Umfeld belästigen, bedrohen, verraten und gefährden. Sie werden Teil des Unrechtssystems. Manchmal wissend – manchmal unwissend oder desinteressiert, bequem?

Eine weitere Folge für die Verfasserin der E-Mail könnte sein, dass sie ein starker, routinierter Teil einer engagierten Öffentlichkeit wird, die wachsam, schnell und mutig agiert. Die anderen Menschen davon berichtet, einbindet – in der virtuellen Welt und der realen Welt.

MORITZ CLAUSS, ELENA MANCUSO,
MATHIS RICHTMANN

Jugendliche bei Amnesty International – Der Einsatz für Menschenrechte ist so vielfältig

Es ist schwierig, zu beschreiben, was Jugendarbeit bei Amnesty International ist. Vor allem: Was ist anders an Jugendarbeit bei Amnesty als an der »regulären« Amnesty-Mitarbeit bzw. an der Mitarbeit bei anderen Organisationen? Wieso sind wir bei Amnesty und nicht bei Greenpeace? Doch bevor wir diese Fragen beantworten, sollten wir uns vielleicht erst einmal vorstellen: Wir sind Moritz, Elena und Mathis, drei Schüler der Oberstufe eines bayerischen Gymnasiums, die im Schuljahr 2009/10 eine Jugendgruppe bei Amnesty International gegründet haben. Als wir gefragt worden sind, ob wir an diesem Buch mitschreiben wollen, waren wir anfangs doch ein bisschen verwundert. Keiner von uns kennt sich bisher besonders gut in dieser riesigen Organisation aus, keiner ist länger als ein Jahr dabei. Aber vielleicht ist genau das eine gute Voraussetzung, um das Ganze Jugendlichen unseres Alters näherzubringen. Gleichzeitig ist es sehr bezeichnend für die deutsche Sektion der größten Menschenrechtsorganisation der Welt: Unabhängig von Herkunft, Alter oder Erfahrung wird Vertrauen in die einzelnen Mitglieder gesetzt und wo immer sie wollen, können sie mit anpacken. Auch die Jugendlichen. Und genau das ist der erste Aspekt, bei dem sich die Amnesty-Jugendarbeit von der Mitarbeit in vielen anderen Organisationen abhebt: Sie unterscheidet sich nicht stark von der Arbeit der Erwachsenen. Klar werden Jugendgruppen von erfahrenen Mitgliedern betreut und natürlich wird auch viel geholfen. Doch im Großen und Ganzen kann man frei arbeiten und wird mit dem, was man tut, genauso ernst genommen wie Erwachsene.

Was bedeutet Jugendarbeit wirklich?

Jugendgruppen bei Amnesty sind also wirklich gleichwertig. Genau wie Hochschul- oder Ortsgruppen gehören sie zu einem Bezirk, können in diesem mitarbeiten und bekommen Hilfe von erfahreneren Mitgliedern. Doch in einem Punkt unterscheiden sie sich von den anderen Gruppen: Sie müssen sich nicht um Finanzen kümmern. Das ist super. Während manche Ortsgruppe nämlich damit zu kämpfen hat, genügend Geld in die eigenen Kassen zu spülen, gibt es für die Schüler- und Jugendgruppen einen Jugendetat im Bezirk, aus dem sie Geld über den Jugendreferenten beziehen können. Der ist – zumindest in unserem Fall – auch ein Jugendlicher, was wiederum zeigt, wie groß das Vertrauen in die jungen Mitglieder bei Amnesty ist. Die Jugendgruppen bekommen also sowohl finanzielle Unterstützung als auch Hilfe, wenn es Probleme beim Planen von Aktionen gibt oder bestimmte Informationen zu einem Thema benötigt werden.

Als es bei uns beispielsweise im Sommer 2010 darum ging, eine große Aktion in unserer Stadt zu planen, hat uns die Ulmer Stadtgruppe einige der organisatorischen und bürokratischen Arbeitsschritte abgenommen, wodurch wir uns ganz auf das Planen und Bewerben der Aktion konzentrieren konnten. Und so ist es immer: Wenn wir mit einer Idee in die Sitzung der Stadtgruppe kommen, dann hört man uns nicht nur zu, sondern man unterstützt uns auch. Natürlich gibt es auch Einfälle, die sich als nicht machbar erweisen, aber prinzipiell kann man über alles reden und sich gemeinsam Gedanken darüber machen, ob es nicht doch eine Möglichkeit gäbe, den jeweiligen Vorschlag umzusetzen.

Neben der Hilfe aus dem Bezirk gibt es auch im Sekretariat der deutschen Amnesty-Sektion eine hauptamtliche Mitarbeiterin, die sich nur um die Jugendgruppen kümmert. So wird monatlich die Jugendgruppenpost verschickt, in der Neuigkeiten weitergegeben werden und auf mögliche Stolperstellen aufmerksam gemacht wird. Außerdem gibt es jugend@amnesty – eine Versammlung aller deutschen Jugendgruppen, bei der Informationen ausgetauscht und gemeinsam Aktionen gemacht werden. Zudem gibt es dort die Möglichkeit, andere junge Amnesty-Mitglieder aus der Bundesrepublik kennenzulernen. jugend@amnesty wird jedes Jahr von einer anderen Hochschulgruppe organisiert.

Diese Hochschulgruppen sind eine weitere sehr coole Sache an der

Organisation Amnesty International. Es gibt nicht nur an fast jeder Uni in Deutschland eine Hochschulgruppe, der man beitreten kann, wenn man sein Abi gemacht hat und weiterhin bei Amnesty aktiv sein will, sondern Amnesty ist in über 150 Ländern dieser Erde vertreten. Sollte also ein Auslandsjahr oder ein Umzug anstehen: Amnesty ist überall zu finden. An all diesen Orten arbeiten die Ehrenamtlichen zwar unterschiedlich, alle aber mit demselben Ziel: Als Grundlage die Allgemeine Erklärung der Menschenrechte nehmend, wird versucht, nicht nur die Lage der Menschenrechte weltweit zu verbessern, sondern besonders Menschen in Haft, bedrohten Menschen oder Menschen, die anderweitig Hilfe benötigen, zu helfen. Aber wie tun diese Helfer das?

Wie funktioniert Jugendarbeit?

Schon wieder so ein schwieriges Thema. Nicht etwa, weil es besonders kompliziert ist, sondern ganz einfach, weil der Fantasie kaum Grenzen gesetzt sind. Und genau hier stoßen viele Schüler vor allem zu Beginn ihrer Amnesty-Arbeit auf ein Problem: Daran sind sie nicht gewöhnt. Daran sind wir nicht gewöhnt. Täglich sitzen wir in der Schule und folgen mehr oder weniger den Anweisungen, die wir von den Lehrern erhalten. Selbstständiges Arbeiten kommt in der Schule kaum vor. Bei Amnesty ist das anders. Hier wird einem nichts vorgekaut, man bekommt nur eine Starthilfe: Es werden Vorschläge für mögliche Aktionen gemacht. In der konkreten Ausführung ist jede Gruppe sich selbst überlassen. Also mussten auch wir uns erst einmal hinsetzen und überlegen: Welches Thema interessiert uns besonders? Wie könnten wir Menschen auf dieses Thema aufmerksam machen? Gibt es Spezialisten bei Amnesty zu diesem Thema, von denen wir uns Material besorgen können? Das war zu Beginn unserer Arbeit bei Amnesty das größte Problem: Themen finden und sich vernünftige Aktionen zu diesen Themen ausdenken. Doch auch die Umsetzung einer Aktion ist in den wenigsten Fällen einfach. Bei Schülergruppen wie unserer ist es deshalb klar von Vorteil, dass die Schulleitung hinter dem, was die Gruppe macht, steht und bereit ist, diese Arbeit zu unterstützen. Durch die Unterstützung der Schulleitung wird es um ein Vielfaches einfacher, die Schüler zu erreichen. Wir konnten so zum Beispiel einen Referenten an die Schule holen, der vor vier Jahrgangsstufen einen Vortrag über Folter hielt. Die Schüler wurden dafür vom Unterricht freigestellt. Doch natürlich ist es leider nicht immer so. Es gibt durchaus Schulleitungen, die sich bei solchen Aktionen querstellen. Genauso gibt es auch Firmen und andere Institutionen, die Amnesty auf Nachfrage nicht unterstützen wollen. Vorgeschoben wird dabei meist das Argument, man wolle sich weder politisch noch ideologisch festlegen. Genau das tut man mit der Mitarbeit bei Amnesty jedoch nicht, die Organisation ist parteipolitisch neutral. Anhänger aller Parteien und Menschen aus allen gesellschaftlichen Gruppen arbeiten hier zusammen, nicht um ein ideologisches Ziel zu verfolgen, sondern für die Menschenrechte bzw. besonders für die Menschen, denen diese Rechte vorenthalten werden. Und auch das ist in unseren Augen wieder ein klarer Pluspunkt: Bei Amnesty ist es egal, wie man wählt oder welcher Religion man angehört. Man lernt unterschiedlichste Menschen kennen und alle ziehen an einem Strang. Aber wie fängt man eigentlich an?

Zu Beginn einer Gruppengründung bekommt ein Mitglied der Gruppe Post aus Bonn vom Sekretariat der deutschen Sektion. In dieser Post finden sich schon allerlei Informationen, wie mit der Menschenrechtsarbeit begonnen werden kann. Uns war am Anfang die Ulmer Gruppe eine große Hilfe, da diese schon seit Jahren Juan Adolfo Fernandez Saínz betreut, der als politischer Gefangener in Kuba inhaftiert gewesen ist. Für ihn sind in der Vergangenheit viele Unterschriftenlisten erstellt worden. Außerdem wurde auf Informationsständen auf seine missliche Lage aufmerksam gemacht. Unsere Gruppe hat im letzten Schuljahr eine Postkarte gestaltet, auf der ein Bibelzitat zu lesen war, das Hoffnung schenken sollte – die Karte wurde Herrn Fernandez Saínz ins Gefängnis geschickt. In diesem Fall ging es uns nicht darum, Druck auf die Regierung aufzubauen, sondern wir wollten uns schlicht und einfach mit diesem Menschen solidarisch zeigen. Über 400 von diesen Postkarten sind damals an Juan Adolfo verschickt worden, doch wie bei jeder Aktion gab es auch in diesem Fall viele Skeptiker. Menschen, die nicht glauben, dass so etwas irgendetwas bringt. Menschen, die zugeben, dass sie Menschenrechtsverletzungen schlimm finden, aber im selben Atemzug die Wirksamkeit der Amnesty-Arbeit bezweifeln. Die meisten dieser Leute kann man nicht überzeugen. Nicht einmal mit dem Erfolg einer Aktion.

Natürlich bringen Solidaritätsbekundungen einen Dissidenten nicht aus dem Gefängnis. Sie machen weder das Essen noch die medizinische Versorgung besser. Aber wenn man sich vorstellt, selbst der Inhaftierte zu sein, jahrelang eingesperrt und abgeschlossen von der eigenen Familie und der Außenwelt: Wäre da nicht ein Monat, in dem man 400 Briefe bekommt, ein vergleichsweise guter Monat?

Drei Monate nach der Postkarten-Aktion war Fernandez Saínz frei. Sicher nicht wegen unserer Briefe, aber der von der Ulmer Amnesty-Gruppe über die Jahre aufgebaute Druck auf die kubanische Regierung dürfte doch eine Rolle gespielt haben. In diesem Moment weiß man, wieso man nicht auf die vielen Zweifler gehört hat.

Das Tolle ist, dass diese Momente immer wieder vorkommen. Dass immer wieder politische Häftlinge freikommen, ein Gefangener wider Erwarten nicht hingerichtet wird oder sich die Gesetzeslage in einem Land ändert und eine Minderheit mehr Rechte zugesprochen bekommt. Auch unsere Jugendgruppe konnte in ihrem ersten Jahr schon einen kleinen Erfolg verbuchen. Für den 26. Juni 2010, den Internationalen Tag zur Unterstützung der Opfer von Folter und Missbrauch, haben wir einen »Flashmob« in der Ulmer Innenstadt veranstaltet, der das Behandlungszentrum für Folteropfer in Ulm unterstützen sollte. Ziel war eine besonders große Teilnehmerzahl, eine daraus folgende Reaktion der Medien und dementsprechend eine Menge Aufmerksamkeit für das Behandlungszentrum. Wochenlang hatten wir in diversen sozialen Netzwerken Werbung für die Aktion gemacht. Da wir kaum sichere Zusagen zum Mitmachen hatten, waren wir am Morgen des 26. alle aufgeregt. Dass dann Punkt 14 Uhr über hundert Menschen mitten in der Ulmer Fußgängerzone einfach stehen blieben und sich zum Zeichen für Folter Stofftaschen über die Köpfe zogen, ließ unseren Kameramann dann vor Begeisterung fast das Filmen vergessen, und auch die Ulmer Passanten trauten ihren Augen nicht so recht. Das Video zur Aktion und ein ausführlicher Bericht waren dann schon am nächsten Tag auf der Startseite von *amnesty.de* zu finden – wieder ein Beispiel dafür, dass die Jugendarbeit in der deutschen Amnesty-Sektion ernst genommen wird.

Ihr seht also: Es gibt ganz verschiedene Arten, Amnesty-Arbeit zu machen. Es heißt nur, kreativ zu werden, Türen stehen einem genug offen. Nun mögen sich einige denken: »Dass ist ja toll, dass man so kreativ werden kann und dass man solche Aktionen macht. Aber wieso sollte ausgerechnet ich meine Freizeit dazu opfern, irgendeinem Chilenen zu helfen, der sich kritisch gegenüber seiner Regierung geäußert hat? Der hätte ja besser aufpassen können!«

Wieso setzen sich Jugendliche bei Amnesty ein?

Menschen für ehrenamtliche Tätigkeiten zu gewinnen, die nicht ernsthaft daran interessiert sind, ist schwierig, wenn nicht sogar unmöglich. Ich habe schon von Freunden gehört, die sagen: »Oh ja, Amnesty, da war ich auch mal Mitglied, das macht sich gut im Lebenslauf.« Nun, das ist sicherlich nicht der Grund, aus dem man in eine Menschenrechtsorganisation eintreten sollte. Aber auch wir drei müssen zugeben, dass uns durch die Mitarbeit bei Amnesty einige Türen geöffnet worden sind. Allein die Mitarbeit an diesem Buch ist so entstanden. Hinzu kommen unzählige politische oder geografische Bildungsmöglichkeiten. Anders als Parteien oder politische Einrichtungen ist Amnesty International, wie bereits oben erwähnt, eine politisch und ideologisch komplett unabhängige Organisation. Die gemeinsame Basis ist die Allgemeine Erklärung der Menschenrechte. Die Beschäftigung mit eigentlich schulfernen, trotzdem so vertrauten Themen ist für viele eine Förderung ihrer Begabungen. Vor allem in der Arbeit zu speziellen Fällen lernt man viel über Länder, die man vorher nicht einmal auf der Landkarte gefunden hätte. So können wir heute erzählen, dass es im kubanischen Recht einen Artikel 88 gibt, der offiziell Kubas Souveränität schützen soll, in der Realität jedoch oftmals dazu verwendet wird, Dissidenten mundtot zu machen. Gleichzeitig bietet die Arbeit in vielen Fällen die Möglichkeit, das normale Schulwissen auch einmal anwenden zu können – vor allem Fremdsprachen sind in vielen Fällen nicht nur nützlich, sondern auch notwendig.
Elena beispielsweise hat seit vier Jahren Spanischunterricht an der Schule. Sie regte an, dass in ihrem Spanischkurs Eilbriefe an spanischsprachige Länder übersetzt werden, und konnte so gleichzeitig Menschenrechtsbildung für ihre Mitschüler erreichen. Man kann die Amnesty-Arbeit also durchaus auch als Schulung des eigenen Allgemein- oder Fachwissens betrachten. Außerdem kann jeder zu dem

Themengebiet arbeiten, das ihn interessiert und zu dem er selbst bereits Kenntnisse hat oder eben haben möchte. Dass dabei Menschen geholfen wird, die man nicht kennt, die man noch nie gesehen hat und die manchmal in Ländern leben, von deren Existenz man bis zu diesem Zeitpunkt nicht einmal wusste, macht das Ganze jedoch erst besonders interessant. Man lernt einen Menschen kennen, ohne dass er überhaupt davon weiß, und beginnt gleichzeitig, mit ihm zu fühlen. So viel wussten wir über Fernandez Saínz, seine Umstände und hatten sogar Kontakt zu seiner in den Staaten lebenden Tochter.

Das Schicksal eines Menschen auf der anderen Seite des Erdballs lässt die Welt ein bisschen weiter zusammenrücken. Und da sind wir jetzt an dem Punkt angekommen, um den es eigentlich geht: Menschen, die es nicht so gut haben wie wir und denen man helfen will. Menschenrechtsorganisationen setzen sich für sie ein.

Amnesty International ist die größte dieser Organisationen und wir arbeiten hier mit, damit es zumindest einigen von diesen Menschen besser geht und die Welt immer wieder ein klein wenig besser wird. Das klingt vielleicht träumerisch, aber es funktioniert. Das Amnesty-Motto »Du kannst« ist übertragbar auf jeden, weil einfach jeder sich auf seine Weise einbringen kann. So schwierig ist das gar nicht.

LUTZ VAN DIJK

Südafrika: Sipho und Jabulile

Vom Kampf gegen Apartheid zur Anerkennung von Menschenrechten bei HIV und Aids

Amnesty International ist wie ich rund ein halbes Jahrhundert alt. Als sich die ersten Aktivisten Anfang 1961 in London zusammenfanden, ging ich noch in den Kindergarten. Als die deutsche Sektion gegründet wurde, kam ich in die erste Klasse einer Berliner Grundschule.

Ich muss ehrlich zugeben, dass ich nur zehn Jahre meines Lebens aktives Mitglied dieser weltweiten Menschenrechtsorganisation war, aber insgesamt gut 30 Jahre das Privileg hatte, mit engagierten Menschen bei Amnesty International in verschiedenen Ländern zusammenarbeiten zu können.

Alles begann lange bevor ich den Namen von Amnesty International überhaupt gehört hatte. Schon als Kind las ich lieber Reiseerzählungen aus aller Welt statt Märchen, die damals noch nicht Fantasy-Geschichten hießen. Fernweh war mir immer näher als Heimweh, und etwa ab meinem zwölften Lebensjahr träumte ich davon, fremde Länder kennenzulernen. Da mich tatsächlich die weiteste Reise bis dahin gerade mal mit einer Jugendgruppe bis an die Nordsee geführt hatte und meine hart arbeitenden, aber eher bescheiden lebenden Eltern mir keinerlei Hoffnung auf eine baldige Verwirklichung meiner Träume machten, begann ich, in unserer Stadtteilbücherei alle Reiseberichte, aber auch Romane über ferne Länder zu lesen, die ich finden konnte.

Keine schlechte Vorbereitung auf das, was später in meinem Leben kommen sollte. Denn unweigerlich merkte ich bald, dass ferne Länder nicht nur wilde Tiere, Sonne und abenteuerliche Natur zu bieten hatten, sondern es dort auch Herausforderungen von Recht und Unrecht, schrecklichster Armut und protzendem Reichtum gab. Und vielleicht am wichtigsten: Ich las von Menschen, die sich gegen Ungerechtigkeiten und Elend engagierten. Zwei beeindruckten mich besonders – und in der Folge las ich alle in Deutsch zugänglichen Texte über sie und hängte schließlich von beiden ein Farbfoto über meinem Bett im Kinderzimmer auf, das ich mir mit meinem Bruder teilte: *Martin Luther King* (1929–1968) und *Nelson Mandela* (*1918). Da war ich 14 und entschloss mich, die Fotos von Afrikanischen Zebras und Indischen Elefanten abzunehmen. Im Jahr zuvor war Martin Luther King in den USA ermordet worden, und Nelson Mandela saß bereits seit sechs Jahren in Südafrika im Gefängnis. Beide hatten sich – gewaltfrei der eine, mit Gewalt gegen die Unterdrücker der andere – gegen das Unrecht des Hautfarben-Rassismus eingesetzt. Ich weiß noch genau, wie ich voll jugendlichem Idealismus dachte: Was kann es für ein größeres Abenteuer geben, als für die Gerechtigkeit in der Welt zu kämpfen?

Mit knapp 18 war es dann wirklich so weit: Mein als Hilfsgärtner neben der Schule verdientes Spargeld reichte 1974 gerade für einen einfachen Flug von Brüssel nach New York – von Brüssel, weil es das billigste Ticket für den weitestmöglichen Flug war. Und von Berlin nach Brüssel brachte mich mein bester Freund auf seinem Motorad. In New York angekommen, kannte ich niemanden und sprach nur schlechtes Schulenglisch. Aber ich hatte die Anschrift einer Studentenarbeitsvermittlung und fand auch tatsächlich eine Woche später einen ersten Job als Busfahrer in einer nahen Kleinstadt in New Jersey. So begann mein eigenes Leben, nicht mehr als das Kind meiner Eltern, sondern als jemand, der ab nun 100 % für sich selbst verantwortlich war.

Es konnte nicht radikal genug sein. Bald lernte ich Anhänger von Martin Luther King im New Yorker Schwarzenviertel Harlem kennen. Mein bester Freund wurde ein junger Afroamerikaner in der 92. Straße. Ich wollte alles selbst aus eigener Anschauung erleben. Keine Bücher mehr. Anfassen, spüren, genau hinsehen. Vorurteile, Urteile – wie entstehen sie? Bei mir, bei anderen? Ich verliebte mich in New York das erste Mal in meinem Leben kurz vor meinem 19. Geburtstag. Und ich verlor meinen ersten Job als Busfahrer, weil ich zu meinem schwarzen Kollegen James aus Pennsylvania hielt, als unser Boss ihn aus fadenscheinigen Gründen auf die Straße setzte. Es fühlte sich gut an, den Mund aufzumachen.

Später, viel später zurück in Deutschland. Als junger Lehrer in Hamburg arbeitete ich in der Gewerkschaft in einem Arbeitskreis, der sich für in Südafrika inhaftierte Kollegen engagierte, die dort wegen gewalt-freien Engagements gegen Apartheid, zum Beispiel im Rahmen ihres Unterrichts, eingesperrt worden waren. Hier begann eine erste Zusammenarbeit mit Experten von Amnesty International, die bereits viel mehr Erfahrung im Einsatz für politische Gefangene hatten. Wir unterstützten ihre Unterschriftensammlungen gegen Apartheid, aber auch gezielte Postkartenaktionen an die Botschaft Südafrikas, damals in Bonn, für die Freilassung einzelner Lehrerinnen und Lehrer in Port Elizabeth und Kapstadt. Aus den Gefängnissen geschmuggelte Informationen über Folter und Isolationshaft spornten uns nur noch mehr an.

Einen Brief habe ich bewahrt. Er berichtet von einem jungen Lehrer vom Ostkap, dessen Vorname Sipho lautete, der damals 25 war und zwei kleine Kinder hatte. Darin hieß es:

Sipho ist bereits vier Wochen in Einzelhaft. Ihm wird vorgeworfen, eine verbotene Schülerorganisation an seiner Oberschule unterstützt zu haben. Wir fürchten um seine seelische und körperliche Unversehrtheit. Ein Mitgefangener hat berichtet: »Sipho kam für einen Tag auf die Krankenstation. Er wiegt nur noch 40 Kilogramm bei über 180 Zentimeter Körpergröße. Er ist kaum ansprechbar, zittert meist, wenn er nicht schläft. Er kam hierher mit einem Armbruch, schlecht verheilt. Musste erneut gebrochen werden.

Er wurde völlig nackt auf einer Trage zu uns gebracht, nur mit einer Decke über ihn gelegt. Da er sehr stank, habe ich versucht, ihn vorsichtig zu waschen. Als ich die Decke zurückschlug, war ich schockiert. Sein magerer Körper war übersät mit Prellungen und unverheilten Wunden, auch Schnittwunden an den Fußsohlen. Sein Penis und beide Hoden waren geschwollen und dunkel verfärbt, als hätte sie jemand abgeschnürt oder etwas Schweres daran gehängt. Sipho hätte viel länger hier bleiben müssen. Aber schon nach einem Tag, als der Arm neu vergipst war, wurde er wieder von den Wachleuten abgeholt. Ich weiß nicht, wohin.«

Siphos Name bedeutet in seiner Muttersprache Xhosa »Geschenk«. Seine Eltern müssen so glücklich bei seiner Geburt gewesen sein. Es gab viele solcher Briefe aus Südafrika damals.

Ich war beeindruckt von der klugen und mutigen Vorgehensweise unserer Kollegen bei Amnesty International. Nur in einem Punkt stimmte ich nicht mit ihnen überein: Meinen »Helden« Nelson Mandela wollte Amnesty International damals nicht als »Fall« akzeptieren, da er sich nicht gewaltlos engagiert hatte. Ausschließlich Gewissensgefangene, die gewaltfreie Methoden zur Erreichung ihre Ziele benutzen oder propagieren, werden von Amnesty International adoptiert. Wäre ich Siphos Freund, Bruder oder Vater in Südafrika gewesen, hätte ich alles getan, um ihn aus dem Gefängnis zu holen. Und trotzdem stimme ich der Regel von Gewaltfreiheit als Prinzip zu.

Im Jahr 1988 organisierte ich mit friedensbewegten Lehrerinnen und Lehrern aus über 30 Ländern einen internationalen Friedenskongress in Bonn. Der ehemalige Bundeskanzler *Willy Brandt* (1913–1992) sandte uns eine Video-Grußbotschaft ebenso wie der damals noch in Südafrika unter Hausarrest stehende *Govan Mbeki* (1910–2001), der Vater des späteren zweiten demokratisch gewählten südafrikanischen Präsidenten. Unser internationaler Schwerpunkt war eine Unterstützung der Befreiungsbewegungen in Namibia und Südafrika. Viele Exil-Südafrikaner kamen zu dem Kongress in eine Bonner Gesamtschule, leider auch Mitglieder des südafrikanischen Geheimdienstes. Als ich mit einer Gruppe von Gewerkschaftskollegen wenige Monate später das erste Mal nach Südafrika reisen wollte, teilte die damalige Botschaft mir und einem weiteren Kollegen mit, dass wir »unerwünscht« seien im Land und keine Einreisegenehmigung erhalten würden.

Wenig später zog ich von Hamburg nach Amsterdam, um dort eine Stelle als pädagogischer Mitarbeiter des Anne-Frank-Hauses anzutreten. Da ich ab nun nicht mehr als Lehrer in Deutschland arbeitete, gab ich meine langjährige Mitgliedschaft in der Gewerkschaft auf und trat am gleichen Tag der niederländischen Sektion von Amnesty International bei. Wenig später besuchte mich ein Vertreter der Amsterdamer Zentrale von Amnesty International in meinem Büro und bat mich um Mitarbeit bei einer neu gegründeten Aktionsgruppe zum Schutz sexueller Minderheiten, vor allem in Ländern Lateinamerikas, Afrikas und Osteuropas. Da ich als homosexueller Mann selbst Angehöriger einer solchen Minderheit bin, nahm ich die Einladung an. 1998 organisierte ich mit dem später auch international bekannten Amnesty-Mitarbeiter Frank Stevens (*1957) das Menschenrechte-Forum während der *Gay Games 1998* in Amsterdam mit Angehörigen sexueller Minderheiten aus mehr als 40 Ländern, darunter mehrere, in denen Folter und Todesstrafe für homosexuelle Männer (und zum Teil auch Frauen) bis heute bestehen.

Eine wunderbare Überraschung war ein Jahr zuvor geschehen: Eines meiner Jugendbücher *(Von Skinheads keine Spur)* hatte 1997 den Jugendliteraturpreis des inzwischen unabhängig gewordenen Namibia gewonnen. Nun durfte ich als Ehrengast nicht nur nach Namibia reisen, sondern wurde im Anschluss vom Goethe-Institut auch nach Kapstadt und Johannesburg eingeladen. In Kapstadt wurde ich von einer Dozentin der Universität des Westkap, *Karin Chubb* (*1943), vom Flughafen abgeholt, die mir zuerst eher missmutig das Standard-Touristenprogramm vorlas. Dann fügte sie vorsichtig an: »Erzbischof Tutu eröffnet morgen die Anhörungen von Kindern und Jugendlichen vor der Wahrheits- und Versöhnungskommission ...«

Gern stimmte ich zu, das Standard-Programm zugunsten eines Kennenlernens der Arbeit des Friedensnobelpreisträgers *Desmond Tutu* (*1931) aufzugeben. Zutiefst beeindruckte mich sein Versuch und der seiner Kommissionsmitglieder, die Schrecken der schwierigen Apartheid-Vergangenheit durch Ehrlichkeit und Versuche der Versöhnung einer tief gespaltenen Nation zu überwinden. So anders, so viel menschlicher und konkreter, erschien mir das, was hier versucht wurde, im Vergleich zu den lange verdrängten und dann über Jahrzehnte nur mühsam aufgearbeiteten Schrecken der NS-Vergangenheit in Deutschland. Ich beschloss, mit Karin Chubb in einem Buch von den Aussagen der Kinder und Jugendlichen – und ihren Versuchen, ein neues Leben im demokratischen Südafrika aufzubauen – für ein Publikum in Deutschland wie Südafrika zu berichten.

Die Einnahmen aus dem Buch wurden das Startkapital für die 2001 in Kapstadt gegründete Stiftung HOKISA (Homes for Kids in South Africa), die sich zur Aufgabe machte, Kindern und Jugendlichen angesichts der heute größten Katastrophe im Land – der Aidsepidemie – konkret in einem Modellprojekt zur Seite zu stehen. Kurz darauf zogen mein Mann und ich von Amsterdam nach Kapstadt um. Am Welt-Aidstag 2002 wurde das erste HOKISA-Kinderhaus in einem Township südlich von Kapstadt im Beisein von Erzbischof Tutu und Hunderten von Nachbarn eingeweiht.

Inzwischen besteht HOKISA seit gut acht Jahren. Mit zehn festen Erzieherinnen und Erziehern, mehreren Freiwilligen, einer Krankenschwester und einem Arzt wurde nicht nur ein Zuhause für rund 20 Kinder und Jugendliche geschaffen, sondern darüber hinaus gibt es eine Jugend- und eine Frauengruppe, die Unterstützung anderer Kinder und ihrer Angehörigen im Township und viele Initiativen, um die weitere Verbreitung von HIV zu verhindern. Unser Doktor ist der einzige Hausarzt in diesem Township mit rund 30 000 Bewohnern. Bis 2004 war offiziell von der Regierung die Ausgabe von ARV-Medizin in öffentlichen Einrichtungen wie Krankenhäusern oder Kinderheimen verboten. Wir taten es trotzdem, und alle damals therapierten Kinder gehen heute in die Schule. Bis 2009 musste viel gegen eine das Ausmaß der Katastrophe lieber verleugnende Regierung getan werden. Das beginnt sich zum Glück langsam zu ändern. Aber immer noch liefert Südafrika mit rund 1000 Aidstoten pro Tag (und täglich etwa 2 000 Neuinfektionen) weltweit traurige Rekorde.

Was dies für ein junges Mädchen konkret bedeutet, die mit 13 Jahren zu uns kam, schildert *Jabulile*[1], heute beinah 18:

»Am schlimmsten war für mich, dass Mutter nicht ehrlich zu uns war. Sie sagte, sie würde wiederkommen und bräuchte nur Zeit für sich. Sie kam aber nie wieder. Sie verkroch sich zum Sterben, voller Scham. Dabei hätte ich sie doch bis zuletzt gepflegt. Ich wusste doch längst, dass Mutter zu lange mit den Medikamenten gewartet hatte und sie dann auch noch mehrfach unterbrach. Das erst war ihr Todesurteil. Nicht Aids, sondern dass sie sich geweigert hatte, auf die einzig vernünftige Ärztin bei uns zu hören.

Dann bei der Beerdigung tat so weh, dass niemand von der Familie kam. Gerade meine Lieblingserzieherin bei HOKISA und meine einzige Freundin, sonst niemand außer dem Armenpastor. Lange Zeit wollte ich selbst eigentlich nicht mehr leben, machte keine Schularbeiten, wurde ganz schlecht in der Schule. Ich wartete darauf, dass auch bei mir HIV in Aids übergehen würde und ich dann auch sterben würde. Aber niemand stirbt einfach an Aids. Es beginnt mit allen möglichen Krankheiten, eine einzige Quälerei. Als ich die erste Lungenentzündung bekam und ins Krankenhaus musste, dachte ich, jetzt ist es so weit. ›Ja‹, sagte meine Lieblingserzieherin. ›Jetzt ist es so weit – du musst anfangen, die ARV-Medizin zu nehmen.‹

---

1 Name geändert

Wenn ich sie nicht gehabt hätte, würde ich heute nicht mehr leben. Zwei Nächte später heulte ich nur noch und sagte ihr, dass mich niemals mehr jemand lieben würde und ich niemals Kinder haben könnte und ... Da nahm sie meinen Kopf in beide Hände und sagte mit fester Stimme: ›Jabulile, ich bin auch HIV-positiv und nehme seit fünf Jahren diese Medizin. Schau mich an: Mein Mann liebt mich, und wir haben einen prächtigen kleinen Sohn.‹ Und sie hielt mich fest, bis ich zu heulen aufhörte.

Heute mache ich bei unserer Jugendgruppe mit, ich bin verantwortlich für die Theater-AG. Meine erster Freund hat sich vor Kurzem von mir getrennt. Aber das ist okay, weil wir wirklich nicht so gut zusammenpassten. In Kürze mache ich meinen Schulabschluss, nicht als Beste, aber auch nicht ganz schlecht.«

Im Kontext der Fußballweltmeisterschaft 2010 in Südafrika veröffentlichte Amnesty International, deren Sektion im Lande 1991 gegründet wurde, eine Pressemitteilung mit der Forderung, »allen Menschen ohne jede Diskriminierung Zugang zu Vorbeugung, Verhütung und Behandlung von HIV-Infektionen zu ermöglichen, insbesondere Frauen aus ländlichen Gebieten«[2]. Gegenwärtig haben nur rund 30 % der Erwachsenen und etwa 20 % der Kinder Zugang zu ARV-Medizin und damit zur bislang einzigen Möglichkeit, diese Krankheit von einer tödlichen in eine chronische zu verwandeln. Die anderen sterben nach wie vor einen elenden und völlig unnötigen Tod.

Es bleibt noch viel zu tun.

---

2 Presseerklärung von Amnesty International vom 4. Juni 2010

ROSIDA EICKELPASCH

Aufhören war nie eine Alternative

Meine ganz persönliche Geschichte mit Amnesty

Mein Amnesty-Lebenslauf beginnt eigentlich schon am 10. Januar
1951 in Olbernhau im Erzgebirge, in der damaligen SBZ
(»Sowjetische Besatzungszone«). Natürlich gibt es Amnesty International zu dieser Zeit noch gar nicht, und auch die Allgemeine Erklärung
der Menschenrechte ist erst drei Jahre alt.

1951 bin ich ein sechsjähriges Mädchen, fröhlich und behütet besuche
ich die 1. Klasse. Eines Tages – es ist inzwischen 60 Jahre her – verbreitet sich eine Nachricht wie ein Lauffeuer in unserem verträumten
10 000-Einwohner-Städtchen: Gegen *Hermann Flade*, einen 18-jähri-
gen Oberschüler, ist im Ballhaus die Todesstrafe beantragt worden.
Anklagepunkte sind Boykotthetze, militärische Propaganda und ver-
suchter Mord. Hermann Flade hat, wie man sich in der Schule erzählt,
Flugblätter gemacht und verteilt. Bei seiner Festnahme hat er einen
Vopo mit dem Taschenmesser leicht verletzt. An diesem besagten
Januartag nun wird der Prozess im Radio übertragen. Meine Mutter
möchte nicht, dass ich mithöre, und will mich aus der Küche schicken,
doch im Winter ist das der einzige beheizte Raum und so darf ich
bleiben. Die Erwachsenen sitzen wie gelähmt vor dem Empfänger. Die
Übertragung wird kurz unterbrochen, nachdem Hermann Flade gerufen hat: »Ich liebe die Freiheit.« Als dann das Todesurteil verkündet
wird, weint meine Mutter und schluchzt: »Man kann doch so einen
Jungen nicht umbringen!«

Ich versuche, teilnahmslos zu wirken, und spiele in meiner Ecke weiter,
aber mein Herz schlägt bis zum Hals. Ich frage mich, wer den Jungen,
dessen kindliches Gesicht ich aus der Zeitung kenne, umbringen will.
Darf man überhaupt einen Menschen mit Absicht töten? Ich verstehe
nichts, und niemand spricht mit mir darüber. Auch in der Schule
herrscht lähmendes Schweigen.

Je weniger ich erfahre, desto mehr beschäftigt mich diese Geschichte.

Der Name Hermann Flade hat sich damals tief in mir eingegraben. Die ganze Wahrheit werde ich erst Jahre später erfahren.

Das Todesurteil für einen 18-jährigen Schüler löst in der ganzen Welt Protest aus. Politiker und Gewerkschaften, Schriftsteller, Künstler, Universitäten und Schulen bitten Wilhelm Pieck, den Präsidenten der DDR, um Gnade. Auch in der DDR gibt es Widerstand. Es werden Gnadengesuche eingereicht und Eingaben gemacht, auch von Lehrern und Schülern unserer Oberschule. Vereinzelt werden auch Flugblätter verteilt mit dem Aufruf »Gebt Flade frei!«. Ein paar davon sind von meinem Vater in Kunstschrift handgemalt, aber das habe ich erst vor ein paar Jahren erfahren.

Unter dem großen internationalen Druck kommt es schließlich zu einer Revisionsverhandlung. Hermann Flade wird zu 15 Jahren Haft verurteilt und verschwindet für viele Jahre hinter den Zuchthausmauern von Waldheim.

Langsam verflüchtigen sich die Schatten dieses Vorfalls. Ich gehe gern zur Schule und erlebe eine unbeschwerte Kindheit. Später möchte ich als Schlangentänzerin zum Zirkus gehen oder Schauspielerin werden. Mein Spitzname ist »Hollywood«.

1958, schon mit 14 Jahren, hat es sich ausgeträumt, ich flüchte mit meiner Familie in den Westen. Wir wohnen im Lager, mit sechs Personen in einem Raum zusammengepfercht. Statt in der Manege oder auf der Bühne zu stehen, sitze ich in einer kalten, stinkenden Fabrik und nähe im Akkord Ledermäntel.

Völlig überraschend holt mich im Jahre 1960 mein traumatisches Kindheitserlebnis wieder ein. Hermann Flade, so lese ich im »Stern«, ist nach zehn Jahren Zuchthaus entlassen worden und in die Bundesrepublik ausgereist. Der »Stern« feiert das als großen Sieg, denn er hat im Westen Deutschlands dafür gesorgt, dass der ehemalige Oberschüler nicht in Vergessenheit geriet. In großen Lettern hat er immer wieder gefordert: »Gebt den Jungen endlich frei!« Daraufhin haben unzählige Bundesbürger Briefe an die DDR-Regierung mit der Forderung nach Freilassung des todkranken jungen Mannes geschickt. Im Nachhinein erscheint mir diese damals erfolgreiche Kampagne geradezu als Vorwegnahme der bewährten Amnesty-Strategie, wie sie einige Jahre später entwickelt wurde.

Noch ein Nachtrag zu Hermann Flade: Im Jahre 1998, also 47 Jahre nach dem Todesurteil, stoße ich in der »Frankfurter Rundschau« wieder auf dieses Kindergesicht. Ein ganzseitiger Artikel: »*Ich liebe die Freiheit*« – *Ein Lebenslauf und ein Todesurteil in der DDR*. Ich erfahre nun alles über seine Jahre »danach«. Er hat Politologie studiert, schreibt und hält Vorträge über politische Gefangene in der DDR. Aber er wird nicht mehr heimisch in der neuen Welt. Die Spätfolgen einer offenen Tuberkulose und andere Wunden verheilen nicht. Hermann Flade stirbt 48-jährig in Bonn, zehn Jahre vor dem Fall der Mauer.

Es ist Anfang der 1960er-Jahre, als zwei Ereignisse mein Kindheitstrauma wieder aufwühlen. Zum einen ist es das schreckliche Ende des jungen kongolesischen Staatspräsidenten *Patrice Lumumba*. Erstmals wird die ganze Welt vor den Fernsehgeräten Zeuge von ekelerregenden Grausamkeiten, beim Abendbrot. Das Bild hat sich bei mir regelrecht eingebrannt: Dieser blutende schwarze junge Mann, der mit brutalen Schlägen auf einen offenen Lastwagen geworfen wird. Einige Tage später kam die Nachricht von seinem Tod.

Ein anderer Fall, der mich in jener Zeit stark beschäftigt, ist der des amerikanischen Mörders *Caryl Chessman*, der nach zwölf Jahren in der Todeszelle in San Quentin vergast wird. Wieder ist es der »Stern«, der mir detaillierte Hintergrundinformationen bietet, sodass ich in der Firma für erregte Diskussionen über die Todesstrafe gut gewappnet bin. Aber eigentlich geht es jetzt erst einmal aufwärts mit mir: Mein Prinz taucht auf! Ich heirate mit 19 Jahren einen jungen Lehrer und die akute Nestbauphase beginnt. Dennoch: Von einem Rückzug ins Private kann keine Rede sein. Wir engagieren uns in der Politik und in sozialen Initiativen, die kleinen Kinder sind dabei kein Hindernis, sie sind immer mittendrin.

Anfang der 1970er-Jahre bekommt das, was mich so umtreibt, erstmals einen Namen: Menschenrechte. Es ist Carola Stern, die engagierte Publizistin und Mitbegründerin von Amnesty Deutschland, die mir den letzten Anstoß gibt. In mehreren »Zeit«-Artikeln und in Rundfunkbeiträgen informiert sie über Ziele und Arbeitsweise der jungen Gefangenenhilfsorganisation. *Wer schweigt, wird mitschuldig!*, lautet der Slogan aus diesen Tagen. Ich fühle mich unmittelbar angesprochen, denn ich weiß inzwischen viel über Folter und Mord in den Militärdiktaturen und über die unmenschlichen Bedingungen in sibirischen Hungerlagern.

Aber was kann *ich* tun? Inzwischen haben wir unser drittes Kind und wohnen auf dem Land. Von Amnesty International hat man in unserer Region noch nichts gehört. Eine Anfrage beim nationalen Sekretariat in Hamburg bleibt unbeantwortet.

1978, endlich, lese ich einen Bericht in der Lokalzeitung über eine eindrucksvolle Konzertlesung (mit Urs Fiechtner und Sergio Vesely, denen ich noch heute eng verbunden bin), die eine Amnesty-Gruppe in der Nachbarstadt organisiert hat. Es gibt also eine Gruppe unmittelbar in der Nähe! Sofort nehme ich Kontakt auf und werde Mitglied.

Man muss immer die einzelne Person sehen, diese eine und dann jene eine, immer nur eine auf einmal. Diesen Spruch von Mutter Teresa habe ich zum Leitmotiv meiner Amnesty-Arbeit gewählt. Zu sagen, dass ich es bis heute nicht bereut habe, wäre eine glatte Untertreibung. Die Wahrheit ist, dass ich auch nach mehr als drei Jahrzehnten Amnesty-Arbeit noch mit Leidenschaft und vollem Einsatz bei der Sache bin. Das hängt vor allem damit zusammen, dass ich dort all das ausleben kann, was mich seit Kindesbeinen umgetrieben hat: meinen ausgeprägten Beschützerinstinkt, meinen Eifer für Toleranz, Gerechtigkeit und Aufklärung. Ich gehöre also einer von 600 Amnesty-Gruppen in Deutschland an. Wir sind immer so um die zehn Leute, einige sind schon über 25 Jahre dabei. Einer, Franz-Josef Prangemeier, hat die Gruppe vor 35 Jahren mitgegründet. Seine hervorstechendste Eigenschaft ist sein unverwüstlicher Humor. Neben Geduld und einem unerschütterlichen Glauben an eine mögliche bessere Welt ist das wohl die beste Voraussetzung für eine so lange Mitarbeit bei Amnesty.

Seit Bestehen unserer Gruppe haben wir zwölf Fälle betreut: Wir haben uns für zwölf »einzelne Personen«, politisch Verfolgte aus verschiedenen Ländern, eingesetzt. So lange eingesetzt, bis sie wieder frei waren bzw. bei Verschwundenen-Fällen, bis ihr Schicksal geklärt war. Für diese Menschen haben wir, nachdem wir uns gut eingearbeitet hatten, Tausende von Briefen, Faxen und Mails in das jeweilige Land geschickt – an Regierungs- und Justizbehörden, an Institutionen und an die Presse. Wir haben Anwälte und Schulgeld bezahlt, Unterhalt für die Familien aufgebracht und, wenn irgend möglich, Briefkontakt zu den Gefangenen unterhalten. Auch in Deutschland suchen wir ständig Unterstützung in der Politik, bei Kirchen und Gewerkschaften, Universitäten, Frauengruppen und Schulen.

Zu den wichtigsten Bereichen gehört die Pressearbeit, denn Menschenrechte brauchen Öffentlichkeit. Natürlich müssen wir uns auch um so Dinge wie Finanzbeschaffung kümmern. Die Ermittlung, die Gefangenenbetreuung, die Aufklärungskampagnen, das Porto – alles kostet Geld.

Einen neuen Motivationsschub für die oft triste und frustrierende Alltagsarbeit liefert vor allem ein erfolgreich abgeschlossener »Fall«. Einer, mit dem ich ganz persönlich intensiv befasst war, trägt den Namen Özcan Kesgeç. Im Jahre 1980 putscht in der Türkei das Militär, und eine Verhaftungswelle gegen ganze Bevölkerungs- und Berufsgruppen durchzieht das Land. Einer unter den Zehntausenden politischen Gefangenen ist der hochrangige Gewerkschaftsfunktionär Özcan Kesgeç, der am 1. März 1981 nach schweren Folterungen im Istanbuler Militärgefängnis landet. Für ihn und weitere 29 führende Mitglieder der Gewerkschaft DISK fordert der Staatsanwalt die Todesstrafe, wegen umstürzlerischer Tätigkeit. Unsere Gruppe übernimmt den Fall. Wir schreiben unzählige Briefe an die Justiz und die Regierung in der Türkei, informieren eine breite Öffentlichkeit und organisieren kompetente und langfristige Unterstützung auf allen gewerkschaftlichen und politischen Ebenen.

1985 erreicht uns dann endlich die befreiende Nachricht: Özcan Kesgeç ist frei! Vier Jahre später, an einem Sommertag 1989, besucht er mit Freunden die Amnesty-Gruppe Beckum. Wir empfangen ihn bei mir zu Hause mit großem Bahnhof und hissen zu seinen Ehren sogar die türkische Flagge.

Wir sitzen in meiner großen Küche und erzählen bei Kaffee und Kuchen. Ich zeige ihm die vielen Bücher über die Türkei und die dicken Aktenordner mit seinem »Fall«. Özcan sieht die vielen Zeitungsartikel über ihn und Hunderte von Briefdurchschlägen mit seinem Namen. Er ist sehr gerührt über die Mühe, die wir uns gemacht haben, aber auch sehr erstaunt über unsere »Unprofessionalität«. Rosida von Amnesty International hatte er sich ganz anders vorgestellt, irgendwie bedeutender. Er dachte immer an ein großes Büro mit Vorzimmerdame und nicht an eine Hausfrau auf dem Land in einer gemütlichen Küche.

Ein ehemaliger, mit der Todesstrafe bedrohter politischer Gefangener, für den wir gekämpft haben, sitzt uns leibhaftig gegenüber – das sind

Momente, aus denen ein Amnesty-Mensch für Jahre Kraft schöpft, Kraft, die für jahrelange, oft frustrierende Arbeit entschädigt.

Wir müssen uns Sisyphos als einen glücklichen Menschen vorstellen. Dieser Satz von Albert Camus trifft, wie ich meine, sehr gut das Verhältnis von Lust und Frust in der Amnesty-Arbeit. Das Alltagsgeschäft gleicht in der Regel einer ermüdenden, immer wieder von Enttäuschungen und Rückschlägen begleiteten Sisyphusarbeit. Oft bewegt sich über lange Zeit rein gar nichts. Um nicht mutlos zu werden, sage ich mir immer wieder, dass die Menschenrechtsarbeit, gemessen an der langen, blutigen Menschheitsgeschichte, noch ganz jung ist, aber doch schon beachtliche Erfolge vorweisen kann. Ohne den mutigen und beharrlichen Einsatz Einzelner wäre die Sklaverei bis heute noch nicht abgeschafft. So wird das eines Tages auch mit der Todesstrafe sein.

I have a dream! Oft überlege ich, was ich in meinem Leben noch erwarten kann in Sachen Menschenrechte. Die Todesstrafe hat mich mein ganzes Leben lang nicht losgelassen. Die Tatsache, dass ein Staat sich das Recht anmaßt, Menschen umzubringen, empört mich nach wie vor. Ich bin überzeugt, dass der weltweit zu beobachtende Trend zur Abschaffung der Todesstrafe unumkehrbar ist. Im Jahre 1951, als Hermann Flade zum Tode verurteilt wurde, hatten erst acht Staaten die Todesstrafe aus ihren Gesetzbüchern gestrichen. 1978, als ich zu Amnesty ging, lag die Zahl bei 19. Heute, gut 60 Jahre nach Verabschiedung der Allgemeinen Erklärung der Menschenrechte, wenden 140 Staaten die Todesstrafe nicht mehr an. Fast jedes Jahr kommen drei hinzu, weil immer mehr Staaten die Unmenschlichkeit erkennen und die kriminalpolitische Nutzlosigkeit. Das ist eine großartige und ermutigende Erfolgsgeschichte der Menschenrechtsbewegung. Vielleicht erlebe ich ja noch die weltweite Ächtung und Abschaffung dieser barbarischen Strafe. Vielleicht sagt ja irgendwann in vielen Jahren eines meiner sechs Enkelkinder: »Wie schade, dass Oma Rosida nicht mehr erlebt, dass endlich die Todesstrafe auf der ganzen Welt abgeschafft ist. Das war immer ihr Traum!«

FLORIAN ROBBERT

Wer rastet, der rostet – Ein Jahr bei Amnesty International in Mexiko City

Es ist ungefähr Mitternacht in einem Stuttgarter Hotelzimmer. Morgen steige ich um Viertel vor zwei in den Flieger, der mich zuerst nach Paris und dann nach Mexiko-Stadt bringt. Ich bin glücklich, wenn ich daran denke, wer mich vom Flughafen abholen wird. Und obwohl ich schon so lange weiß, dass ich nach Mexiko gehe, kommt mir die Sache jetzt ziemlich überstürzt vor.

Wie es dazu kam

Ich lehne den Dienst an der Waffe ab und habe mich entschieden, etwas Interessanteres im Ausland zu machen. Was, weiß ich nicht. Ich bewerbe mich am letztmöglichen Tag bei einer Trägerorganisation, die Zivildienstprojekte ins Ausland vermittelt. Es folgt ein Vorbereitungsseminar zum Kennenlernen und bereits jetzt bin ich von den »Kennenlernspielen« genervt. Das Seminar stellt sich – trotz der nervigen Spiele – als ziemlich gute Erfahrung heraus. Mir ist klar geworden, was ich machen will. Weder im Altersheim, Kinderheim, Kindergarten oder als Dorfschullehrer will ich arbeiten. Nein, es soll etwas im Bereich der Menschenrechte sein. Das passende Projekt habe ich natürlich auch schon gefunden – und nur das soll es sein und kein anderes! Das war im Januar. Jetzt ist es Juli, ein paar Wochen vor dem zweiten von insgesamt fünf Seminaren. Und jetzt klappt es doch nicht mit dem Projekt. Ziemlich deprimiert und wütend überlege ich erst, die ganze Sache sein zu lassen und wie jeder vernünftige Mensch meinen Zivi im Altersheim zu machen: Da bekommt man noch schön Trinkgeld von den alten Damen!
Aber so schnell gebe ich mich nicht geschlagen. Sie erzählen mir etwas

von einem Projekt von Amnesty International in Mexiko City. Ein ganz neues Projekt, ich wäre dort der erste deutsche Freiwillige für ein Jahr. Klingt gut und spannend. Allerdings ist so gut wie nichts geklärt. Wo wohne ich? Was mache ich genau? Bin ich alleine, oder gibt es noch andere Freiwillige? Fragen, deren Antworten meine Mitfreiwilligen schon längst wussten, mir aber erst kurz vorher beantwortet wurden. Auf meinem zweiten Seminar hatte so gut wie jeder schon sein festes Projekt und ich wartete immer noch auf die Bestätigung von Amnesty International (die kam dann noch rechtzeitig!).

Amnesty International. Schon so manches hatte ich von dieser Organisation mitbekommen, aber so richtig den Plan hatte ich nicht. Von dem Projekt ganz zu schweigen. Ich habe mich natürlich trotzdem gefreut. Mein Traum, nach Mexiko zu gehen, sollte wohl doch in Erfüllung gehen. Die wichtigen Dinge, was genau ich dort mache und mit wem und wo ich wohne, wusste ich immer noch nicht, obwohl man so was wissen sollte, bevor man zusagt, irgendwo 9500 Kilometer weg von zu Hause ein Jahr zu arbeiten. Es hat mich aber nicht davon abgehalten, zuzusagen und die Ungewissheit als Teil des großen Abenteuers Mexiko 2010–2011 zu akzeptieren.

In den Wochen danach fing ich an zu arbeiten, um finanziell ein wenig unabhängiger zu werden, und ich machte mich an den Berg an Erledigungen, der vor mir lag. Atteste, Impfungen, Bestätigungen, Bescheinigungen, Fotos hier, Visum da. Dazwischen nahm ich mit meiner Einsatzstelle Kontakt auf, um mehr über mein Jahr zu erfahren. Und wieder mein Spanisch auffrischen! Ich musste mich an meine letzte Spanischstunde in der Schule erinnern, bei der ich meine Lehrerin nur durch gutes Zureden davon überzeugen konnte, mir eine Vier zu geben und mich nicht sitzen zu lassen. Mit der Zeit kamen die Informationen über das Projekt und irgendwann stellte sich dann auch heraus, wo ich wohnen würde. Aber was ich nun konkret machen würde, wusste ich bis zu meinem Abflug immer noch nicht.

Das ist ein großer Schritt: Ich musste raus aus meiner mir so vertrauten Umgebung und andere Menschen kennenlernen. Welche Auswirkungen dieser Schritt haben kann, das habe ich zum Teil auf den Vorbereitungsseminaren erfahren, aber zum größeren Teil erfahre ich das erst hier in Mexiko. Die Frage, ob es das wirklich wert ist und ob der Stress mit dem Visum und der ganze Aufwand sich lohnt, stellt sich mir noch immer. Ich glaube, das ist auch gut so. Ich versuche mir diese Frage immer mit Erfahrungen in den Seminaren zu beantworten. Das Verlassen der Komfortzone, also das Verlassen der gewohnten Umgebung mitsamt der Kultur, dem Essen, den Gewohnheiten und vor allem den Freunden, ist eine Erfahrung, die einen selber sehr stark macht und einen wachsen lässt. Allein in den Flieger nach Mexiko steigen, wo jeder Spanisch spricht, ein Land kennenlernen, aus dem man eigentlich nur Negatives über Blutbäder, Drogenkrieg und Öl im Meer hört. Und das alles, nur um einer sozialen Arbeit nachzugehen. Oft muss ich auch an das Sprichwort denken: »Wer rastet, der rostet, wer sich ändert, bleibt sich treu!« Es ist nicht immer leicht, Veränderungen zu akzeptieren, da sie einen aus Gewohnheiten rausholen. Aber jede Veränderung wird mit neuen Erfahrungen belohnt.

Endlich da

Als sich die Schiebetüren des Flughafens öffnen, geht es los! Freundlich werde ich empfangen, kann zum Glück die erste Zeit Englisch reden. In einem VW-Käfer geht es dann bei Nacht durch Mexiko-Stadt, meine neuen Heimat für ein Jahr. Groß, chaotisch, laut und anders. In der WG, wo ich wohne, werde ich auch nett begrüßt. Es werden nur ein paar Sätze gewechselt, dann geht's schon wieder raus auf die Straße, ein Bier mit den Mitbewohnern trinken. Zwar total übermüdet und fertig vom Flug gehe ich mit und kann schon mal die ersten Eindrücke des Nachtlebens in Mexiko-Stadt sammeln. Wirklich ein komisches Gefühl, wenn man auf einmal an einem Ort landet, wo man nichts wiedererkennt. An diesem Abend falle ich unendlich müde, aber mit einem positiven Gefühl ins Bett!
Die nächsten Tage kann ich endlich die Leute treffen, mit denen ich zusammenarbeite und mit denen ich im Vorfeld schon Kontakt hatte. Das Amnesty-Büro befindet sich hinter einer großen Stahltür und nur ein kleiner gelber Aufkleber weist darauf hin. Viele neue Gesichter begrüßen mich und ich lerne neue Menschen kennen, mit denen ich gerne mehr reden würde, aber mein gebrochenes Spanisch lässt das nicht wirklich zu. Die ersten Tage gehen vorbei wie im Flug, obwohl (oder weil) so viel Interessantes und Gutes um mich herum passiert.

Dass meine Arbeitsstelle nicht in einem Büro, sondern in einem Park mit Palmen ist, ist eine der positiven Überraschungen. Dass unsere Wohnung aufgrund des Sushi-Restaurants unter uns ein Kakerlakenproblem hat und ich davon aufwache, wie sie über meinen Arm laufen, eine der negativen. Mit meinem Kollegen, der mich auch vom Flughafen abgeholt hat, gehe ich zu meiner Arbeitsstelle. Aus der überfüllten U-Bahn hinaus in einen beschaulichen Park mit Palmen und Agaven. Sieht wirklich sehr schön aus. Die *Casa de Los Refugiados*, das Haus für Flüchtlinge, nennen hier alle das »Casita« (auf deutsch: »kleines Haus«). Es ist wirklich ziemlich klein, bunt angemalt mit Flaggen, Sprüchen und Bildern aus aller Herren Länder. Sieht ungewöhnlich aus, aber es macht einen sehr einladenden Eindruck. Genauso wie meine »Chefin« und meine beiden anderen mexikanischen Mitfreiwilligen. Sie staunen nicht schlecht, als ich ihnen erzähle, dass ich ein ganzes Jahr im Casita arbeiten werde. Üblich sind hier vier bis sechs Monate. Die nächsten Tage verbringe ich damit, zuzuhören und erst mal zu begreifen, was das Casita genau macht. Das ist nämlich gar nicht so einfach zu beschreiben.

Das »Casita«

Das Projekt wurde von José Luis Loera ins Leben gerufen. Ein unheimlich sympathischer Mensch, der in den 1980er- und 90er-Jahren sehr aktiv als Menschenrechtler in Serbien gearbeitet hat. Er war bei der Organisation UNHCR, dem »Hohen Flüchtlingskommissariat der Vereinten Nationen«. Mittlerweile hat er Unterstützung von zwei Amnesty-International-Mitarbeitern bekommen. Somit ist das Projekt eine Kooperation dieser beiden Menschenrechtsorganisationen. In erster Linie stellt das Casita eine Anlaufstelle für Flüchtlinge und Migranten dar. Das Casita verfügt über viele Verbindungen zu Organisationen in ganz Mexiko. Die meisten Flüchtlinge, die uns aufsuchen, kommen aus Haiti oder Afrika.

Es gibt auch viele Menschen aus Zentralamerika, die aus ihrer Armut heraus versuchen, illegal in die USA einzuwandern. Auf ihrer gefährlichen Reise müssen diese Menschen zwangsläufig durch Mexiko. Manche versuchen jedoch, hier Fuß zu fassen. Für diese Menschen bieten wir verschiedene Hilfeleistungen. Zum Beispiel, indem wir für die, die nicht Spanisch sprechen, kostenlosen Spanischunterricht vermitteln oder ganz einfach Feste zu bestimmten Feiertagen veranstalten. So treffen sich die Flüchtlinge und es entsteht eine Gemeinschaft, die sehr wichtig ist. Wir im Casita bieten die Möglichkeit, dass Gruppen sich in unseren Räumlichkeiten treffen und Projekte entwickeln können. Es gibt z. B. eine Frauengruppe, die aus Flüchtlingen besteht, die sich gegenseitig Geld leihen und somit nicht auf Banken und teure Zinsen angewiesen sind. Am Wochenende gibt es eine Jugendgruppe, die sich regelmäßig trifft und zurzeit an einem Theaterstück arbeitet. Das Casita funktioniert ein bisschen wie ein Jugendzentrum.

Es sind ganz schön viele Bereiche, was für mich bedeutet, dass meine Arbeitstage selten gleich aussehen. Ich helfe vor allem den beiden Angestellten bei ihren Tätigkeiten und bin auch immer dabei, wenn sie sich mit Flüchtlingen unterhalten, was sehr interessant ist. Die Flüchtlinge aus Haiti sind fast alle wegen des schlimmen Erdbebens hier. Zum Beispiel Luis, der in Port-au-Prince, der Hauptstadt, gewohnt hat. Sechs Monate haben ihm noch zu seinem Universitätsabschluss gefehlt. Dann wurde aber die Uni durch das Erdbeben zerstört und er ist mit seinem Cousin nach Mexiko gekommen. Oder Florence, die ebenfalls in Port-au-Prince mit ihrer Familie gelebt und in einem Kreditinstitut gearbeitet hat. Nach dem Erdbeben hat sie ihre komplette Existenz verloren und ist mit ihrer Cousine nach Mexiko gekommen. Jetzt lernt sie Spanisch, hat aber keine Arbeit und möchte unbedingt zurück nach Haiti. Wann, weiß sie noch nicht. Vielleicht studiert sie auch erst hier in Mexiko.

Oder Corinne: Corinne bekommt voraussichtlich am 12. Dezember ihr Kind. Sie ist komplett alleine hier. Ihre Eltern und ihr Ehemann sind in Haiti. Sie erzählt, dass sie Angst hat, weil niemand da ist, der ihr wirklich nahesteht, und sie in einer völlig fremden Umgebung ihr Kind bekommt. Außerdem spricht sie nur sehr wenig Spanisch. Es ist schon komisch, auf einmal so nah an den Menschen zu sein, mit deren Leid man bisher nur in den Nachrichten konfrontiert wurde. Das ist einerseits interessant – aber auch schwer. Für die meisten sind solche Gespräche sehr hilfreich, da sie merken, dass ihnen jemand zuhört und sich für sie interessiert. Wenn mich ein Flüchtling mit meinem Namen anspricht, fühlt sich das immer gut an und ich merke, wie das Vertrauen wächst und ich in der Lage bin, eine freundschaftliche Beziehung aufzubauen. Und für die Flüchtlinge wie z. B. Corinne ist es sehr wichtig, einen Ort zu haben, an dem sie sich aufgehoben fühlen.

In knapp einem Monat ist der Tag der Toten, der *Día de los Muertos*. Das ist ein wichtiger Feiertag für die Mexikaner. Er dient dazu, der Verstorbenen zu gedenken, die während dieser Tage ihre lebenden Angehörigen »besuchen«, was aber nicht bedeutet, dass es ein ruhiges und andächtiges Fest ist. Die Straßen werden mit bunten Blumen geschmückt, überall hängen Skelette, und die Bäcker machen Totenköpfe aus Zucker. Der Feiertag geht vom 31. Oktober bis zum 2. November. Am letzten Tag trifft man sich am ebenfalls prächtig geschmückten Friedhof, um die Toten wieder ins Jenseits zu verabschieden. Es wird gefeiert, getanzt, gesungen, getrunken und reichlich gegessen. Dieser Feiertag wird auch bei uns im Casita gefeiert. Es wird eine Planungsgruppe gebildet, bestehend aus Flüchtlingen, Migranten und Mitarbeitern. Wir treffen uns wöchentlich, um eine nette Feier zu planen. Dabei ist interessant zu sehen, wie die Gruppe – bestehend aus vielen Nationalitäten und Kulturen – sich auf so einen skurrilen Feiertag einlässt und gemeinsam arbeitet. Das ist etwas, das mir nicht nur bei den Planungen zu den Feierlichkeiten aufgefallen ist, sondern auch, wenn sich hier Flüchtlinge und Migranten treffen oder gemeinsam Spanischunterricht im Casita bekommen.

Es ist stets ein sehr netter und respektvoller Umgang miteinander. Man spürt viel Herzlichkeit, was man im Anbetracht der erlebten Schicksale manchmal kaum glauben mag.

Die Ausnahme Mexiko

Ich erfahre immer mehr über die verschiedenen Amnesty-Sektionen in Lateinamerika und ihre Arbeitsweise. Hauptbestandteil der Arbeit von Amnesty International ist die Fallarbeit. Das bedeutet: Ein politischer Gefangener wird über lange Zeit betreut und man arbeitet auf seine Freilassung hin. Hierbei besteht ein wichtiger Grundsatz: Ein Fall wird in der Regel nicht von der örtlichen Amnesty-Sektion betreut, sondern immer von einer ausländischen. So kann unabhängiger gearbeitet werden.

Amnesty International in Mexiko ist dabei aber eine Ausnahme, hier kümmern sie sich um die inländischen Fälle. Das Büro verfügt über ein verhältnismäßig geringes Budget und stößt bei der konservativ-religiösen Bevölkerung oft auf Ablehnung (z. B. beim Thema »Gleiche Rechte für Homosexuelle«). Bei der Regierung stößt Amnesty auch immer öfter auf Widerstand, wenn z. B. Menschenrechtsverletzungen von der in Mexiko sehr geachteten Armee angeprangert werden. Und dennoch hat die Sektion in Mexiko sehr gute Kontakte und Beziehungen zu Journalisten, den mexikanischen Medien, dem akademischen Teil der Bevölkerung und verfügt zudem über eine breite Basis von Aktivisten und Unterstützern. Mexiko sieht sich selber gerne als ein aufstrebendes und sich gut entwickelndes Land mit guten internationalen Beziehungen. Um international nicht schlecht dazustehen, ist die Regierung in gewissem Maße dazu gezwungen, auf Berichte und Reporte einzugehen und zu reagieren. Das alles sind Gründe, die es der Sektion in Mexiko erlauben, an Fällen im eigenen Land zu arbeiten. Bisher geschah dies auch sehr erfolgreich.

Ein Beispiel dafür ist Raúl Hernández. Er wurde im April 2008 mit vier anderen festgenommen und beschuldigt, einen Mord begangen zu haben, während die anderen der Anstiftung beschuldigt wurden. Wirkliche Beweise dafür, dass die fünf an dem Mord beteiligt waren, gab es nicht. Die Gefangenen waren aktive Mitglieder einer Organisation, die sich für die in Mexiko vernachlässigten Rechte der indigenen Bevölkerung einsetzt. Nach Aktionen von Amnesty und anderen Menschenrechtsorganisationen wurden vier von ihnen im März 2009, nach einem Jahr Gefangenschaft trotz Unschuld, wieder freigelassen.

Raúl Hernández jedoch wurde weiter festgehalten. Grund dafür waren zwei äußerst zweifelhafte Zeugenaussagen, die lediglich besagten, dass Raúl sich am Tatort zur Zeit des Mordes aufgehalten hat. Daraufhin startete Amnesty International Mexiko eine Fallarbeit. Es gab sogenannte »Urgent Actions«: Innerhalb kürzester Zeit werden so viele Aktivisten und Unterstützer wie möglich mobilisiert, die gegen eine Menschenrechtsverletzung vorgehen, indem sie Briefe an Regierungen und Botschaften senden. Um Solidarität mit Raúls Situation zu zeigen, schrieben viele auch Briefe an Raúls Frau und an ihn selber oder schickten ihnen Bilder von sich mit Solidaritätsbekundungen. In diesem Fall haben Aktivisten und Unterstützer über 1000 Fotos von sich gemacht.

Um den Fall bekannter zu machen, wurde auf der Straße, den Medien und vor allem im Internet viel Öffentlichkeitsarbeit geleistet. Dass sich der Aufwand lohnte, zeigte sich am 27. August 2010, als Raúl endlich freigelassen wurde. Man kann an diesem Beispiel gut erkennen, wie vielschichtig die Arbeit von Amnesty ist.

Ebenfalls sehr wichtig ist die Erkenntnis, dass bei einer solchen Arbeit jede Unterschrift, jeder von Unterstützern an die Regierung geschickter Brief, jeder an die betroffene Person gerichtete Brief enorm wichtig ist, denn nur wenn viele Menschen gemeinsam arbeiten, kann man die Urheber von Menschenrechtsverletzungen unter Druck setzen. Dabei zählt jede Stimme! Aktiver Teil eines so großen Netzwerks zu sein, ist eine sehr schöne Erfahrung. Im Moment bin ich hier erst am Anfang und habe noch ca. zehn Monate vor mir. Zehn Monate, die, da bin ich mir sehr sicher, mit interessanten Erfahrungen, Erlebnissen, sympathischen Menschen und Kultur gefüllt sein werden. Wenn ich mir jetzt überlege, dass ich stattdessen in meiner Heimatstadt in einer Schule Glühbirnen wechseln oder mich in einem Kuhdorf von Bundeswehroffizieren anschreien lassen könnte, bin ich sehr froh, dass ich trotz einiger Rückschläge am Anfang hartnäckig geblieben bin und mich für diesen aufregenden Weg entschieden habe.

LEA RICHTMANN

Eine Herausforderung: Tradition und Menschenrechte in Benin

Die Anfahrt ist etwas schwierig. Im Viertel frage ich einige Leute, doch leider kann mir niemand sagen, wo sich das Amnesty-Büro in Cotonou befindet. Schließlich packt mich ein freundlicher junger Mann auf sein Motorrad und fährt mit mir die Straßen auf und ab, bis wir auf einmal an einem schönen weißen Haus vorbeikommen, an dem ein gelbes Amnesty-Banner hängt. »Das ist es!«, rufe ich, mein Fahrer setzt mich ab und verabschiedet sich freundlich. Dies passierte mir oft in Benin, ich bekomme unverhofft von fremden Menschen Hilfe.

Im westafrikanischen Land Benin, das zwischen Togo und Nigeria liegt, passieren einem viele solcher Geschichten. Das Land gehört zu den ärmsten der Welt, die Analphabetenrate liegt bei über 60 %, bei den Frauen noch höher. Viele Kinder arbeiten, statt in die Schule zu gehen, viele Menschen leben unter der absoluten Armutsgrenze, oft ist die Infrastruktur brüchig und veraltet. Doch es gibt Amnesty.

Die Organisation hat hier etwa 800 Mitglieder und wurde 1990 gegründet, dem Jahr, in dem die sozialistische Diktatur endete und es erstmals freie Wahlen gab. Dieses Jahr war wie ein Befreiungsschlag, viele unabhängige Organisationen und Unternehmen entstanden. Andererseits sehnen viele Menschen die Zeiten der Arbeitsmöglichkeiten und Ordnung zurück. Benin gilt jedoch vor allem im afrikanischen Vergleich als Modellnation, da zum Beispiel die Zivilgesellschaft einen hohen Stellenwert hat und die Pressefreiheit weitestgehend geachtet wird.

Trotz allem ist Benin ein Land, wo aus deutscher Sicht alles sehr anders ist. Die Vielehe ist bis heute stark verbreitet und so höre ich geduldig zu, als mein erster Ansprechpartner im Amnesty-Büro in Cotonou sie vehement verteidigt. Obwohl ich einige Zeit in diesem Land lebte, war ich überrascht, so eine Aussage von einem Amnesty-Vertreter zu hören. Das sei doch kein Problem, erklärte er mir. Die Vielehe verletze nicht die Rechte der Frau und diese sei dem Mann natürlich trotzdem gleichwertig.

Traditionelle Strukturen bestimmen häufig das ganze Leben. Sie infrage zu stellen, ist oft ein Tabu. Menschen, die das tun, laufen Gefahr, in der Gesellschaft in Misskredit zu geraten. Dies bedeutet nicht unbedingt eine Bedrohung für Leib und Seele, jedoch eine Verschlechterung des Ansehens. Und Ansehen hat in der beninischen Gesellschaft einen sehr hohen Stellenwert. Zu ihrem eigenen Selbstschutz bemühen sich Amnesty-Mitglieder und Akteure lokaler NGOs daher, solche sensiblen Themen mit Vorsicht anzugehen. Statt Missstände anzuprangern, werden Diskussionsrunden veranstaltet. Hierbei handelt es sich oft um Themen im Frauenrechtsbereich. Fragen im Bereich sexueller Minderheiten zum Beispiel werden nicht bearbeitet, da von den meisten Menschen angenommen wird, dass Homosexualität nicht existiert. Es steht somit überhaupt nicht zur Debatte.

Diese Probleme liegen vor allem in der Gesellschaft begründet. Vonseiten der politischen Autoritäten wird Amnesty aber eher kein Riegel vorgeschoben. Die Gruppen, mit denen ich sprach, erklärten mir, dass sich die Autoritäten meist freuten, wenn sich ihre Bürger engagieren.

Das Entscheidungsgremium der Sektion ist die »Assemblée Générale«, die Generalversammlung. Sie setzt sich aus allen Mitgliedern zusammen und wählt einen Vorstand, der für die Leitung, die Finanzen und die allgemeine Planung der Sektion zuständig ist. Zusätzlich gibt es das Nationalsekretariat, dessen Aufgabe es ist, die Ausführung der Aktionen zu koordinieren. Ein Rechtsbehelfsauschuss interveniert bei internen Konflikten. Die Mitglieder organisieren sich teilweise in Untergruppen wie dem Frauen- oder Jugendnetz.

Der Hauptaspekt der Arbeit der beninischen Amnesty-Sektion liegt auf Menschenrechtsbildung. Oft kommen die aktiven Mitglieder aus der Oberschicht und wollen ihren Beitrag leisten, ihr Land weiterzuentwickeln. Die Ortsgruppe der Stadt Djougou im Norden Benins, eine der 23 Untergruppen, besteht zum Beispiel hauptsächlich aus Lehrern. Durch diesen Kontakt und durch die Unterstützung der Sektion wurden in letzter Zeit immer mehr Jugend-Amnesty-Klubs an Schulen gegründet. Die Klubmitglieder werden in Seminaren ausgebildet und sollen dann ihre Mitschüler informieren, auf Augenhöhe, von Schüler zu Schüler. Die Jugendlichen veranstalten ansprechende Aktionen wie Theater, Diskussionsrunden und Wissenswettbewerbe.

»Viele wollten am Anfang mitmachen, weil sie dachten, sie bekommen Geld«, erzählt Souraka Abou. Er ist Präsident einer sehr aktiven Schülergruppe eines Collège in Djougou. »Aber das Gegenteil ist der Fall. Wir bezahlen sogar einen Mitgliedsbeitrag. Wir machen das, weil wir wirklich etwas tun wollen. Wir wollen helfen, unser Land zu entwickeln. Nur beschweren hilft nicht weiter.«

Trotz der prekären Einkommenssituation in Benin zahlt jedes Amnesty-Mitglied einen Beitrag. Ferner finanziert sich die Sektion hauptsächlich aus Unterstützungsgeldern des internationalen Sekretariats.

Wie in der Menschenrechtsbildung arbeitet die beninische Sektion auch in anderen Bereichen zu Problemen im eigenen Land. Auch wenn seit 1987 niemand mehr hingerichtet wurde, ist die Todesstrafe noch nicht abgeschafft. Amnesty Benin fordert dies.

Im Juli 2010 haben Vertreter aller Amnesty-Jugendgruppen der Stadt Djougou in Kooperation mit der lokalen NGO »Sud-Nord-Actions« einen langen Marsch für das Recht auf Bildung – auch besonders für Mädchen – veranstaltet.

»Leider gehen hier immer noch viele Kinder, vor allem Mädchen, nicht in die Schule. Wir wollen mit solchen Aktionen auf die Problematik aufmerksam machen und den Menschen zeigen, dass wir aktiv sind«, erklärt Souraka.

Wenn die Jugendlichen weiterhin so tolle Aktionen machen und dadurch ihren Bekanntheitsgrad steigern, kann mir beim nächsten Mal sicher jemand sagen, wo sich das Amnesty-Büro in Cotonou befindet!

INGO JACOBSEN

Menschenrechtspreis für WOZA

Aus dem Gefängnis direkt zur Preisverleihung

Stellen Sie sich die Schränke in Ihrer Küche vor und Sie finden nichts zu essen. Nicht einmal Reste von Maismehl, dem Grundnahrungsmittel der Einwohner von Simbabwe. Wenn Sie glückliche Besitzer eines Kühlschranks sind, wird auch dieser leer sein. Egal, es gibt auch keinen elektrischen Strom und es kommt kein Wasser aus dem Wasserhahn, wenn überhaupt einer da ist.

Stellt euch vor, ihr müsstet in ein anderes Land reisen, für Tage, für Stunden, nur um Nahrungsmittel oder andere lebenswichtige Güter zu kaufen.

Stellt euch vor, euer tägliches Leben für euch und eure Kinder so organisieren zu müssen, im wörtlichen Sinne ein Kampf ums Überleben vom Morgen bis in die Nacht.

Würdet ihr dann auf die Straßen gehen und Rosen verteilen?

Wärt ihr dann fähig, anderen Menschen Mut zu geben, sie anzulächeln, sie zu mobilisieren, sie zu ermutigen?«

Mit diesen Worten hatte die Menschenrechtsverteidigerin Delphine Dijraibé aus dem Tschad ihre Rede zur Verleihung des 5. Menschenrechtspreises von Amnesty International an die Organisation WOZA (»Frauen von Simbabwe steht auf«) begonnen. Und da stehen nun an diesem Abend des 16. November 2008 vier glückliche Frauen aus Simbabwe und schwenken die Bronzeskulptur, die ihnen gerade als sichtbares Zeichen dieses Preises überreicht worden ist.

Es sind vier. Magodonga Mahlangu, Jenni Williams, Trust Muziwa und Bokani Nleya. Sie nennen sich selber Team A und Team B; denn eigentlich sollte nur das Team A, Jenni und Magodonga, die Reise zur Preisverleihung antreten. Aber dann taten sie mal wieder das, was sie immer taten und wofür sie bekannt geworden waren: Sie demonstrierten – wie immer friedlich. Nur einen Brief an die Regierung wollten sie übergeben, mit der Aufforderung, endlich die Hungersnot in ihrem Lande als »nationale Katastrophe« anzuerkennen und entschiedene Gegenmaßnahmen zu ergreifen. Das reichte der Regierung Robert Mugabes aus, seine Polizei und die Jugendmilizen auf die demonstrierenden Frauen zu hetzen und 30 von ihnen, darunter die Vorsitzenden von WOZA, Jenni Williams und Magodonga Mahlangu, festzunehmen.

Für Magodonga und Jenni ist das nichts Neues. Sie waren schon über 30-mal im Gefängnis, seit ihre Organisation WOZA im Jahre 2003 gegründet worden war. Und weitere Tausende von WOZA-Frauen mussten Tage und Nächte in Gefängniszellen zubringen. Aber dieses Mal war es besonders schlimm. Mehr als drei Wochen mussten Jenni und Magodonga im Gefängnis bleiben. Und das unter fürchterlichen Bedingungen; denn die Zustände in den Gefängnissen in Simbabwe sind meistens sehr hart, wenn nicht gar grauenhaft. Sie waren mit 17 anderen Frauen im Alter von 15 bis 55 Jahren in einer Gefängniszelle von gerade mal 3 x 6 Meter Größe zusammengepfercht. Und dann war da auch noch ein gerade zwei Monate alter Säugling. Bei dieser Enge gab es natürlich keine Betten, nur Decken. Und wenn sich eine der Frauen umdrehen wollte, musste sie sich mit den anderen durch Zeichen verständigen. In so einem engen Loch mussten sie mehr als 15 Stunden am Tag bleiben. Und wenn sie mal rausdurften, war das oft auch keine Wohltat. Jenni Williams, die sehr hellhäutig ist, wurde an einem Tag, den sie als »besonders schlecht« bezeichnete, gezwungen, sechs Stunden ungeschützt in der sengenden Sonne zu sitzen. Da war nicht nur ein schrecklicher Sonnenbrand unvermeidbar. Das war Misshandlung, wenn nicht gar Folter. Und dann gab es auch noch den nagenden Hunger. Essen gab es so wenig, dass mit Teelöffeln abgemessen werden musste. Verbittert wurde um Orangenschalen und die letzten Reste auf verschmutzten Tellern gestritten und gekämpft. Bei ihrer Freilassung konnte Jenni noch etwas Gutes tun. Einer Mit-Insassin gab sie ihre Unterwäsche. Seit mehr als zwei Jahren in Haft hatte sie keine gehabt.

Magodonga Mahlangu traf es fast noch schlimmer. Sie wurde mit gefährlichen und geistig verwirrten Frauen zusammengesperrt. Einer von ihnen, die nach einem Mord aus einer psychiatrischen Klinik ins Gefängnis verlegt worden war, erlaubte man, nackt herumzulaufen.

Privatheit war ein Fremdwort. Die männlichen Gefängniswärter sahen auch zu, wie die Frauen sich wuschen.

Aber sie kamen auch diesmal wieder frei. Damit waren sie immer noch besser dran als einige andere der über 3000 Frauen von WOZA, die in Gefängnis- oder Polizeizellen in Simbabwe gesteckt worden waren. Bei der Verleihung des Menschenrechtspreises in Berlin gedachten sie daher auch ihrer verstorbenen Mitglieder. So zum Beispiel Maria Moyo, die für sechs Enkel sorgen musste, nachdem deren Eltern an AIDS gestorben waren. Sie verkaufte Tomaten, um den Enkeln die Schulausbildung bezahlen zu können. Nach ihrer 10. Verhaftung und zwei Nächten in verdreckten Polizeizellen erkrankte sie an Grippe. Ohne ausreichendes Essen und ohne Medizin verschlechterte sich ihr Zustand immer mehr. Und dann kam die Polizei erneut, riss sie aus ihrem Krankenbett, fuhr sie irgendwo in den Busch und verhörte sie stundenlang. Von diesem Trauma und von der Folter erholte sie sich nicht mehr und starb wenige Tage danach.

Fünf Fragen

Alle Frauen und auch die Männer, die bei WOZA mitmachen, und das sind nun insgesamt über 75 000, wissen, was Maria, Jenni, Magodonga und den vielen anderen widerfahren ist. Sie wissen, worauf sie sich einlassen. Und dennoch gehen sie weiter friedlich auf die Straße, sie rufen ihre Slogans, verteilen Rosen ... bis dann wieder die Polizei oder auch die von der Regierungspartei dazu angestifteten Jugendmilizen auf sie eindreschen, sie in Transportfahrzeuge werfen und in dreckigen Zellen einpferchen. Wer Glück hat, entgeht den Häschern und muss dann nur zu Hause die Verwundungen und von Blutergüssen übersäten Körper pflegen.

Was macht diese Frauen so gefährlich?

Wovor haben Regierung und Polizei so sehr Angst?

Was treibt die Frauen dazu, das zu tun und sich diesen Risiken auszusetzen?

Worauf vertrauen sie, wenn sie mal wieder im Gefängnis sitzen?

Und was können wir tun, ihnen beizustehen und zu helfen?

Natürlich sind die Probleme, die zu diesem brutalen Vorgehen gegen friedlich demonstrierende Frauen geführt haben, nicht vom Himmel gefallen. Sie begannen schon lange bevor sich im Jahre 2003 die Frauen zur Organisation »Frauen in Simbabwe steht auf« zusammenschlossen, lange bevor sie selbst gegen die Ungerechtigkeiten aufstanden und andere zum Mittun bewegten. Wie in vielen Ländern Afrikas liegen auch in Simbabwe manche Ursachen für Fehlentwicklungen in der Kolonialzeit. Aber während z. B. Südafrika, wo die Weißen die schwarze Mehrheit länger unterdrückten, eine friedliche Entwicklung nahm, geriet Simbabwe unter der jahrzehntelangen Herrschaft von Robert Mugabe in einen Strudel aus wirtschaftlichem Zerfall, Hungersnot und Polizeigewalt (bis hin zu Folter und Mord).

Sehr spät, erst 1980, wurde Simbabwe unabhängig. Robert Mugabe wurde der erste frei gewählte Ministerpräsident und Canaan Banana, ein ehemals von Amnesty International adoptierter gewaltloser politischer Gefangener, der erste Staatspräsident. Vorausgegangen war ein blutiger Bürgerkrieg gegen ein weißes Siedlerregime, das sich der von der britischen Kolonialmacht vorgesehenen Unabhängigkeit widersetzt hatte. Aber statt die Gräuel des Befreiungskampfes aufzuarbeiten, regierten die neuen schwarzen Machthaber weiter mit den alten kolonialen Sicherheitsgesetzen, und die Weißen konnten ihre Ländereien und auch eine Anzahl von Parlamentssitzen behalten.

Von den ursprünglich vier Befreiungsorganisationen hatten es nur noch zwei geschafft, nach der Unabhängigkeit eine politische Rolle zu spielen. Aber das war noch eine zu viel für Robert Mugabe, den starken Mann und Führer der Afrikanischen Nationalen Union von Simbabwe (»Zimbabwe African National Union« = ZANU). Mit brutaler Gewalt und unterstützt von der von Nordkoreanern ausgebildeten »vierten Brigade« verfolgte er tatsächliche und vermeintliche Anhänger von Joshua Nkomo, dem ehemaligen Verbündeten im Befreiungskampf. Mindestens 20 000, wenn nicht gar 30 000 Menschen wurden in den Jahren 1982 bis 1985 im Mathabeleland im Süden Simbabwes umgebracht. Keines der Verbrechen wurde aufgeklärt, niemand dafür zur Rechenschaft gezogen. Diese traumatischen Erfahrungen brachten Magodonga Mahlangu und viele andere Frauen aus dem Mathabeleland mit, als sie WOZA 2003 gründeten. Und diese Wunde ist immer noch nicht verheilt, wie sich erneut in den Jahren 2010 und 2011 zeigt, wo um eine neue Verfassung für Simbabwe gerungen wird.

Hintergründe

Aber zunächst ging es Simbabwe recht gut. Die Weißen kümmerten sich um die Wirtschaft und überließen die Politik den Schwarzen, genauer Robert Mugabe, der 1987 auch noch das Präsidentenamt übernahm und damit zum alleinigen Herrscher aufstieg. Es sollte keine Erfolgsgeschichte werden: 2008 litt mehr als ein Drittel der Bevölkerung Hunger, Millionen von Simbabwern flohen aus dem Land, darunter auch viele Lehrer und Ärzte, sodass auch Schulen geschlossen werden mussten, eine Choleraepidemie forderte Hunderte von Todesopfern. Das Geld verlor stündlich an Wert. Mugabes Polizisten und Anhänger töteten etwa 200 Menschen, Tausende wurden schwer verletzt.

Hinzu kommt die veränderte wirtschaftliche Lage seit dem Ende des Kalten Krieges und die weiterhin ungelöste Landfrage und die Weigerung der Briten, Geld zu geben, damit Land von den weißen Farmern an schwarze Kleinbauern übertragen werden kann.

Und: Präsident Mugabe regierte immer diktatorischer. Nach Meinung ehemaliger Mitarbeiter leidet er an psychischen Störungen und – als Ergebnis der langen Verfolgung und zahlreichen Mordversuche gegen ihn – an Paranoia.

Mugabe blies zur Hatz auf Homosexuelle, darunter auch der ehemalige Staatspräsident Canaan Banana, drangsalierte die Presse, pervertierte die Idee einer Landreform, indem er die sogenannten Kriegsveteranen und Jugendmilizen auf die weißen Farmen schickte, um die Eigentümer von einem Tag auf den anderen zu vertreiben. Lange nicht alle der so enteigneten Farmen wurden an Kleinbauern gegeben. Viele wurden als Lohn für getreue Dienste an Anhänger oder sogar eigene Familienmitglieder verteilt und lagen dann brach. Aus einer Kornkammer Afrikas, die vormals Lebensmittel exportiert hatte, wurde ein Hungerland, in dem Millionen auf Hilfe aus dem Ausland angewiesen waren. Doch auch diese wurde vielen verweigert, wenn sie nicht den Mitgliedsausweis der Regierungspartei ZANU-PF vorweisen konnten. Hunger, Aids und schließlich eine Choleraepidemie ließen die mittlere Lebenserwartung auf weniger als 36 Jahre sinken.

1999 entstand aus den Reihen der Gewerkschaftsbewegung eine neue Partei, die »Bewegung für den demokratischen Wandel« (»Movement for Democratic Change« = MDC), die sich zu einem wichtigen politischen Gegner entwickelte. Dann verlor Mugabe im Jahr 2000 auch noch ein Referendum für eine Verfassungsänderung, mit der er seine Herrschaft verewigen wollte. Das hat er seinen Gegnern nie verziehen. Und weil die MDC besonders in den Städten ihren Rückhalt hatte, ging er dort gezielt und brutal gegen sie vor. 2004 ließ er einen Slum niederwalzen. Er nannte es »Operation Murambatsvina« – Operation Müllbeseitigung. 700 000 Menschen verloren ihr Zuhause und wurden irgendwo im Niemandsland abgesetzt, wo sie weder Arbeit noch Essen finden konnten.

Magodonga Mahlangu und viele andere Frauen hatten es schon in den 80er-Jahren erlebt, wie Mugabe und seine Helfer gegen die Anhänger im Mathabeleland vorgegangen waren. In ihrer Verzweiflung – es ging um das Schicksal ihrer Kinder, der anderen Frauen und Mütter – gründeten sie WOZA. Sie riefen dazu auf, gemeinsam aufzustehen und Zeichen zu setzen. Nicht gewaltsam, sondern friedlich. Ihre besonderen Zeichen wurden die Rosen, die sie seither traditionell bei ihren Demonstrationen am Valentinstag an die Passanten verteilen, und das mit den Fingern gebildete große L, dass für ihre unverbrüchliche Liebe zu ihrem Heimatland Simbabwe steht. »Die Macht der Liebe kann die Liebe zur Macht besiegen«, davon ist WOZA überzeugt.

WOZA war noch eine ganz junge Organisation mit wenigen Mitgliedern, als diese am Valentinstag 2003 friedlich demonstrierten. Aber bereits bei dieser Versammlung reagierte die Polizei mehr als hart. Sie nahm mehrere Frauen fest und hielt sie auch über Nacht in Haft. Es waren (und sind) keine radikalen Forderungen, die WOZA an die Mächtigen hatte. Sie verlangten, dass die in der Verfassung des Landes wie auch international verbrieften Rechte der WOZA-Mitglieder auf freie Meinungsäußerung, Vereinigungs- und Versammlungsfreiheit respektiert werden. Und dass ihre Kinder eine ordentliche Schulausbildung erhalten. Doch selbst das war den Herrschenden schon zu viel: Sie versuchten jegliche freie Meinungsäußerung zu unterdrücken. Dazu verfolgten sie Journalisten, trieben sie aus dem Lande und hinderten Zeitungen am Erscheinen. Und sie knüppelten sogar eine kleine Schar friedlich demonstrierender Frauen nieder. Vielleicht weil sie ahnten, welch große und international bekannte Organisation WOZA werden würde?

Weil es die Opposition bislang kaum geschafft hatte, die Landbevölkerung zu erreichen, versuchte WOZA gerade dort bekannt und aktiv zu werden. Dazu gehörte auch, dass sie im September 2004 einen 440 Kilometer langen Marsch quer durch das Land von Bulawayo im Mathabeleland zur Hauptstadt Harare begannen. Dabei sollte Geld für die Frauenrechtsbewegung gesammelt und zugleich gegen die repressive Gesetzgebung protestiert werden. 60 Kilometer vor ihrem Ziel wurden die Marschierer gestoppt und 48 Frauen und vier Männer verhaftet.

Noch weit weg vom Ziel

Hinter der Verfolgung, Verhaftung, Misshandlung und Folter von über 3 000 WOZA-Mitgliedern stehen Einzelschicksale. Am bekanntesten ist das der Vorsitzenden und Gründerin von WOZA: Jenni Williams. Sie gab ihren Beruf als erfolgreiche Public-Relations-Managerin auf, um sich ganz der Menschenrechtsarbeit zu widmen. Nur führten die vielen Verhaftungen dazu, dass auch ihr Mann nicht mehr arbeiten konnte, weil er sie immer wieder suchen musste, um sie aus der Haft zu befreien. Als sie dann mal wieder über 24 Stunden unauffindbar war, stellten sie entnervt fest, dass es so nicht weitergehen konnte. Ihr Mann verließ Simbabwe mit den mittlerweile drei erwachsenen Söhnen, um in Großbritannien zu leben. Natürlich bleibt die Sorge um sie, aber der minütliche Stress war nicht mehr da. Und er kann Geld verdienen und es ihr schicken, damit sie weiterhin für die Menschenrechte in ihrem Land kämpfen kann. Mit einem Mann, der gutes Geld verdient und es ihr schicken kann, ist Jenni privilegiert. Viele ihrer Mitstreiterinnen wissen nicht, wie sie ihre Familie ernähren können. Weil sie ihre Kinder oft nicht anderswo unterbringen können, nehmen sie diese mit auf die Demonstrationen, sogar Säuglinge, die dann mit ihnen im Gefängnis landen.

Warum tun sie das? Warum tun sie sich das an? Wie kommt es, dass die Mitgliedszahl von WOZA auf über 75 000 wachsen konnte und WOZA nun zur größten Menschenrechtsorganisation in Simbabwe geworden ist? Und dann wollten auch noch Männer mitmachen, was ihnen aber erst ab 2006 erlaubt wurde, nachdem sie ein Training in gewaltfreiem Demonstrieren absolviert hatten.

Die Forderungen von WOZA, wie sie zum Beispiel im Jahre 2006 in der Volkscharta (»People's Charta«) aufgeschrieben wurden, hören sich für uns harmlos an. Freiheit und Gleichberechtigung, freie Wahlen, Wohlstand, Ausbildung, Gesundheitsfürsorge, Respekt der Kultur und Rechtsstaatlichkeit sind für uns eigentlich Selbstverständlichkeiten. Aber nicht so in Simbabwe!

Schulen: Von den umgerechnet 5 Dollar, die ein Lehrer in Simbabwe im Monat verdient, kann seine Familie keine zwei Wochen leben. Viele Schulen mussten daher geschlossen werden, weil die Lehrer ins Nachbarland Südafrika geflohen waren oder durch andere Arbeit Geld für das Überleben der eigenen Familie organisieren mussten. Und wo es noch Schulen gab, gab es keine Lehrbücher oder so wenige, dass Kinder, die kilometerweit voneinander getrennt lebten, sich ein Buch teilen mussten.

Krankenversorgung: Den Ärzten und Krankenschwestern ging es nicht besser als den Lehrern. Und wenn noch welche da waren, hatten sie weder Medikamente noch Verbandszeug.

WOZA sprach das aus und hielt den dafür Verantwortlichen einen Spiegel vor. Das waren diese nicht gewohnt. Und sie taten das wiederholt und hartnäckig, auch wenn man sie immer wieder verprügelte und ins Gefängnis steckte.

»Unbelehrbare Kriminelle«

Als es darum ging, ob Jenni und Magodonga Ende Oktober 2008 auf Kaution freigelassen werden könnten, um in Deutschland den Menschenrechtspreis in Empfang zunehmen, lehnte dies der Staatsanwalt natürlich ab; denn die beiden seien »unbelehrbare und unbußfertige Kriminelle«.

»Ja«, sagte Jenni Williams am Ende ihrer Dankesrede in Berlin, »wir sind unbelehrbar, weil wir die Wahrheit aussprechen und uns nicht durch Schlagstöcke, Haft, Schläge und Folter davon abbringen lassen; wir sind unbußfertig, denn solange unser Herz schlägt, schlägt es für die Menschenwürde und alle Menschenrechte. Dann nennt uns doch Kriminelle, wenn das Regime unseren friedlichen Protest als Gewalt betrachtet und Menschenrechtsarbeit als die Tat von Kriminellen. So *stehen wir nun vor euch, unbelehrbar und unbußfertig, indem wir den Respekt für alle unsere Menschenrechte einfordern. (…) Die Behörden werden es nicht schaffen, Meinungs- und Versammlungsfreiheit zu kriminalisieren, es sei denn, sie nehmen uns unsere Münder, unsere Ohren und unsere Augen (…) Bitte behaltet uns in euren Gedanken und euren Herzen und seht, was ihr tun könnt, um uns zu helfen, diese Regierung zur Verantwortung zu ziehen.«*

Aber was können wir tun, um ihnen zu helfen? Jenni Williams gibt darauf eine ganz einfache und klare Antwort: *»Ich bin heute noch am Leben, weil die internationale Gemeinschaft durch Amnesty International und die Medien von unserer Arbeit erfahren hat.«* Das macht sie auch stark: *»Wenn man in Haft ist, weiß man, die ganze Welt schaut auf uns. Und das wissen und lernen dann auch die Gefängniswärter. Deswegen lebe ich heute noch.«*

Wenn dann immer wieder Anrufe im Gefängnis ankommen, in denen nach Jenni oder anderen Frauen von WOZA gefragt wird, ob es ihnen auch gut geht, dann werden auch die Wärter und Verantwortlichen im Gefängnis vorsichtiger und denken dreimal darüber nach, was sie machen. Aber nicht nur Anrufe, auch Briefe, Telefaxe und E-Mails zeigen Wirkung.

Was geschah nach der Preisverleihung?

2008, als der Menschenrechtspreis an WOZA verliehen wurde, war das schlimmste Jahr für Simbabwe. Im März hatte die Partei von Robert Mugabe die Parlamentswahlen verloren. Auch bei der Präsidentenwahl lag sein Konkurrent Morgan Tsvangirai weit vorne. Durch kräftige Wahlfälschung wurde der Stimmenanteil von Morgan Tsvangirai auf unter 50 % gedrückt, was eine Stichwahl erforderlich machte. Zu dieser konnte Morgan Tsvangirai aber nicht mehr antreten, nachdem Hunderte von seinen Anhängern ermordet, Tausende misshandelt und verletzt und Abertausende nach Südafrika geflohen waren. Nachdem Mugabe auf diese Weise die Stichwahl »gewonnen« hatte, wurde durch Druck aus dem Ausland eine »Regierung der Nationalen Einheit« gebildet, bestehend aus den rivalisierenden Parteien und Politikern, mit Morgan Tsvangirai als Ministerpräsident.

Aber die Partei Mugabes sitzt weiterhin am längeren Hebel. Sie stellt den Verteidigungs- und Justizminister und einen der beiden Innenminister und beherrscht so den Machtapparat. Wie diese Regierung funktioniert, zeigt eine Demonstration im Januar 2010. Nachdem ein Bericht mit Vorschlägen zum Bildungssystem dem zuständigen Minister überreicht worden war und sich die Versammlung auflöste, stürmte ein Trupp von Polizisten aus einem Polizeigebäude heraus, schlug auf die Demonstranten ein und verhaftete elf von ihnen.

Immerhin: Die Choleraepidemie wurde eingedämmt und die Krankenversorgung verbessert. Einige Lehrer sind zurückgekehrt. Aber das Geld für die Schulgebühren fehlt den meisten Eltern. Gehungert wird weiterhin, wenn auch nicht mehr so schlimm, weiße Farmen werden weiterhin besetzt und enteignet, auch wenn Gerichtsbeschlüsse das verbieten.

Und auch WOZA-Frauen werden immer wieder verhaftet, weil sie es nicht lassen können, gegen die Missstände zu protestieren und ein lebenswertes Simbabwe einzufordern. Als Jenni Williams im Oktober 2008 in Haft stundenlang ungeschützt die afrikanische Sonne aushalten musste, flüsterte ihr jemand zu, dass Barack Obama zum neuen amerikanischen Präsidenten gewählt worden war. Auch das half ihr, diesen »besonders schlechten« Tag zu überstehen. Ein Jahr später, am 23. November 2009, überreichte dann Barack Obama Magodonga Mahlangu und Jenni Williams den »Robert-F.-Kennedy-Preis« im Oval Office des Weißen Hauses in Washington. Der Weg für Simbabwe sei noch lang, sagte Jenni bei der Preisverleihung. »*Wir haben es gelernt, an Türen zu klopfen, mit den Menschen zu reden und ihnen zuzuhören. So geht es. WE CAN – wir können unsere Nation wieder aufbauen.*«

Auch das hat die Verfolgung von WOZA nicht zum Stoppen gebracht. Doch im September 2010 haben die beiden Innenminister – aufgeschreckt durch die große Resonanz von WOZA-Aktionen im Ausland und das schlechte Image von Simbabwe – die Vorsitzenden Jenni Williams und Magodonga Mahlangu zu einem Gespräch eingeladen.

Die Menschenrechtsarbeit von WOZA wirkt also.

Und wir können sie unterstützen.

YES WE CAN.

LARISSA M. PROBST

Brief aus Israel

Lieber M.,

eigentlich wollte ich dir nur eine nette Postkarte in den Kasten werfen.
Die lange Funkstille unterbrechen. Wie sonst, wenn ich mal wieder
unterwegs bin. Allerdings werden selbst diese Zeilen nicht ausreichen,
um meine intensivsten Eindrücke loszuwerden. Ich muss sie loswerden
und mit jemandem teilen, der mich kennt, versteht, die Situation versteht, weil ich gleich wieder anderen Verständnis, Halt und Motivation
geben muss.

Bitte entschuldige, wenn du den Eindruck gewinnst, dass ich dich ein
wenig dazu missbrauche, meine eigenen Gedanken zu sortieren, völlig
ungefiltert, ohne Anspruch auf *Political Correctness*. Du hast völlig
recht! Genau das brauche ich für einen Augenblick, hier, mitten im
Pulverfass, wo nicht nur jedes Wort, jeder Blick, jede Geste in die eine
oder andere Richtung interpretiert werden kann. Wo schon allein
meine Herkunft, mein Geschlecht, meine Haarfarbe, meine Augen,
mein Engagement eine Provokation sein kann. Ja, auf diese Sensibilität
sind wir jahrelang trainiert und trainieren wiederum andere monate-
lang, jahrelang. Gönn mir 'ne kleine Pause!

Ich hatte dir ja erzählt, dass ich eine junge Amnesty-Delegation zum
Menschenrechtsseminar nach Tel Aviv begleite. Ich glaube, ich hatte
dir auch schon von unserem »Facilitator«-Vorbereitungswochenende
berichtet, von meinem Verhör am Flughafen wegen meiner Stempel im
Pass, meinem Konflikt mit meinem Kollegen (sein Name ist tatsächlich »Nazi«!) aus den palästinensischen Gebieten, unserer »Friedens-
Shisha« in Jerusalem, der wilden Nachtfahrt zum Flughafen. Na ja, auf
jeden Fall haben wir »Facilitators« uns intensiv vorbereitet und haben
auch unsere nationalen Jugendgruppen gut einstimmen können. Wir
Deutsche haben uns extra alle einen Tag vorher in Düsseldorf getroffen, konnten uns alle persönlich kennenlernen und sind dann gemeinsam nach Israel geflogen. Ein Felsbrocken ist mir vom Herzen gefallen,

diesmal gab es keine Probleme bei der Einreise. Ich hatte schon Plan B und C durchgespielt, falls eine 16-Jährige mit einem Stempel aus Tunesien ins Verhörzimmer gebeten wird.

Am ersten Tag haben wir die jungen Aktivisten in international gemischte Gruppen aufgeteilt. So konnten Jugendliche aus den palästinensischen Gebieten, Belgien, Israel und Deutschland gleichberechtigt und -gewichtig miteinander diskutieren und arbeiten. Jeder Gruppe wurde ein »Facilitator-Pärchen« zugeteilt: Männlein, Weiblein; eine möglichst von nördlich des Mittelmeers, einer von südlich des Mittelmeers. Dann haben wir gemeinsame Regeln für das gesamte Treffen erarbeitet: Zum Beispiel wird nur Englisch gesprochen; vielen Jugendlichen aus Israel und den besetzten Gebieten war es auch sehr wichtig, dass wir konkret zum Thema Menschenrechte arbeiten – nicht nur über den Konflikt im Land diskutieren. Alles abgesegnet, alle sind mit der Ausgangssituation zufrieden. Am ersten Abend präsentiert jede Delegation ihre Herkunft mit kleinen Theaterstücken, flotten Tanzeinlagen und leckeren Spezialitäten. Sehr gute Idee war der »Drumming Circle«, bei dem jeder/jede mit einer eigenen kleinen Trommel rhythmisch mit allen anderen zu einer gefühlten Gruppe verschmelzen kann.

Mein Partner ist ein erfahrener, talentierter Konfliktpädagoge und eigentlicher Initiator des Treffens. Und – fast hätte ich es vergessen – Jude, der mir vor wenigen Wochen von seinen Erlebnissen beim Militär und seiner Arbeit in einer gemischten Schule im Grenzgebiet erzählt hat. Irgendwie verstehen wir uns von Anfang an. Die ersten Workshops verlaufen super, die Jugendlichen sind der Wahnsinn. Sie diskutieren heftig, mit absolutem Respekt voreinander, die selbst auferlegten Regeln werden eingehalten. Die Betreuer können sich eine Scheibe davon abschneiden. Bei Rollenspielen darf jeder mal das Gute und das Böse verkörpern und die Beobachterposition einnehmen. Die Leidenschaft beim Erzählen von diskriminierenden, rassistischen Witzen (jeder sollte Witze über sich selbst oder die eigene scheinbare Identität sammeln und vortragen) ist faszinierend. Mit Bauchschmerzen vor Lachen tauschen wir unsere gesammelten Werke aus, meine unendliche Liste mit Blondinen-, Frauen-, Wessi-, Deutschen-, Europäer- und Nazi-Witzen ist heiß begehrt. »Es ist leichter, ein Atom zu spalten als ein Vorurteil!« Wir fühlen uns in dem Moment witziger, stärker und intelligenter als Einstein. Die darauffolgende Debatte und die kleinen Projekte, die die Jugendlichen zur Bekämpfung von gefährlichen stereotypen Ansichten entwickeln, sind noch mal faszinierender. Bei den besonders beeindruckenden Beiträgen und Fragen der 15- bis 19-Jährigen werfen wir Betreuer uns stolze Blicke zu. Ich liebe es, wenn ein Plan funktioniert!

Auf dieser Vertrauens- und Wissensgrundlage geht es weiter zur Exkursionsplanung. Der Besuch des Yad Vashem soll vorbereitet werden. Wir diskutieren und halten uns als deutsche Delegation eher zurück. Die anderen Teilnehmer sollen entscheiden, in welcher Gruppenzusammensetzung wir gemeinsam die »Führung« mitmachen. Die bunte Delegation aus Israel (mit Juden, Drusen, israelischen Arabern) möchte unbedingt Hand in Hand mit den Freunden aus unserer Delegation die Besichtigung durchlaufen. Ich fühle mich mit einem Schlag noch mehr verantwortlich (klar, nach außen bleibe ich ganz lässig …). Ich versuche, unsere Informationen und vorbereiteten Workshops zum Holocaust und Antisemitismus noch zu verfeinern, gehe alles mit meinen jüdischen Kollegen mehrmals durch. Besonders wichtig ist mir die Erarbeitung der Vorgeschichte. Wie konnten Millionen von Menschen eine derartig unbegreifliche Unrechtssituation erzeugen, verschärfen, tolerieren, ignorieren? Wir müssen das Unfassbare, mit dem dieser Teil der Geschichte weitergegeben wird, fassbar machen. Diese jungen Menschen erwarten das! Sie wissen Bescheid über aktuelle Brandherde des Unrechts, haben sich Amnesty angeschlossen, um gemeinsam mit anderen gegen Tyrannen zu kämpfen. Auch gegen den Tyrannen im normalen Menschen. Was ist unsere Verantwortung? Wie können wir selbst am besten dazu beitragen, dass sich ähnliche Gräueltaten nicht wiederholen?

Der letzte Punkt wurde in meiner Schulzeit nahezu ausgelassen. Wie war das eigentlich bei dir? Zu deiner Zeit mit einer etwas anderen Lehrergeneration? Von den meisten meiner damaligen Lehrer wurden wir mit Zahlen und Fakten zugeschüttet. Mitten in der Pubertät wurden wir aber mit dem vollen Schuldbewusstsein uns selbst überlassen: den kritischen, misstrauischen Fragen an unsere Großeltern, einer erdrückenden Verantwortungslast auf den Schultern, einem politisch korrekten deutschen Maulkorb. Besonders oft trainiert wurde: Betroffenheit auf Knopfdruck! Auf Selbstbewusstsein, Motivation und

funktionierendes Handwerkszeug zum »Bessermachen«, zum Engagement wurde kein großer Wert gelegt. Nur sehr wenige haben über die Verabreichung von gefühlten zwanzig Mal *Schindlers Liste* unter Betrachtung jeder Perspektive (Politik, Geschichte, Religion, Erdkunde, Werte und Normen, Deutsch, Englisch) hinausgedacht und mit uns auf Augenhöhe diskutiert. Ich erinnere mich sehr gut an die Schullesung des Autors Roman Frister (*Die Mütze oder der Preis des Lebens*), der Opfer des Nazi-Terrors war und gleichzeitig Mörder, um sein eigenes Leben zu retten. Da saßen wir also in der dunklen Aula, völlig erdrückt von den Worten, und sollten mit ihm auf dem erleuchteten Podium diskutieren. Hatten wir da gerade heftig einem mutigen Autor oder einem Mörder applaudiert oder versucht, dem gequälten Opfer unserer Großeltern späte Anerkennung, Trost, vielleicht moralische Gnade zu geben? Wollten wir stellvertretend Gnade bekommen? Wollten wir von ihm hören: »Ihr seid ja nicht schuld«? Ich war mir sehr sicher, dass unter uns Jugendlichen keiner war, der bisher einen Juden, Homosexuellen, Andersdenkenden getötet hatte. Wir waren aber die Nachkommen der Täter – wir konnten und können uns nicht selbst begnadigen. Wer zeigt uns, wie wir es besser machen können? Manchmal gelang es und wir wurden in eine differenziertere, engagierte Diskussion verwickelt. Was war eigentlich mit Wehrmachtsdeserteuren des Zweiten Weltkriegs passiert? Was genau ist eigentlich Antisemitismus? Was ist Rassismus? Nur wenige Personen haben es geschafft, mir in dem Alter die Theorie glaubhaft näherzubringen. Wollten diese (aus meiner Sicht) spießigen, wohlsituierten Bleichgesichter mir erzählen, wie ich mit Ausländern umzugehen hatte? Mir erschienen die meisten Worte als Heuchelei.
Nach meiner Kindheit in der Nähe von Marseille zählte ich mich auf'm Dorf zu den Leuten mit den meisten exotischen Freunden. Ich dachte, dass ich als Teenager bestimmt schon mehr schwarze, braune, gelockte, beschnittene Jungs und Mädchen geküsst hatte, als diese Vollakademiker überhaupt jemals berühren würden! Ja, und ich hatte mich auch schon mit einigen geprügelt und die krassesten Schimpfwörter für Weiße, Deutsche, Franzosen und Blondinen abbekommen. Es kam mir so vor, als wolle mir jemand eindringlich – aber theoretisch – erklären, wie Schokolade schmeckt, ohne jemals ein Stückchen probiert zu haben. Ok, das ist ja völlig normal im Lehralltag, aber warum gibt man es dann nicht zu und entdeckt, diskutiert gemeinsam – auf Augen-

höhe? Ich hatte meist das Glück, zu Hause oder im Umkreis Menschen zu finden, die mir ehrliche Antworten gegeben haben, meine Neugier und mein Selbstbewusstsein gestärkt haben. Danke, dass du auch dazugehörst.

Wir wollen es auf jeden Fall besser machen! Von den »Ärzten« klaue ich mir das Mantra für die nächsten Diskussionen und Workshops: *Es ist nicht deine Schuld, dass die Welt ist, wie sie ist. Es wär nur deine Schuld, wenn sie so bleibt!* Bei unserer Feedbackrunde teilen wir das Gefühl, dass wir gut gerüstet, hoffnungsvoll und startklar sind.

Nachts fragt mich meine jüdische Kollegin, mit der ich das Zimmer teile, was meine Großeltern im Dritten Reich getan haben. Ich versuche das, was ich weiß, ungefiltert zu erzählen. Die Tatsache, dass mein Großvater den Krieg, das Dritte Reich nicht überlebt hat, löst irritiertes Schweigen aus. Sie erzählt mir, dass ihre Oma ihr immer verboten hat, unter die Dusche zu gehen, und dass Fahren in deutschen Zügen Beklemmungen bei vielen, auch Jüngeren, hervorruft. Verdammt, hatte ich bei unserem ersten Ausflug nach Jerusalem nicht verwundert geäußert, dass der Zug genau die gleiche Bauart hat wie der NRW-Express in Deutschland? Die Nacht ist kurz.

Die »Führerin«, die unsere deutsch-israelische Gruppe durch die »Gedenkstätte der Märtyrer und Helden des Staates Israel im Holocaust« dirigiert, impft uns Deutschen schon beim ersten Exponat – einem alten Reichsbahnwaggon, der die Deportierten symbolisch ins Nichts führt – mit dem gehörigen allumfassenden Schuldgefühl. Mir schwillt gleichzeitig der Hals und der sich darin gebildete Kloß an. Man kann förmlich zusehen, wie wir, die wir die »Täter-Nation« repräsentieren, nach und nach in uns zusammensacken unter der stellvertretenden Scham. Innerhalb weniger Minuten rücken unsere Freunde mit israelischer Staatsangehörigkeit immer dichter an uns heran. In der sengenden Sonne Jerusalems sitzen wir also frierend auf der Bordsteinkante beim Verarbeiten der Grausamkeiten und des Hasses. Die ständigen rhetorischen Fragen nach der Schuld der einzelnen Akteure der Deportation schmerzen: »Trägt der Lokführer Schuld? Trägt der Passant Schuld, der es beobachtet? …«

Ein Mädchen aus der israelischen Delegation holt unsere vor Scham und Hilflosigkeit verstummte deutsche (nicht-jüdische) Delegation wieder zurück in eine erträgliche Situation. Sie erklärt unserer »Führerin« vom Yad Vashem, dass wir hier keine zufällige Touristengruppe seien, sondern junge Menschenrechtsaktivisten aus Deutschland und Israel, die sich bereits ausgiebig mit der Schuldfrage beschäftigt haben. Wir seien hier, um noch besser zu lernen, wie wir solche Menschenrechtsverletzungen verhindern können. Heute und in Zukunft. Nach unten gerichtete Blicke erhoben sich wieder und ein paar differenziertere Fragen wurden beantwortet. Nur noch bis zum multimedial gestalteten »Denkmal für die Kinder« konnten wir unsere Tränen aufhalten. Was passiert im Kopf, im Herzen, wenn man dann von einem jüdischen Jungen weinend, tröstend in den Arm genommen wird, weil man selbst heult. Im Stillen bitten wir ohne Worte um Verzeihung. Warum kann man die Tränen nicht unterdrücken? Warum ist man so überwältigt? Warum heulen die »Täter-Nachkommen«, warum heulen die »Opfer-Nachkommen«? Bestimmt gibt es unzählige Experten, die ganz schlaue Antworten darauf haben.

Mit mehreren Litern Wasser löschen wir unseren Durst und versuchen, einen kühlen Kopf zu bekommen. Nach ungefähr vier Stunden Gedenkstätte geht's weiter nach Jerusalem. Im Umfeld der Klagemauer wurden umfassende Sicherheitsschleusen eingerichtet. Unsere junge Delegation ist das mittlerweile gewöhnt, sieht sich interessiert um und lauscht gespannt den Geschichten zu Jerusalem. Ich bemerke, dass mein jüdischer Partner sehr aufgewühlt ist. Er berichtet mir von seinen Erfahrungen in Jerusalem und hat große Sorgen, die Jugendlichen an einem Freitagnachmittag in kleinen Gruppen durch die Altstadt schlendern zu lassen. Wir organisieren es so, dass jeder Betreuer mit einer Gruppe mitgeht, tauschen die wichtigsten Infos zu Stoßzeiten und besonders engen Wegen in der Stadt aus. Unsere Jugendlichen sollen sich so frei wie möglich und so sicher wie möglich in der Stadt bewegen. Wir versuchen unsere Anspannung nicht nach außen dringen zu lassen, verbringen einen interessanten Nachmittag in einer wundervollen, quirligen Stadt. Alles geht gut. Das gemeinsame Abendessen ist schon organisiert. Die leckerste Falafel der Welt soll von allen probiert werden.

Auf einem schönen freien Platz sucht sich jeder ein gemütliches Fleckchen zum Essen, Nachdenken und Plaudern, um Souvenirs zu präsentieren und Fotos zu schießen. Später klettern wir gesättigt und entspannt in unseren Bus, der uns zurückbringen soll. Ich werde auf jeden

Fall pennen! Mein arabischer Kollege Nazi bietet mir seine Schulter an. Aber zuerst erfülle ich mal wieder alle Klischees des »organisierten Deutschen« und versuche, die Namensliste mit den anwesenden Leuten im Bus abzugleichen. Der Bus rollt schon langsam an. Alles klar, im krassesten superdeutschen Militärton (die amerikanischen Kriegsfilme sind mir ein lehrreiches Vorbild) rufe ich die Namen aus, meine Kollegen spielen endlich mit. Und … ähm ja, es fehlt ein Pärchen! Der Bus fährt also langsam zurück, wir sammeln die beiden mit hochrotem Kopf ein. In wenigen Minuten bin ich an den Schultern desjenigen eingeschlafen, der mich gerade noch verarschen wollte. Morgen Vormittag werden wir alles aufarbeiten und uns auf den nächsten Ausflug vorbereiten.

Mittlerweile sind wir mitten im »Konflikt« angekommen. Morgen werden wir zur Mauer, den israelischen Sperranlagen, fahren. Wir lassen den Diskussionen freien Lauf. Ein Mädchen aus Israel erzählt ihre Überlebensgeschichte: Sie verpasste den Schulbus, bekam Ärger zu Hause. Der Bus wurde von einem Selbstmordattentäter in die Luft gejagt, nur wenige ihrer Freunde überlebten. Ein Mädchen aus den palästinensischen Gebieten berichtet von ihrem kleinen Bruder, der beim Warten an einem Checkpoint gestorben ist. Die Erzählungen reihen sich aneinander, die Täter werden zu Opfern und die Opfer zu Tätern. Normale Menschen zu Monstern, Monster zu normalen Menschen. Es ist wieder erstaunlich, wie respektvoll die Jugendlichen diese Diskussionen austragen. Wir Betreuer halten uns im Hintergrund. Plötzlich steht mein israelischer Partner voll im Mittelpunkt. Dem professionellen Konfliktpädagogen, Mittvierziger mit breitem Kreuz, ehemaliger Soldat, rollen die Tränen übers Gesicht. Wir starren ihn mit nassen Augen an. Ich hatte schon vorher wie zufällig meine Sonnenbrille aufgesetzt, jetzt konnte auch die nichts mehr verstecken.

Wir genießen die Zeit der Entspannung. Wir tauschen verbal und nonverbal aus, was uns am meisten bewegt, hilflos macht und Hoffnung gibt. Unsere Exkursion zur Mauer wird von unterschiedlichen Fachleuten und Pädagogen begleitet. Ausführlich und differenziert sprechen wir über die Hintergründe. Ich bin erschlagen beim tatsächlichen Anblick der Mauer. Ich kann es nicht fassen. Als Kind stand ich in Berlin vor einer Mauer. Ich war damals kleiner, aber ich glaube einschätzen zu können, dass diese Mauer in Israel bestimmt doppelt so hoch ist. *Die*

Menschen bauen zu viele Mauern und zu wenig Brücken. Newtons Spruch kann ich nicht aus meinem Kopf verbannen. Ich habe aber auch gesehen, wie eine gefallen ist!

Mir läuft die Zeit davon. Der Bus hält gleich wieder. Hoffentlich sehen wir uns bald mal. Ich bin sehr gespannt auf deine kleine Familie und eure Erlebnisse.

Lieben Dank und Gruß
L.

URS M. FIECHTNER

Die Postkarte

Er hatte sich vorgenommen zu sterben. Er hatte eine Weile darüber nachgedacht, sachlich und kühl, und dann diesen Vorsatz gefasst, ohne irgendeine Gefühlsregung damit zu verbinden – etwa wie man sich vornimmt, ein verbrauchtes und lästiges Möbelstück bei nächster Gelegenheit aus der Wohnung zu entfernen. Er gab innerlich auf und hoffte, dass sein Körper ihm folgen und verlöschen würde wie eine ausgebrannte Kerze. Mehr als das konnte er nicht tun. Er war pragmatisch genug, das zu erkennen und sich nicht mit weitergehenden Überlegungen zu belasten. Auch bei größter Anstrengung hätte er in seiner Zelle kein geeignetes Werkzeug gefunden. Sie war aus glattem Beton, etwa zwei mal zwei Meter klein, besaß kein Fenster und als einzige Ausstattung einen Kübel aus hartem, unzerstörbarem Holz sowie einen an die Wand gemauerten Zementblock, der als Pritsche diente. Selbst wenn es ihm gelungen wäre, aus den zerfetzten Resten seiner brüchigen, modrigen Kleidung einen Strick zu drehen, so hätte er ihn doch nirgendwo festmachen können. Er zog es vor, undramatisch und still nur auf die Kraft seines Willens zu bauen. Er legte sich hin, ordnete seine Kleidung und schloss die Augen mit dem Verlangen, sie nie wieder öffnen zu müssen.

In gewisser Weise war es die Festigkeit seines Willens, die ihn an diesen Ort gebracht und am Leben erhalten hatte, viel länger, als ein Mensch es erwarten durfte, und zuletzt über die Grenzen des Erträglichen hinaus. In den ersten Tagen nach der Verhaftung hatten sie alles getan, buchstäblich alles, um die Namen und Aufenthaltsorte der führenden Köpfe des Widerstandes aus ihm herauszuholen. Es war seine Pflicht, wenigstens 24 Stunden zu schweigen, um den Freunden Gelegenheit zur Flucht zu verschaffen, aber er dehnte diese Zeit verbissen in die Länge und sprach über volle zehn Tage kein einziges Wort. Keiner in diesem Gebäude hatte bisher so lange durchhalten können, und man konnte es auch von keinem verlangen. Er aber verlangte es von sich selbst. Nicht aus falsch verstandenem Heldentum, sondern aus sehr persönlichen Gründen. Es war seine Art, den Krieg mit der anderen Seite zu führen und ihr den zügellosen Hass und die Verachtung, mit der sie ihn behandelte, zurückzugeben. Er spürte, dass es in Wahrheit nicht um irgendwelche Namen oder Daten ging, die man aus ihm herauspressen wollte, sondern um mehr. Viel mehr. Dies war nichts anderes als ein Krieg um die Menschenwürde. Um seine ganz persönliche, ihm wie allen Menschen angeborene und auf immer unveräußerliche Würde. Sie war das eigentliche Ziel der hemmungslosen Brutalität an diesem Ort, und er glaubte, sie verteidigen zu müssen, indem er sich nicht beugte und die Achtung vor sich selbst nicht aufs Spiel setzte. Deshalb zog er sich nach jeder Demütigung, jedem Schlag nur noch tiefer in sich zurück, verhärtete immer mehr und hielt sein Schweigen, so lange er nur konnte. Auch als er es dann nicht mehr konnte, gab er die Informationen nur stückchenweise preis, vermischte Wahres mit Falschem und machte der anderen Seite ihre Arbeit so schwer wie nur möglich. Aber er hatte nun doch damit begonnen, sich zu beugen, und litt darunter beinahe noch mehr als unter den Schmerzen. Immerhin gab er nicht auf. Nach weiteren zehn Tagen wechselte man die Methode und brachte ihn ein Stockwerk tiefer in diese Zelle. Zuerst empfand er die Einsamkeit als Erholung. Es dauerte seine Zeit, bis er begriff, dass er nun schlimmer dran war als je zuvor. Die tiefe Dunkelheit und Stille, die vollkommene Isolation von der Außenwelt wirkten auf ihn, als habe man ihn all seiner Sinne beraubt. In großen, unregelmäßigen Abständen ertastete er etwas Essen und Wasser in einem Kasten, der geräuschlos durch die Zellentür geschoben werden konnte. Er verlor sein Zeitgefühl. Nach vielen Tagen, von denen er nicht wusste, ob sie sich zu Wochen oder Monaten summiert hatten, wurde plötzlich die Tür aufgerissen. Gleichzeitig erfüllte ein Scheinwerfer, hinter Panzerglas in die Decke eingelassen, die Zelle mit gleißendem Licht. Eiskaltes Wasser wurde mit einem Feuerwehrschlauch in die Zelle gespritzt, bis das Wasser knöchelhoch stand. Ihm wurde befohlen, sich in die Mitte der Zelle zu stellen. Die Tür schlug zu, aber durch sie hindurch drang von nun an ein ohrenbetäubender, sirenenartiger Lärm. Er schien beobachtet zu werden, denn jedes Mal, wenn er seine Haltung veränderte oder auch nur das Kinn auf die Brust sinken ließ, wurde die Tür wieder aufgerissen und er von einem Schwall kalten Wassers an die Wand geworfen. Ob es Tage oder Wochen waren, in denen man ihn am Schlafen hinderte, konnte er nicht unterscheiden. Irgendwann kehrten die Stille und die Dunkelheit wieder zurück, und er schloss die Augen in der Absicht, sie nie wieder zu öffnen.

Sein Dämmerschlaf wurde abrupt von einem undeutlichen Geräusch unterbrochen. Es wiederholte sich dreimal und es klang, als würde jemand bewusst am Schiebekasten in der Zellentür rütteln. Er wollte es ignorieren, hörte aber plötzlich, leise und doch überdeutlich, eine menschliche Stimme. »Sie machen mir viel Arbeit«, flüsterte die Stimme, »ich habe gerade fünftausend von der Sorte verbrannt.« Dann bewegte sich der Kasten noch einmal, lauter als zuvor. Das zu ignorieren, war unmöglich. Er hatte schon lange keines Menschen Stimme mehr gehört, er war seit seiner Verhaftung noch nie in dieser höflichen Form angesprochen worden, und der Sinn dieser Mitteilung blieb ihm darüber hinaus vollständig verschlossen. Trotzdem rührte er sich nicht. Aber er dachte darüber nach. Lange. Während er nachdachte, glaubte er zu fühlen, dass irgendetwas in dieser Zelle nicht mehr so war wie bisher. Das Gefühl wurde stärker und stärker. Zuletzt konnte er nicht mehr anders, als, wenn auch unwillig, die Augen zu öffnen.

Ein winziger Lichtstrahl drang durch die Zellentür. Jemand hatte den Schiebekasten benutzt und nicht richtig verschlossen. Er blickte hinein. Innen stand das gewohnte, ungenießbare Essen und der übliche Trinkbecher. Daneben lag etwas Fremdes, etwas vollkommen Neues. Ein glänzendes weißes Rechteck.

Verständnislos, vorsichtig, beinahe ängstlich holte er es mit spitzen Fingern heraus. Er sah seinen Namen geschrieben, darunter eine Adresse. Zitternd vor Aufregung legte er sich auf den Bauch und starrte unentwegt auf die Schrift. Jemand da draußen wusste von seiner Existenz. Und noch mehr. Zum ersten Mal erfuhr er Namen und Adresse des Ortes, den er niemals von außen gesehen und an den man ihn mit verbundenen Augen gebracht hatte, ein Ort, der geheim bleiben sollte und nun für jemanden da draußen doch kein Geheimnis mehr war. Und vielleicht nicht nur für diesen Jemand. »Fünftausend von der Sorte«, hatte die Stimme gesagt. Seine Lippen bewegten sich. Er sprach diesen Satz vor sich hin, immer wieder, ohne seiner Verwirrung Herr werden zu können. Er suchte nach einer Unterschrift. *Sabine* stand dort, einfach so, wie von einer guten alten Freundin. Aber er hatte den Namen noch niemals gehört. Auch der Text schien keine

Erklärung geben zu wollen. Es war ein Geburtstagsgruß, eine gewöhnliche Aneinanderreihung jener Floskeln, die man aus Höflichkeit schreibt, wenn man eigentlich nichts zu sagen weiß. Nur der letzte Satz wich ein wenig ab von der Norm. *Wir vergessen dich nicht*, stand dort. Wieso dieser Plural? Und warum ausgerechnet Geburtstagsgrüße? Hatte er denn überhaupt Geburtstag, oder sollte das etwas anderes bedeuten? Seine Verwirrung wurde nur noch größer. Er begann sich zu fragen, ob sein Kopf so sehr gelitten habe, dass er sich diesen absurden Einbruch aus der anderen, der friedlichen und geordneten Alltagswelt nur einbildete. Oder ob der Kopf jener Sabine derart in Unordnung geraten war, dass sie glaubte, wildfremden Leuten Glückwünsche ins Gefängnis schicken zu müssen. Aber *fünftausend von der Sorte*, die gleichzeitig auf dieselbe verrückte Idee gekommen waren? Er warf einen Blick auf den Poststempel. Die Karte kam aus Deutschland, aus Berlin. Ein merkwürdiger Zufall, fand er. Für ihn war das nicht irgendeine beliebige Stadt am anderen Ende der Welt. Dort gab es tatsächlich viele Verrückte. Vor vielen Jahren waren dort einige unangenehme Verrückte auf die Idee gekommen, eine riesige Mauer zu bauen, und vor wenigen Jahren hatten viele sehr angenehme Verrückte sich damit vergnügt, sie in winzige Stücke zu hauen. Nur – er hatte keinen von ihnen jemals kennengelernt. Dafür kannte er die Figur auf der Briefmarke desto besser. Eine Taube, das überall verständliche Symbol für den Frieden. In seinem Land stand sie außerdem für die Freiheit. Er hatte das weiße Federvieh immer für einen Ausbund an Kitsch gehalten. Jetzt nicht mehr. Trotzdem war auch das vielleicht nur ein Zufall, vielleicht hatte ihn seine Fantasie dazu verführt, verzweifelt nach verschlüsselten Botschaften zu suchen, die nicht existierten.

Er schrak zusammen und presste das Ohr an den Lichtspalt. Draußen bewegte sich etwas. Nicht auszudenken, was alles geschehen konnte, wenn man die Postkarte entdeckte. Nachdenken konnte er später. Jetzt kam es nur darauf an, sich die Karte einzuprägen und sie dann verschwinden zu lassen. Er konzentrierte sich auf jede einzelne Zeile, jeden Schriftzug, jeden Buchstaben, jeden Punkt. Gerade noch rechtzeitig. Der Lichtstrahl verschwand.

Er tastete sich zurück auf die Pritsche, legte sich auf den Rücken und rief jede Einzelheit, die er gesehen hatte, vor sein inneres Auge, während er die Karte langsam in kleine Stücke zerriss, die er sorgfältig kaute und dann hinunterschluckte. Er zeichnete die Schrift im Gedächtnis nach. Eine weiche, runde, kindliche Mädchenhandschrift. Sie passte gut zu dem harmlosen, nichtssagenden Inhalt. Beides zusammen etwas zu kindlich und zu harmlos, fand er. Bemüht harmlos – das war wohl das richtige Wort. Scheinbar geschrieben von einem Kind mit einem deutschen Namen, aber in seiner Sprache und ohne einen einzigen Fehler. Ein Kind, das seinen Namen kannte und die Anschrift eines geheimen Haftzentrums am anderen Ende der Welt. Das passte nicht zusammen. Mehr noch: Es war lächerlich.

Er setzte sich mit einem Ruck auf, atmete tief durch und öffnete erleichtert die Augen. Er hatte sich in einem Dschungel unwichtiger Einzelheiten verirrt und die eigentliche, die offene und unverschlüsselte Botschaft der Karte fast übersehen, die keineswegs allein an ihn selbst gerichtet war. Sie lautete: *Tausende von Menschen in aller Welt wissen von diesem Gefangenen. Er ist so bekannt, dass ihm selbst Kinder Grüße ins Gefängnis schicken. Was auch immer mit ihm geschieht, es wird von nun an in aller Öffentlichkeit geschehen.*

Das war es. Das war die ganze Botschaft, aber sie war bedeutender als alles, was man mit vielen Worten in lange Briefe oder dicke Bücher schreiben könnte. Diese Sabine war nicht so harmlos, wie sie tat. Sie hatte den Scheinwerfer aus seiner Zellendecke gestohlen und ihn gegen die andere Seite gerichtet, die von nun an gezwungen sein würde, für jeden ihrer Schritte Rechenschaft abzulegen.

Er drehte den letzten Schnipsel der Postkarte zwischen den Fingern und schob ihn dann andächtig, wie das letzte Stück einer prachtvollen Torte, in den Mund. Sabine hatte ihm zum Geburtstag gratuliert.

Stimmt, dachte er. Und hätte beinahe lauthals gelacht.

»In Dar treffen wir uns wieder«

Moses

Die Mutter war bei seiner Geburt gestorben. Er war von ihrer jüngeren Schwester, der Mama Ndogo, gestillt worden, die gerade selbst ein Kind bekommen hatte.

»Das war die beste Zeit meines Lebens«, scherzte Moses später. »Nur schade, dass ich mich nicht daran erinnern kann.«

Sein Vater hatte bald eine neue Frau geheiratet und diese hatte ihm in den folgenden Jahren fünf weitere Kinder geschenkt. Vater hatte bei der Eisenbahn gearbeitet und war in der Regel den ganzen Tag nicht zu Hause gewesen. Der konnte ja nicht wissen, dass Mama Steven ihn, Moses, oftmals grundlos schlug und ihm weniger zu essen gab als ihren eigenen Kindern.

Im Gegensatz zu den jüngeren Halbgeschwistern war Moses nie in die Schule gegangen. »Ja, das ist wahr«, gab er zu. Sein Vater hätte ihn auch zur Schule schicken können. Das hatte er doch auch mit seinen anderen Kindern getan. Immer wenn Moses daran dachte, ärgerte er sich. Er wollte sich nicht über den Vater beschweren. Und er ärgerte sich mehr darüber, dass er dem Vater vorwerfen musste, ihn nicht in die Schule geschickt zu haben, als darüber, dass er nicht in die Schule gegangen war.

Das war wie ein Stachel gewesen. In seinem Herzen. Der Stachel hatte gebohrt, und es hatte wehgetan, den Vater zu beobachten, wie er sich die Schulhefte der jüngeren Brüder zeigen ließ.

»Moses ist ein Unruhestifter«, hörte er einmal Mama Steven zu ihrem Mann sagen. »Wie sollen wir ihn da in die Schule schicken? Was sollen die Lehrer mit ihm anfangen?« Und der Vater hatte zu ihren Worten genickt.

Moses hatte auch genickt. Innerlich. Er hatte die Unruhe in sich gespürt, und eines Tages hatte sie ihn überwältigt. Wie ein Orkan war sie aus seinem Körper herausgebrochen, hatte sich in seinen Fäusten gesammelt, seine Stimme in das laute Brüllen eines Löwen verwandelt und Moses hatte um sich geschlagen. Als der Orkan verebbt war, hatte es einen kurzen Moment der Stille gegeben und Moses hatte in den Augen der anderen Familienmitglieder Angst gesehen.

Er hatte niemanden verletzt und trotzdem wusste er, dass er nun nicht mehr im Hause seines Vaters bleiben konnte. Niemand hielt ihn auf, als er fortging. Damals war er zwölf Jahre alt.

Auf der Straße lernte er andere Jungen kennen. Jeder hatte seine Geschichte, und manchmal, wenn sie zusammensaßen, erzählten sie sich von ihrem vorherigen Leben.

Saidi kam aus Dodoma, und angeblich hatte er einen reichen Vater. »Er hat mehrere Autos und zwei Häuser«, prahlte er. Doch wenn sie ihn fragten, warum er von zu Hause ausgerissen war, schwieg er.

Es war Juma, der immer wieder anfing, von Dar es Salaam zu sprechen. »Dort gibt es Kino«, hatte er von anderen Jungen erfahren. »Und die Leute haben mehr Geld als hier.«

Dabei blickte er jedes Mal um sich und war erst dann zufrieden, wenn er irgendeine Bestätigung auf seine Worte bekam. Meistens war es Nestory, der ihm mit einem Nicken zustimmte, um dann wieder stumm vor sich hinzustarren.

Sie wussten nicht viel über Nestory. Zu Beginn ihrer Bekanntschaft hatte Moses geglaubt, dass Nestory stumm war. Doch dann hatte er ihn einmal im Schlaf sprechen hören. Zu einem unsichtbaren Mchawi, einem bösen Zauberer, der ihn am Arm zog und gegen den Nestory sich wehrte.

Als Saidi, Juma und Nestory beschlossen, nach Dar es Salaam zu gehen, wollte Moses zuerst nicht mit. Er war noch nie aus Tabora fortgegangen.

»Du willst nicht mit, weil du dich nicht traust, auf den Zug zu springen«, meinte Saidi, und am Abend, bevor sie sich alle auf den Weg nach Dar machten, prügelten sie sich.

Am nächsten Morgen warteten sie alle an der Bahnlinie.

»Wenn der Zug um diese Kurve fährt, wird er langsamer. Ihr müsst nebenherlaufen und eine günstige Stelle zum Draufspringen suchen«, erklärte Saidi. »Jeder muss sich dann um sich selbst kümmern. Im Zug müsst ihr euch verstecken, denn wenn der Schaffner einen ohne Fahrkarte erwischt, setzt es Schläge.«

»In Dar treffen wir uns dann wieder«, lachte Juma, und Nestory nickte mit einem breiten Grinsen im Gesicht.

Moses beobachtete seine Freunde und fragte sich, ob sie wirklich so mutig waren. Sogar Nestory schien keine Angst zu haben. Er selbst hatte dieses beklemmende Gefühl im Magen und mit einem Lächeln versuchte er, seine Furcht vor den anderen zu verbergen. Saidi sollte nicht triumphieren.

Immer wieder gingen sie den Moment des Aufspringens auf den Zug durch. Irgendwann wurden sie müde und sie legten sich ins Gebüsch, dösten vor sich hin und warteten.

Es war gegen Mittag, als sie den Zug herannahen hörten.

»Aufstehen! Aufstehen!«, brüllte Saidi, »auf nach Dar!«

Sie alle stellten sich in der Kurve bereit, und als der Zug an ihnen vorbeifuhr, liefen sie eine kurze Strecke nebenher und sprangen dann auf die Wagen: erst Saidi, dann Juma, dann Nestory und zum Schluss Moses.

Moses erinnert sich an den plötzlichen, messerscharfen Schmerz. Er sieht sich, wie er beim Aufspringen auf den Zug ausrutscht, er hört den markerschütternden Schrei, seinen Schrei. Und danach die schwarze Wolke, die ihn umhüllt.

Moses weiß nicht, wie lange er bewusstlos neben den Schienen gelegen hat. Aber er erinnert sich, wie er aus der dunklen Tiefe herausgezerrt wurde. Von kleinen Händen, die ihn von den Schienen zogen. Kleine Hände, die zu hellen aufgeregten Stimmen gehörten.

Er hatte die Augen geöffnet, hatte sein Bein gesucht, das nicht mehr da war.

Es hatte irgendwo weiter weg von ihm neben den Schienen gelegen.

Abgetrennt von dem Körper, zu dem es doch eigentlich gehörte. Verlassen.

Und überall war Blut. Sein Blut.

Eine Hand hatte ihm die Haare aus dem Gesicht gestrichen. Hatte ihn trösten wollen.

Doch sie hatte den wieder erwachten Schmerz nicht lindern können. Er hatte geschrien, und die Kinder, die ihn gefunden hatten, hatten geweint.

Das waren kleine Mangoverkäufer gewesen, auf dem Weg zum nächsten Bahnhof, wo sie den Reisenden im haltenden Zug ihre Früchte verkaufen wollten.

Einer der Jungen blieb bei Moses sitzen und wartete, bis die anderen Hilfe holten.

Der Schmerz war so groß, dass Moses sich wünschte, tot zu sein. Er dachte an seine Mutter, die er nie gesehen hatte. Als er klein war, hatte er oft von ihr geträumt. Sie hatte so ausgesehen wie Maria, die Mutter von Jesus. So weiß, mit langen dunklen Haaren und einem Lächeln im Gesicht. Einmal hatte er dem Priester von seinen Träumen erzählt, und dieser hatte ihn ausgeschimpft: »Was bist du dumm!«, und dabei hatte er ihm mit der flachen Hand auf den Kopf gehauen. »Maria war eine Weiße, und du bist schwarz!«

Moses wurde in das Regierungskrankenhaus in Tabora gebracht. Sein linkes Bein war durch den Sturz vom fahrenden Zug unter dem Knie abgetrennt worden. In der Lokalzeitung wurde ein Foto und eine kurze Nachricht über den Unfall veröffentlicht, mit der Aufforderung an Verwandte des Jungen, sich bei der Polizei zu melden.

Sein Vater wurde von Nachbarn darauf aufmerksam gemacht. Doch er meldete sich nicht bei der Polizei, und für die war das bald ein Fall von vielen: Ein Straßenjunge, wohl eine Waise, der niemanden hat, der sich um ihn kümmert.

Nachdem Moses aus dem Krankenhaus entlassen worden war, blieb er noch ein paar Wochen in Tabora. Er schloss sich einer neuen Gruppe von Straßenjungen an und er erzählte ihnen von Dar es Salaam. Denn für Moses gab es nur noch eines: Genug Geld erbetteln, um damit eine Fahrkarte nach Dar es Salaam kaufen zu können. Schließlich gab es dort Kino und seine Freunde, die auf ihn warteten. Einmal ging er zum Haus seines Vaters und sah ihn, wie er morgens zur Arbeit ging. Moses versteckte sich hinter einem Baum, und als der Vater fort war, humpelte er zurück in die Innenstadt, wo er die Passanten anbettelte. Manchmal blieben Leute stehen und fragten, was mit ihm passiert sei und wieso er nur ein Bein hätte. Und er erzählte die Geschichte eines Autounfalls, dem nicht nur sein Bein, sondern auch seine Eltern zum Opfer gefallen waren. So eine traurige Geschichte erregte Mitleid und meistens bekam er dafür ein bisssschen mehr Geld als sonst.

Als er die Summe zusammenhatte, humpelte er zum Bahnhof, kaufte sich eine Fahrkarte und machte sich auf den Weg nach Dar es salaam. Er genoss die Zugfahrt. Beim ersten Halt kaufte er durchs Fenster eine Mango. Von einem der kleinen Mangoverkäufer.

Juma

An den Vater konnte er sich nicht erinnern. Der war gestorben, als Juma noch ganz klein war. Er sei fünf gewesen, hatte er von Großmutter erfahren, die ihn damals zu sich genommen hatte. Das sei Brauch in ihrem Volk, erklärte sie dem Enkel: »Nach dem Tod des Sohnes überlässt dessen Frau den Großeltern eines ihrer Kinder.«

Aber warum er und nicht eines der anderen vier Kinder?

Die Erklärung, dass er dem Vater wie aus dem Gesicht geschnitten gewesen sei und sie, die Großmutter, ihn hatte bei sich haben wollen, tröstete ihn nicht. Manchmal versuchte er, sich an das Gesicht seiner Mutter zu erinnern, aber er wusste nicht mehr, wie sie aussah! Das machte ihn böse. Warum kam sie ihn nie besuchen?, wollte er von der Großmutter wissen. Hatte sie ihn weniger lieb als die anderen Geschwister?

Großmutter zuckte dann mit den Achseln oder seufzte und sagte dabei irgendetwas, das keine Antwort auf seine Frage war.

Doch als er keine Ruhe gab und immer wieder sagte, dass er zur Mutter wollte, schlug sie ihn. Zuerst waren das nur ein paar Klapse gewesen. Als er älter wurde und in seinem Zorn heftiger, schlug sie ihn mit einem Stock, und eines Tages, als er drohte, fortzulaufen, schloss sie ihn in der Hütte ein.

Juma war elf Jahre, als er Großmutter verließ. Von einem Nachbarn hatte er erfahren, in welchem Dorf die Mutter gelebt hatte und wie er zu ihr finden konnte. Fast ein halbes Jahr lang lebte er auf den Straßen Taboras und bettelte, so wie die anderen Jungen, denen er sich anschloss. Nachts schlief er in Hauseingängen oder in unbewohnten Hausruinen.

Während dieser ganzen Zeit vergaß er nicht den eigentlichen Grund seines Weglaufens. Er sparte immer etwas von seinen Betteleinkünften, und als er einen Lastwagenfahrer traf, der in die Richtung fuhr, in der sich das Dorf seiner Mutter befinden sollte, zahlte er ihm die ersparten 2 000 Shilling für einen Platz auf der Ladefläche.

Wie lange er unterwegs war? In Tagen waren es drei und in seiner Erinnerung eine Ewigkeit. Sein knurrender Magen und der wachsende Durst waren seine Begleiter. Nie wieder wollte er einen solchen Hunger haben, schwor er sich. ›Das nächste Mal, wenn ich reise, nehme ich etwas zu essen und zu trinken mit.‹ Hunger und Durst verließen ihn nicht, auch nicht, als er auf der heftig rüttelnden Ladefläche in einen erschöpften Schlaf fiel.

Endlich war er angekommen. In der Nähe des Dorfes, an der Landstraße, hatte der Fahrer ihn abgesetzt, und Juma hatte seinen Weg zu Fuß fortgesetzt. Angst hatte er gehabt. Links und rechts war Wald gewesen und er dachte an Löwen und Elefanten, die sich im Dickicht verborgen halten konnten.

Die Leute im Dorf hatten ihn erstaunt angesehen und einige Alte hatten gemeint, dass er so aussehen würde wie sein Vater.

»Ich will zu meiner Mutter«, hatte er gesagt. »Wo ist ihre Hütte?«

Bedauernd hatten sie mit den Köpfen geschüttelt. Sie sei vor langer Zeit mit ihren anderen Kindern nach Dar es salaam gezogen. Er solle lieber wieder zu der Großmutter zurückgehen, wurde ihm geraten. Sie mache sich bestimmt große Sorgen.

»Großmutter mag mich nicht«, hatte er gesagt und nach Mutters Adresse in Dar es salaam gefragt. Doch niemand kannte sie.

Juma blieb zwei Tage in dem Dorf seiner Mutter. Ein freundlicher alter Mann erlaubte ihm, in seiner Hütte zu schlafen.

»Meine Kinder sind fortgezogen«, meinte er am Abend, bevor Juma sich wieder auf den Weg machte. »Ich bin allein. Du kannst bei mir bleiben, mir bei der Feldarbeit helfen und dafür kriegst du Essen und ein Dach über dem Kopf.«

Aber Juma wollte immer noch seine Mutter finden, und so verließ er ihn am nächsten Morgen in der Frühe. Er lief an der Straße entlang. Wenn er an Dörfern vorbeikam, bettelte er um etwas zu essen. Dann fragten ihn die Menschen, wohin er denn ginge, und warnten ihn vor den wilden Tieren im Busch. Doch Juma waren die Tiere egal. Sollten sie doch kommen, die Löwen, Leoparden und Elefanten! Er würde kämpfen, und sollte er dabei umkommen, dann war das eben sein Schicksal.

Saidi und Nestory fanden ihn auf der Müllkippe am Rande der Stadt. Sie kamen manchmal hierher, wühlten im Müll, und wenn sie Glück hatten, fanden sie etwas, was sie noch gebrauchen konnten.
»Den können wir nicht gebrauchen!«, scherzte Saidi, als sie auf den schlafenden Juma stießen. Nestory nickte stumm und setzte sich zu ihm. Er kannte Juma und er wusste, wohin dieser in den letzten Wochen verschwunden war.
»Lasst uns nach Dar es salaam gehen«, forderte Juma seine Freunde immer wieder auf. »Dort werden wir ein viel besseres Leben haben.« Und er erzählte ihnen von einem Kino und Menschen, die die Taschen voll Geld hatten. Nur Nestory wusste, dass es nicht das Cinema war, das seinen Freund Juma lockte, und auch nicht das angeblich viele Geld, sondern dass Juma seine Mutter in Dar suchen wollte. Er wusste, dass Juma dieses Mal nicht alleine reisen wollte. Denn so wie bei ihm, waren die Freunde seine Familie, und solange Juma seine richtige Familie noch nicht gefunden hatte, wollte er bei ihnen bleiben.

Saidi

Was Vater wohl gerade machte? Ob er genug Geld erbettelt hatte, um sich und die anderen drei Kinder zu ernähren? Immer wenn Saidi an seinen Vater dachte, beschlich ihn das schlechte Gewissen. Jetzt hat der einen Esser weniger, versuchte er sich zu beschwichtigen. Nun musste er nicht vier, sondern nur noch drei Kinder versorgen.
Doch manchmal blieb dieses nagende Gefühl in seinem Bauch, und um es wegzukriegen, musste er sich Bangi, Klebstoff oder Alkohol organisieren.

Saidis Mutter war bei der Geburt des vierten Kindes gestorben. Saidi war das zweite Kind gewesen. Er konnte sich nicht an seine Mutter erinnern, denn er war damals noch zu jung gewesen. Seine ersten Erinnerungen waren die an seinen Vater. Wie der in einem Behinderten-Dreirad sitzt, das jüngste Kind auf dem Schoß hält, während die drei anderen ihn schieben.

Vaters beide Beine waren gelähmt. Er konnte nicht laufen, und wenn er nicht in seinem Dreirad saß, bewegte er sich auf den Händen vorwärts. Dann trug er an den Händen Plastiksandalen. Solche, die von den Leuten an den Füßen getragen werden. Saidi hatte das ganz normal gefunden. Den Vater, der an den Händen Schuhe trug.

Eines Tages hatte ihm ein Junge die Sandalen von den Händen gerissen und war damit fortgelaufen. Saidi war ihm hinterhergelaufen. Doch der Junge war ihm entwischt.

»Zum Glück«, hatte Vater gemeint. Denn der Junge war viel größer und stärker gewesen als Saidi.

Vater erzählte den Kindern von der Zeit, als sie von der Landwirtschaft gelebt hatten. Damals hatten sie genug zu essen. Während Mutter auf dem Feld gearbeitet hatte, hatte Vater aus Gras Matten und Körbe geflochten, die sie auf dem Markt verkauft hatten. Doch dann war Mutter gestorben. Nach ihrem Tod hatte Vater die kleine Shamba (Landwirtschaft) aufgeben müssen. Er hatte noch eine Weile im Dorf gelebt, hatte Körbe und Matten geflochten, solange der Vorrat an Gras reichte. Dann hatte er alles verkauft und war mit seinen Kindern nach Tabora gekommen. Hier hatte er versucht, sie alle mit Betteln zu ernähren.

Saidi träumte oft davon, dass er aus einer reichen Familie kam. Dann prahlte er mit den Autos und den Häusern, die sein Vater besaß, und manchmal glaubte er selbst daran. Nur Nestory wusste, dass das nicht stimmte. Aber Nestory war sein bester Freund und er würde den anderen niemals verraten, dass Saidis Vater der behinderte Bettler war, den sie alle in der Stadt kannten.

Nestory

Sein Vater hatte ihn vergiften wollen. Das wusste er von seiner Mutter. Sie hatte den Vater dabei erwischt, wie er ihm den vergifteten Brei geben wollte. Da hat sie ihm den Teller aus der Hand geschlagen und das Baby ins Krankenhaus gebracht.

»Du wolltest mein Baby vergiften!«, hatte sie ihm ins Gesicht gesagt, und die Eltern waren mit Fäusten aufeinander losgegangen.

Wie kam es, dass Nestory sich daran erinnerte? Er war doch damals noch ein Säugling gewesen! An das laute Geschrei und an die Angst, die ihm bis in die Haarspitzen ging! Manchmal spürte er die gleiche Angst. Sie saß überall in seinem Körper und er fühlte sich wie eingesperrt in seiner Haut. Er wollte schreien, aber seine Stimme versagte ihm.

Ich bin wie ein Fisch, dachte er. Stumm.

Nach dem Vorfall hatte sein Vater die Familie verlassen.

Seine Mutter heiratete noch einmal und Nestory bekam einen kleinen Bruder.

Doch auch der Stiefvater war nicht besser. Er wollte ihn immer schlagen. Immer für Sachen, die sein Stiefbruder verbrochen hatte. Mit einem Stock – und er fesselte ihn mit dem Gürtel. Seine Mutter versuchte, Nestory zu helfen. Sie stritt und prügelte sich mit dem Stiefvater. Als es immer schlimmer wurde, brachte sie ihn schließlich zu ihrer Mutter.

Großmutter war lieb. Sie meldete ihn in der Schule an. Da er jeden Tag einen langen Schulweg hatte, kam er manchmal zu spät zum Unterricht. Und wieder setzte es Prügel. Diesmal war es der Lehrer, der ihn für das Zuspätkommen bestrafte.

Eines Tages, als er wieder zu spät war und der Lehrer ihn verprügeln wollte, lief Nestory weg. Weg von der Schule und weg von zu Hause.

Manchmal lachte er leise in sich hinein und freute sich darüber, dass er ihnen allen einen Streich gespielt hatte. Er war ihnen entwischt! Da war niemand mehr, der ihn verprügelte. Höchstens noch die Polizei. Da passte Nestory aber auf. Er war noch nie beim Stehlen erwischt worden, denn sobald er einen Polizisten sah, war Nestory weg.

Sein Zuhause war die Straße, und seine Familie waren die anderen Jungs. Sie mochten ihn und er mochte sie. Und er kannte ihre Geheimnisse.

Er hatte Angst gehabt, auf den Zug nach Dar zu springen. Er hatte Angst gehabt, es nicht zu schaffen. Aber es war Moses gewesen, der es nicht geschafft hatte. Sie hatten das erst in Dar es Salaam gemerkt.

»Der hat gekniffen«, hatte Saidi gemeint.

»Vielleicht war er nicht schnell genug«, hatte Nestory ihm widersprochen.

An manchen Tagen wartete Nestory auf Moses, an den Gleisen, dort, wo er mit Juma und Saidi angekommen war.

»Er kommt uns bestimmt nach«, hoffte Nestory.

An einem dieser Tage, in der Nähe der Gleise, sprachen eine junge Frau und ein älterer Mann Nestory an. Sie stellten ihm alle möglichen Fragen. Wie sein Name sei, woher er denn käme, warum er von zu Hause ausgerissen sei. Und sie störten sich nicht daran, dass er keine ihrer Fragen beantwortete. Sie gingen nicht fort, sondern setzten sich zu ihm und erzählten ihm von dem neuen Zentrum, in dem sie arbeiteten.

»Das ist ein Haus, in dem Kinder wie du Hilfe bekommen ... Du bekommst bei uns was zu essen, und wenn du krank bist, bringen wir dich zum Doktor ... Wenn du nach Hause willst, bringen wir dich zu deiner Familie ... Aber, wenn du keine Familie mehr hast, helfen wir dir, dass du nicht auf der Straße leben musst ... und dass du, so wie andere Kinder, zur Schule gehst ...«

Sie sprachen viel, und Nestory hörte sich alles an. Innerlich aber lachte er über sie. Die glaubten wirklich, dass er auf sie hereinfallen würde!

Später am Abend, in dem Abbruchhaus in der Innenstadt, wo sie sich zum Schlafen getroffen hatten, hörte Nestory Saidi und Juma zu. Auch sie hatten Leute getroffen, die in dem Straßenkinder-Zentrum arbeiteten, und Saidi hatte sich das Zentrum sogar angeschaut.

»Haben sie dir was zu essen gegeben?«, wollte Juma gleich wissen.

»Nee, die hatten schon alles aufgegessen!« Saidi lachte.

»In einem Raum war ein Lehrer mit Kindern«, erzählte Saidi weiter.

»Der Lehrer meinte, ich könnte auch in die Klasse ... aber ich wollte nicht ... nicht heute ...«

Saidi hatte sich dann hingelegt und die Augen geschlossen. Eine Weile hatte keiner von ihnen etwas gesagt. Jeder hatte seine eigenen Gedanken gehabt.

»Ich schaue da morgen mal vorbei«, hatte Juma plötzlich gemeint.

»Kommst du mit?« Er hatte Nestory in die Seite geknufft.

Nestory hatte nicht geantwortet.

›Vielleicht‹, hörte er sich sagen. Tief in seinem Inneren, ganz leise und nur zu sich.

Vorbild für das in diesem Beitrag erwähnte Zentrum ist das Drop-in-Zentrum der Dogodogo-Straßenkinder-Organisation, die sich seit 1992 in Tansania um die Betreuung und die gesellschaftliche Wiedereingliederung von Straßenjungen im Alter von 7 bis 17 Jahren bemüht.

Nasrin Siege hat von 1994 bis 2003 im Dogodogo-Straßenkinder-Projekt in verschiedenen Bereichen, u. a. in der psychologischen Betreuung traumatisierter Kinder und als Mitglied im Vorstand, gearbeitet. Im Jahre 1996 gründete sie zusammen mit Freunden in Gießen den Verein »Hilfe für Afrika e.V.«. Seitdem unterstützt der Verein Initiativen zur Armutsbekämpfung, vor allem (Straßen-)Kinderhilfsprojekte in verschiedenen afrikanischen Ländern. Siehe www.hilfefuerafrika.de *und* www.dogodogocentre.org

REINER ENGELMANN

Kein Kinderspiel

Aus dem Leben eines Kindersoldaten

An irgendeinem Morgen im Sommer des vergangenen Jahres war er auf einmal da. In einer Ecke des Raumes saß er, als ich ihn entdeckte, in der Hocke, mit dem Rücken an die Wand gelehnt und beide Arme vor dem Gesicht. Seine Hose war zerrissen, sein Hemd durchlöchert, Schweißperlen standen auf seiner Stirn und glitzerten in seinen kurzen, schwarz gelockten Haaren. An den Füßen trug er etwas, was vielleicht einmal Sandalen waren.

Wie war er in den Raum gekommen und wie lange saß er schon hier? Gut, es war kein großes Kunststück, die Tür zu öffnen, selbst wenn sie verschlossen war. Aber wann kam er und woher kam er und warum kam er ausgerechnet hierher? War er einer von denen, die vorher auf der Straße lebten wie die anderen Jungen hier aus dem Haus?

Die wichtigste Frage wollte ich aber zuerst klären. Ich ging auf ihn zu, kniete mich vor ihn und tippte ihm vorsichtig auf die Schulter.

»Wer bist du?«

Für einen kurzen Augenblick senkte er seine Arme und sah mich mit Augen, die denen eines gehetzten Tieres glichen, an und kauerte sich noch etwas tiefer in die Ecke. Sein Gesicht verbarg er nun hinter seinen Händen. Geantwortet hat er mir nicht. Ich versuchte es noch einige Male, stellte ihm verschiedene Fragen, aber er reagierte nicht. Erst als ich ihm sagte, er könne dort sitzen bleiben, wenn er das möchte, glaubte ich ein erleichtertes Durchatmen zu hören.

Ich musste mich um die üblichen Arbeiten kümmern, die zum Tagesbeginn verrichtet werden mussten. Denn bald würden die Kinder aus dem Haus hier eintreffen. Sie würden frühstücken und dann entweder zur Schule oder in eine der Werkstätten zur Arbeit gehen. Kinder, die, auch wenn sie schon fast erwachsen waren, einen geregelten Tagesablauf brauchten, ja ihn zum Teil regelrecht lernen mussten, weil sie vorher auf der Straße gelebt hatten und hier ein neues Zuhause fanden.

Nachdem die Kinder aus dem Haus waren, bereitete ich auch dem Jungen ein Essen zu und stellte es ihm auf den Boden, bevor ich den Raum verließ.

Als ich um die Mittagszeit zurückkam, fand ich seine Schale leer. Auch seinen Tee hatte er ausgetrunken, aber er saß wieder in der gleichen zusammengekauerten Haltung in der Ecke wie am Morgen, als ich ihn zum ersten Mal sah.

Drei Tage lang ging das so. Er saß einfach nur da und wenn niemand mehr im Raum war, aß er das, was ich ihm hingestellt hatte.

Erst am vierten Tag reagierte er zum ersten Mal auf eine Frage von mir.

»Willst du mir heute sagen, wie du heißt?« Ich hatte mich neben ihn auf den Boden gesetzt und nur wenig Hoffnung, dass er mir antworten würde oder auch nur eine Reaktion zeigte.

»Ich habe keinen Namen!«, sagte er nach einer Weile mit fester lauter Stimme.

»Das kann ich mir nicht vorstellen!« Ich war verblüfft über seine Antwort, aber er hatte zum ersten Mal geredet und nun wollte ich die Gelegenheit nutzen, um noch mehr von ihm zu erfahren. »Wie haben dich denn deine Eltern, deine Familie oder deine Freunde gerufen?«

Erst jetzt senkte er seine Arme und sah mich lange an. Dann schüttelte er mit dem Kopf und bedeckte sein Gesicht mit beiden Händen. Für den Rest des Tages verfiel er wieder in Schweigen.

Am nächsten Morgen setzte ich mich einfach neben ihn, ohne ihm eine Frage zu stellen. Er zog seine Beine noch näher an seinen Oberkörper heran und legte den Kopf auf die Knie.

»Was willst du?«, fragte er nach einiger Zeit.

»Nur hören, ob du mir heute etwas sagen willst.«

»Wenn du immer noch meinen Namen wissen willst, den kann ich dir nicht sagen. Weil ich keinen Namen habe. Oder zu viele.«

»Wie meinst du das?«

»Na, eben so, wie ich es gesagt habe, dass ich eben viele Namen habe, manchmal sogar zwei verschiedene an einem Tag, manchmal auch nur einen in der Woche. Trotzdem habe ich keinen richtigen Namen. Keinen mehr.«

»Das verstehe ich nicht!«

»Na, manchmal habe ich einfach einen neuen Namen gebraucht und

hab mir einen ausgedacht. Und manchmal hab ich einfach einen bekommen. So war das. Aber wie ich richtig heiße …«

Mitten im Satz brach er ab und verschränkte seine Arme vor dem
Kopf.

»Möchtest du jetzt lieber allein sein?«, fragte ich ihn.

Kaum merklich nickte er. So saß er wieder den ganzen Tag in seiner
Ecke.

Am nächsten Morgen hatte ich das Gefühl, er warte schon auf mich.

»Willst du immer noch wissen, wie ich heiße?«, fragte er, als ich neben
ihm saß.

»Wenn du mir heute deinen Namen sagen willst, dann gerne.«

»Die meisten meiner Namen habe ich schon vergessen«, begann er,
»aber einige weiß ich noch. Jason, zum Beispiel, oder Robert oder
James oder Bernard oder Birahwe oder Salvator. Manchmal wurde ich
auch Roberta oder Cécile genannt.«

»Und wie haben dich deine Eltern gerufen?«

»Den Namen verrate ich dir nicht. Es ist keiner von denen. Ich war zu
lange von zu Hause weg, und meinen richtigen Namen will ich erst
wieder von meiner Mutter hören, wenn ich sie gefunden habe.«
Er machte eine kurze Pause, dann fing er an zu erzählen:

*Bis ich sechs oder sieben Jahre alt war, lebte ich mit meinen Eltern,
Großeltern und meinen beiden älteren Geschwistern zusammen in
einem Haus in einem Dorf auf dem Land. Das war eine schöne Zeit,
an die ich mich gerne erinnere und an die ich in den letzten Jahren oft
gedacht habe. Die Gedanken daran haben mich am Leben erhalten. Es
gab immer genügend zu essen, wir besaßen ein paar Kühe und Rinder
und Schweine und Felder, auf denen wir Süßkartoffeln, Maniok, Boh-
nen und andere Sachen anpflanzten. Wir hatten einen Brunnen, aus
dem wir unser Wasser holten, und es gab genügend Holz, um Feuer zu
machen, damit Mutter und Großmutter etwas kochen konnten. Mein
Bruder und meine Schwester gingen schon zur Schule, und ich sollte
auch bald gehen. Ich freute mich darauf, obwohl es mir zu Hause auch
gefiel. Ich musste zwar arbeiten, die Rinder hüten und Wasser oder
Holz holen, aber ich hatte noch Zeit zum Spielen. Ein anderes Leben
kannte ich nicht, und ich konnte mir auch keines vorstellen.
Zur Schule bin ich nie gegangen, bis heute nicht. Denn eines Tages*

kamen Soldaten in unser Dorf, plünderten die Häuser und zündeten sie an. Was sie sonst noch machten, das habe ich nicht gesehen, denn meine Eltern, meine Großeltern und ich hatten uns in unserem Haus versteckt. In einem kleinen Raum, den man von innen verriegeln konnte. Die Soldaten kamen auch zu uns. Sie traten die Tür auf, rannten durch die Räume, warfen die Möbel um und riefen durchs Haus, wo wir die Rebellen versteckt hätten. Mein Vater nahm all seinen Mut zusammen. »Rebellen haben wir ja keine versteckt«, sagte er, öffnete die Tür und ging auf die Soldaten zu.

»Hier sind keine Rebellen«, sagte er dem ersten Soldaten, auf den er traf.

»Und warum versteckt ihr euch dann?«, wurde er angebrüllt, und im gleichen Augenblick zog der Soldat seinen Säbel aus der Scheide und schlug damit auf meinen Vater ein. Blut spritzte an die Wände, an die Decke und bis zu uns in unser Versteck. Mein Vater sank zu Boden, sein Körper zuckte noch ein paar Mal, dann blieb er reglos liegen. Ich hatte alles gesehen. Ich wollte zu ihm rennen, ihm helfen, ihn verbinden, er war ja verwundet, ihn wieder zu uns holen, all das wollte ich tun, weil ich nicht glauben konnte, dass er tot war. Vor wenigen Augenblicken hatte er noch gelebt. Und nun lag er da. In seinem Blut. Mutter hielt mich zurück, schrie und drückte mich an sich.

Wie es weiterging, weiß ich nicht mehr. Ich weiß nicht, wie wir aus dem Raum gekommen sind, aus dem Haus, ich weiß nicht einmal, ob mein Vater immer noch dort liegt, ich weiß nicht einmal, ob meine Großeltern auch umgebracht wurden, denn in unserem Versteck habe ich sie zum letzten Mal gesehen.

Erinnern kann ich mich nur noch daran, wie meine Mutter mit mir an der Hand durchs Dorf lief. An brennende Häuser kann ich mich erinnern, an Menschen, die in Blutlachen auf der Straße lagen, an weinende Frauen und Kinder.

Gut, dass mein Bruder und meine Schwester in der Schule waren, als die Soldaten kamen. Gesehen habe ich sie seit dieser Zeit nicht mehr. Aber ich weiß, dass sie noch leben. Das fühle ich.

An dieser Stelle brach er ab. Er lehnte sich an die Wand, winkelte die Beine an und stützte mit beiden Händen den Kopf ab.

»Wie ging es weiter mit dir und deiner Mutter?«, wollte ich wissen.

»Später«, sagte er, »später vielleicht mal.«

Am Nachmittag dieses Tages verließ er zum ersten Mal den Raum. Er kam auf den Hof, schaute sich um, und als er mich entdeckte, kam er langsam auf mich zu. Die anderen Kinder, die dort spielten oder einfach nur im Schatten saßen, sah er offenbar gar nicht. Selbst einen Ball, der ihm vor die Füße rollte, ignorierte er und schob ihn nur zufällig bei seinem nächsten Schritt zur Seite.

»Hast du mich gesucht?«, fragte ich ihn.

»Ich suche nur meine Familie«, antwortete er.

»Wie soll ich dich denn nennen?«, fragte ich weiter.

»Denk dir einen Namen für mich aus und den nimmst du einfach.«

»Kann ich einen von denen nehmen, die du mir genannt hast?«

»Nein«, sagte er scharf, »keinen von denen.«

»Gut, dann nenne ich dich … José.«

»Nein, nicht José, so hieß einer der Rebellen, und der war ein Schwein!«

»Du warst bei den Rebellen?«

Er setzte sich vor mich auf den Boden und erzählte weiter:

Es gab ja nichts mehr zu essen, nachdem die Soldaten unser Dorf geplündert hatten und meine Mutter und ich geflüchtet waren. Nach ein paar Tagen trafen wir auf eine Gruppe von Rebellen. Meine Mutter meinte, ich solle zu ihnen gehen, um herauszufinden, ob sie uns ein paar Lebensmittel geben könnten. Ich bekam sogar etwas und auch noch eine Zugabe für meine Mutter, nachdem ich ihnen erzählt hatte, was passiert war. Zwei oder drei Tage liefen wir hinter ihnen her und bettelten sie an. Danach musste ich mich entscheiden, das verlangten die Rebellen von mir. Entweder sollte ich mit ihnen kommen oder ich bekäme kein Essen mehr. Mutter ermutigte mich, mit ihnen zu gehen, dann sei wenigstens für mich gesorgt. Sie könne sich auch allein irgendwie durchschlagen.

Ich wusste damals nicht, was ich tat. Ich hatte mir einfach nur vorgestellt, ein paar Tage mit ihnen zu gehen und danach wieder zurück zu meiner Mutter. Aber seit dem Tag, als wir uns voneinander verabschiedeten, habe ich sie nicht mehr gesehen.

Als ich bei der Rebellengruppe ankam, wurde ich zuerst ihrem Anführer vorgestellt. Er musterte mich von oben bis unten, zog mir mein

T-Shirt hoch und meine Hose runter, ging noch einmal um mich herum und nickte dann. Damals dachte ich mir weiter nichts dabei, als er das machte. Später erfuhr ich aber den Grund.

»Ok«, sagte er, »du bist noch etwas schmächtig, aber zum Wasserholen, Bier besorgen und Gepäcktragen taugst du schon. Du bist jetzt so etwas wie unser Butler. Und in England, habe ich mal gehört, heißen alle Butler James. Wenn jetzt also jemand ›James‹ ruft, dann hast du auf der Stelle da zu sein! Verstanden?«

Ich nickte nur.

An meinen neuen Namen hatte ich mich schnell gewöhnt. Ständig rief jemand nach mir. »James, bring mir ein Bier!« oder »James, wisch mir den Staub von den Schuhen!« oder »James, dort unten ist eine Quelle, geh und hole Wasser!«

Das waren noch die leichtesten Aufgaben. Wenn wir aber unterwegs waren, musste ich Gepäck schleppen. Munition für ihre Gewehre, Decken, Kochgeschirr, alles luden sie mir auf. Dann marschierten wir los. Stundenlang. Wenn ich unterwegs stöhnte, weil ich nicht mehr konnte, gaben sie mir einen Tritt in den Hintern. Nur ganz selten erlaubten sie mir, mal einen Schluck Wasser zu trinken.

Ich war nicht das einzige Kind in der Gruppe, es gab noch drei oder vier weitere. Eines war ein Mädchen. Sie war schon etwas älter, vielleicht zwölf. Sie war für das Essen zuständig, musste kochen, wenn wir irgendwo Rast machten. Die anderen Jungen waren genauso mit Gepäck beladen wie ich.

In einer der ersten Nächte, die wir in der Regel im Freien verbrachten, bin ich wach geworden. Ganz in meiner Nähe hörte ich ein leises Wimmern, das gelegentlich von lautem Stöhnen übertönt wurde. Schemenhaft konnte ich erkennen, wie einer der Soldaten auf dem Mädchen lag und sich auf und ab bewegte. Dicht davor standen noch zwei weitere Soldaten, der erste hatte seine Hose heruntergelassen.

Wenn wir auf unseren Märschen tagsüber an irgendwelchen Orten vorbeikamen, wurden wir Kinder losgeschickt, um zu erkunden, ob Militärsoldaten dort oder in der Nähe waren. War die Luft rein, zogen wir alle gemeinsam durch die Straßen und holten uns aus den Häusern oder Geschäften all das, was wir brauchten, besonders Lebensmittel und Bier. Bier war besonders wichtig. Damit betranken sich die Rebellen abends, und wenn dann vor dem Mädchen schon eine Schlange *stand und kein weiterer mehr zugelassen wurde, kamen sie auch zu uns Jungen.*

»Cécile«, flüsterte mir einer ins Ohr, wenn er auf mir lag, »o Cécile!« So hatte ich in manchen Nächten den Namen ›Cécile‹. Wenn ich anschließend weinte und mich übergeben musste, lachte er nur.

So sahen meine ersten Wochen und Monate bei den Rebellen aus. Oft dachte ich an meine Mutter, weinte manchmal nachts vor Sehnsucht nach ihr und wäre am liebsten weggerannt. Aber das traute ich mich nicht. Ich hatte Angst vor ihrer Spezialbehandlung, wenn sie mich wieder einfangen würden.

Abrupt brach er seine Erzählung ab, stand auf und ging über den Hof zurück ins Haus. Am Abend saß er wieder in seiner Ecke, wie am ersten Tag.

»Möchtest du diese Nacht in einem Bett schlafen?«, fragte ich ihn, bevor ich den Raum verlassen wollte.

»Ich kann nicht schlafen«, sagte er, »ich habe schon zu viel erzählt und nun kommen die Erinnerungen wieder. Und wenn ich schlafe, sehe ich in meinen Träumen alles wieder genau vor mir.«

»Welche Träume sind das?«, wollte ich von ihm wissen.

»Na Träume eben, von Kämpfen, von Toten …« Mit beiden Händen rieb er sich die Augen.

Weil ich ihn nicht allein lassen wollte, setzte ich mich neben ihn.

»Es ist spät, du willst sicher schlafen«, sagte er.

Ich schüttelte den Kopf. »Jetzt will ich bei dir sein.«

Er sah mich an, nickte kurz und erzählte:

Wir waren ein paar Tage unterwegs, ohne dass etwas Besonderes passierte. Dann kamen wir an einem Abend vor eine Stadt, die unten im Tal lag. Den Namen der Stadt weiß ich nicht mehr, aber das, was dort geschah, werde ich nie vergessen.

Die Rebellen vermuteten auf dem gegenüberliegenden Berg eine Militäreinheit. Warum sie diese Vermutung hatten, weiß ich nicht, aber sie hatten recht. Und sie vermuteten weiter, dass diese Militäreinheit spätestens am nächsten Tag die Stadt erobern würde. Um das zu verhindern, sollten wir Kinder eingesetzt werden. Lange haben die Rebellen in dieser Nacht ihre Pläne geschmiedet und wir mussten alle dabei sein.

Verstanden habe ich von all dem nur, dass wir Kinder die Hauptstraße, durch die die Militäreinheit in die Stadt einziehen würde, blockieren sollten.

Bereits im Morgengrauen machten wir uns auf den Weg. Alle Kinder bekamen von den Rebellen einen neuen Namen. Dies sei ein wichtiger Einsatz für uns. Und an mich gewandt sagte einer der Rebellen, ich könne dabei nicht mehr der Butler James sein, ich sei jetzt Salvator. So machte ich mich als Salvator, zusammen mit den anderen Kindern, auf den Weg in die Stadt. Die Rebellen kamen hinter uns her, versteckten sich hinter Häusern und Mauervorsprüngen, wir sollten auf die Straße gehen und dort spielen. Ich freute mich auf diesen Einsatz. Wann hatte ich zum letzten Mal gespielt?

Am Anfang war es ganz lustig. Wir hatten einen Ball dabei, den wir uns kreuz und quer über die Straße zuschossen. Die wenigen Autos, die um diese Stunde vorbeikamen, ließen wir einfach durch. So war unsere Anweisung. Erst als die Militärfahrzeuge die Straße entlangkamen, setzten wir uns mitten auf die Fahrbahn, redeten und lachten miteinander. Die Fahrzeuge kamen näher, hupten, aber wir blieben einfach sitzen. Bis dahin verlief alles nach dem Plan, den man uns mitgeteilt hatte. Aber als die ersten Soldaten aus den Fahrzeugen ausstiegen, auf uns zukamen und uns befahlen, den Weg freizugeben, fielen Schüsse.

Ich begriff gar nicht, was da geschah, weil uns niemand etwas von einer Schießerei erzählt hatte. Als dann aber die ersten Toten auf der Straße lagen, rannte ich weg. Geschosse flogen mir um die Ohren, prallten gegen Hauswände und hinterließen ihre Spuren. Hinter einer Hausecke suchte ich Schutz, legte mich lang auf den Boden und hielt mir Augen und Ohren zu. Wie lange ich dort lag, weiß ich nicht mehr, es kam mir wie eine Ewigkeit vor. Doch irgendwann war es still, ich hörte keine Schüsse mehr. Vorsichtig öffnete ich die Augen, robbte aus meinem Versteck so weit vor, bis ich die Straße überblicken konnte. Nur wenige Schritte vor mir lag Jacob, wie er für diesen Einsatz genannt wurde und mit dem ich eben noch Fußball gespielt hatte. Jetzt hatte er ein Loch in seiner Stirn, aus dem sich ein dünner Blutfaden zog. Schnell schaute ich weg.

Ich verstand überhaupt nichts. Am liebsten hätte ich geheult, aber es kamen einfach keine Tränen. Was hatte das alles zu bedeuten? Wir sollten doch nur spielen! Das war unser Auftrag! Und jetzt lag Jacob da, nur wenige Schritte von mir entfernt. Tot!

Warum ich damals nicht schon einfach abgehauen bin, kann ich nicht erklären. An ihre Spezialbehandlung, wenn sie mich wieder einfangen würden, habe ich in dem Augenblick noch nicht einmal gedacht. Viel wichtiger war: Wohin hätte ich denn laufen können? Ich kannte mich ja nicht aus!

Irgendwann bin ich einfach aufgestanden und auf die Straße gegangen. Jacob war nicht der einzige Tote, überall lagen sie in ihren Blutlachen. Kinder, mit denen ich eben noch gespielt hatte, und Soldaten.

Plötzlich stand José vor mir, einer der Rebellen. Im ersten Augenblick war ich froh, ein vertrautes Gesicht zu sehen, und wäre ihm am liebsten um den Hals gefallen, um mich auszuheulen. Aber dann befahl er mir, den toten Soldaten die Kleider auszuziehen. Dabei richtete er sein Gewehr auf mich.

Ich musste meine Augen schließen, als ich mich über den ersten Soldaten beugte, um ihm seine Kleider auszuziehen. José nahm jedes einzelne Teil entgegen, er wich mir nicht von der Seite. Immer wenn ich einen Toten entkleidet hatte, trat er ihm gegen den Kopf.

Ich war nicht der Einzige, der die Toten auszog. Weiter hinten entdeckte ich einige der Rebellen, die den Toten die Kleider vom Leib rissen. Erst als alle splitternackt auf der Straße lagen, befahl José den Rückzug. Die Rebellen lachten beim Anblick der nackten Soldaten und freuten sich über ihre Beute: Kleidung, Uhren, Waffen.

Wo die Kinder waren, weiß ich nicht. Ich hatte nur Jacob entdeckt. Sicher lagen einige von ihnen auch irgendwo tot auf der Straße. Ich wollte es nicht wissen! Doch als wir ins Lager kamen, sagte einer der Rebellen: »Safari ist weg. Bei den Toten war er nicht und hier ist er auch nicht. Wir müssen ihn finden!«

Und sie fanden ihn. Noch am Abend desselben Tages. Zwei Männer brachten ihn ins Lager und sagten, er sei einfach weggelaufen und habe sich versteckt.

José befahl, ein Feuer zu machen. In die Glut hielt er einen Eisenstab, der am unteren Ende einen Ring hatte. Als dieser Ring rot glühte, wurde Safari herbeigezerrt, zwei der Rebellen warfen ihn zu Boden und hielten ihn fest, während José ihm die Hose herunterzog und das glühende Eisen gegen Safaris Hüfte presste. Safari schrie auf, wehrte *sich, aber die Rebellen hielten ihn am Boden. José presste immer noch das Eisen gegen Safaris Hüfte und brüllte mir zu: »Das passiert mit euch, wenn ihr versucht abzuhauen!«*

Tränen liefen jetzt über seine Wangen und er ließ es zu, dass ich ihn in den Arm nahm. Ich wiegte ihn wie ein kleines Kind sanft hin und her, bis er eingeschlafen war.

In den kommenden Tagen erzählte er mir, wie er als Jason zusammen mit zwei anderen Kindern als Späher Militärpositionen auskundschaftete, wie er später als Robert Schießübungen machen musste, die ihn für den Kampf gegen das Militär qualifizieren sollten, und wie er in dieser Zeit nachts von einigen der Rebellen als Roberta benutzt wurde. Er schilderte, wie er als Bernard zum ersten Mal mit einer Waffe kämpfen musste, ohne zu wissen, wofür, und er erlebte mit allen seinen Namen immer wieder, dass Kinder, die vor den Rebellen geflüchtet waren, ein Brandmal aufgedrückt bekamen.

Als sie ihn Birahwe nannten, war er nach seiner Erinnerung schon mindestens zwölf oder dreizehn Jahre und hat zum ersten Mal gesehen, wie Menschen hingerichtet wurden. Monate später überfielen sie ein Dorf, und die Kinder, die sie gefangen hatten, wurden gezwungen, ihre Eltern zu erschießen.

Besonders in dieser Zeit kamen die Erinnerungen an seine eigene Familie wieder zurück und mit ihnen der Entschluss, die Rebellen zu verlassen. Schon in der nächsten Nacht lief er los. Fast eine Woche muss er unterwegs gewesen sein, bis er hier ankam.

Seinen richtigen Namen weiß ich immer noch nicht. Ich nenne ihn Emanuel, und damit ist er einverstanden.

RAGNI MAHAJAN

Liebe ist ein Menschenrecht

Im August 2010 fand in Hamburg der 30. Christopher Street Day (CSD) statt. Unter dem Motto »Gleiche Rechte statt Blumen« feierten drei Tage lang 250 000 LGBTs (Lesben, Schwule/Gays, Bisexuelle und Transgender) ein Straßenfest in der Innenstadt. Eine ganze Woche lang, »Pride Week« genannt, stellen sich Gruppen und Vereine der LGBT-Community vor. Zahlreiche Bands und Kunstschaffende präsentieren sich. Allein zur großen Parade am Samstag, die wie immer den Höhepunkt bildet, kommen rund 100 000 Menschen. Über 40 Trucks, PKW und Fußgruppen ziehen bei strahlendem Sonnenschein vom Stadtteil St. Georg aus durch die Hamburger Innenstadt. Mittendrin im bunten Treiben steht unser gelbes Amnesty-International-Zelt, und wir, die MERSI-Gruppe (»Menschenrechte und sexuelle Identität«), informieren über die Lebenssituation von Lesben und Schwulen weltweit mit einer großen Weltkarte. Wir sammeln Unterschriften für mehr Menschenrechte für Homosexuelle im Irak und verteilen Aufkleber, auf denen »Liebe ist ein Menschenrecht« steht.

Immer wieder kommen Menschen an den Stand, die sich über die Situation in verschiedenen Ländern informieren wollen. Manche wollen auch nur kurz unterschreiben, bevor sie weitergehen. Einige erzählen aber auch von eigenen Erfahrungen von Gewalt und Belästigungen. Am Stand wird viel diskutiert, und die meisten gehen fröhlich mit den Aufklebern weiter. Wir informieren auch über LGBT-Beratungsstellen in Hamburg. Feiern ist in Ordnung, trotzdem wollen wir deutlich machen, dass es noch viel zu tun gibt, bevor tatsächlich alle Menschen sagen können: »Ich bin ich, und ich liebe, wen ich will.« Die sexuelle Orientierung ist ein wesentlicher Teil der menschlichen Persönlichkeit. Das Recht, die eigene sexuelle Orientierung selbst zu bestimmen und sich offen und frei dazu bekennen zu können, zählt damit zu den Kernbereichen des Menschenrechtsgedankens.

Vor knapp 30 Jahren fand in der New Yorker Christopher Street der erste bekannt gewordene Aufstand von Homosexuellen und anderen sexuellen Minderheiten gegen die Polizeiwillkür statt. In den frühen Morgenstunden des 28. Juni 1969 führte die Polizei in der Bar »Stonewall Inn«, einer Kneipe, die vor allem von Homosexuellen besucht wurde, eine gewalttätige Razzia durch. Damals passierte das regelmäßig, nicht nur in den USA, auch in Deutschland. Bei solchen Kontrollen wurde zum Beispiel die Kleidung der Anwesenden überprüft. Frauen, die nicht mindestens drei spezifisch weibliche Kleidungsstücke trugen, wurden verhaftet. Dasselbe galt für Männer in Frauenkleidern. So sollte die Einhaltung der Moral verteidigt werden. In den meisten Fällen ließen die betroffenen Frauen und Männer diese demütigende Prozedur einfach über sich ergehen. Es gab keine Gesetze, die sie davor geschützt hätten. Und die Polizei hatte die konservative Gesellschaft im Rücken. Aber in dieser Nacht wehrten sich die unterdrückten Homosexuellen. In kurzer Zeit versammelten sich immer mehr Menschen und es kam zu tagelangen Straßenschlachten zwischen Homosexuellen und der Polizei.

Das war der Auslöser für die Gründung der Lesben- und Schwulenbewegung, die genau ein Jahr später als Erinnerungsveranstaltung an diese Nacht einen Paradezug initiierte. Diese Idee ging um die Welt. Daraus ist die internationale Tradition geworden, im Sommer eine Demonstration für die Rechte von Lesben und Schwulen abzuhalten. Im Jahr 1969 wurde in Deutschland auch der berüchtigte § 175 abgeschafft, der Homosexualität zwischen Männern unter Strafe stellte. Homosexualität zwischen Frauen war nicht per Gesetz verboten, aber dennoch waren auch Lesben Bedrohung und Verfolgung ausgesetzt. Allein das Gerücht, homosexuell zu sein, konnte für Menschen den Rückzug von Familie und Freunden, den Verlust des Arbeitsplatzes, also eine absolute Isolation bedeuten. Sowohl die Kirche als auch die Medizin vertraten öffentlich den Standpunkt, Homosexualität sei eine Krankheit und heilbar. Aufgrund dieser Ausgrenzung aus der Gesellschaft hatte »die Community« für viele Homosexuelle eine sehr große Bedeutung. Dies war der einzige Ort, an dem sie akzeptiert wurden und ohne Angst zu ihrer sexuellen Orientierung stehen konnten.

Es dauerte noch Jahre, bis die Gesellschaft Diskriminierung und Gewalt gegen Homosexuelle aktiv zu bekämpfen begann und Homosexualität zum Beispiel in Schullehrplänen zum Thema wurde. In den letzten zehn

Jahren hat sich in Deutschland die Situation von Lesben und Schwulen an vielen Stellen verbessert. In Großstädten und immer mehr Kleinstädten gibt es Vereine und Gruppen, die sich regelmäßig treffen. Es gibt Angebote, die sich speziell an Jugendliche richten, um ihnen beim »Coming-out« zu helfen oder allgemeine Fragen zum Thema zu beantworten. Durch das Internet gibt es Plattformen und Kontaktforen, die sich speziell an die LGBT-Community richten. Ihr Ziel ist es, Mut zu machen und deutlich zu zeigen: Du bist nicht allein. Es gibt viele Menschen, die das gleiche Geschlecht lieben oder unsicher sind, was ihre Orientierung angeht.

Nach Angaben des »Instituts für politische Bildung« lieben 10 % der Bevölkerung in Deutschland im Laufe ihres Lebens homosexuell. Zur wachsenden Akzeptanz trägt auch bei, dass sich immer mehr bekannte Persönlichkeiten »outen« oder ihre Unterstützung für die Anliegen der LGBT-Community formulieren und trotzdem erfolgreich sind. Das macht Mut. Allerdings: Im Fußball scheint es nach wie vor nicht möglich zu sein, offen zur eigenen Homosexualität zu stehen. Zu groß ist die Angst vor Ablehnung und dem Entzug der Unterstützung der Fans. Darum ist das Coming-out gegenüber Familie und Freunden für viele Menschen eine schwierige Phase. »Ich bin ich«, das ist ein einfacher Satz. Aber es ist nicht wirklich einfach, du selbst zu sein, wenn du deutlich spürst, du bist ganz anders als die anderen.

Wir leben in einer Gesellschaft, in der die Mehrheit der Menschen immer noch davon ausgeht, dass alle heterosexuell zu sein haben. Als Mädchen sich in ein Mädchen zu verlieben, als Junge in einen Jungen, löst Überraschung, Unsicherheit und oft Vorurteile aus. Eine typische Reaktion ist: »Das ist nur so eine Phase, bis der/die Richtige kommt.« In vielen Köpfen hat sich der Gedanke festgesetzt, dass sexuelle Orientierung beeinflussbar ist. Auch wenn in den letzten Jahren viel für die Gleichberechtigung von Lesben und Schwulen getan wurde, gibt es noch viel zu tun. Gefordert wird die vollständige rechtliche Gleichstellung von LGBTs in aller Welt. Angemahnt wird unter anderem eine Reform des bestehenden Transsexuellengesetzes, die Anpassung des Adoptionsrechts in Deutschlands sowie die Ergänzung des Artikels 3 des Grundgesetzes um das Merkmal »Sexuelle Identität«.

Amnesty International beschäftigt sich seit 1994 mit dem Thema »Menschenrechte und sexuelle Identität« (MERSI). Die ersten MERSI-

Gruppen gab es in den USA und Kanada, aber bereits fünf Jahre später gab es MERSI-Gruppen in mehr als 20 Ländern. Auch innerhalb der Organisation Amnesty International musste sich der Gedanke erst langsam durchsetzten, dass die sexuelle Orientierung ein Kernbereich der Persönlichkeit ist und geschützt werden muss. Heute setzt sich MERSI aber nicht mehr nur für die Menschenrechte von Lesben und Schwulen ein. Unser Blick ist weiter geworden. Unsere Zielgruppe sind heute alle »LGBTs«: Lesben, Schwule (Gays), Bisexuelle, Intersexuelle und Transgender. Also alle Menschen, die das Schicksal teilen, nicht »typisch heterosexuell« zu sein, weil ihre sexuelle Orientierung und/oder Geschlechtsidentität von der Norm abweicht.

Überall auf der Welt werden Menschen wegen ihrer sexuellen Orientierung misshandelt, vergewaltigt, inhaftiert, gefoltert und ermordet. Es sind Menschen wie du und ich, die ihre sexuelle Orientierung als lesbisch, schwul oder bisexuell bezeichnen, sich als transsexuell oder intersexuell identifizieren. Menschen, die sich nicht dem Diktat dessen unterwerfen, was allgemein als »normale Sexualität« gilt, laufen Gefahr, von Einzelpersonen, Gruppen oder sogar von staatlichen Institutionen verfolgt zu werden. Missachtung und tagtägliche Feindseligkeit zählen in vielen Ländern zur Lebenserfahrung von Angehörigen sexueller Minderheiten. An vielen Orten der Welt werden Lesben, Schwule, Intersexuelle und Transgender nicht von den staatlichen Institutionen geschützt. Im Gegenteil. Immer noch werden sie Opfer von sexuellen Übergriffen, Ausbeutung und Gewalt im privaten und öffentlichen Raum. In Russland darf Homosexualität in den Schulen und an der Universität nicht thematisiert werden. CSD-Veranstaltungen in Belgrad werden brutal angegriffen. In Südafrika werden Lesben vergewaltigt, um sie »zu bekehren«. Die Polizei verteidigt sie nicht, wird teilweise selbst gewalttätig. Gerichtsverfahren gegen Gewalttäter werden nicht korrekt durchgeführt oder gar nicht eingeleitet. Immer noch werden »medizinische Behandlungen« angeordnet, die erzwingen sollen, »normal« zu leben.

Das Motto von Amnesty International heißt: Licht ins Dunkel zu bringen. Darum ist die Kerze mit dem Stacheldraht das Markenzeichen von Amnesty International. Regierungen und Staaten, die Menschen, die sich für Menschenrechte einsetzen, unterdrücken, können das nur, weil ihre Taten nicht öffentlich werden. Wenn Medien darüber berichten, wenn in der Zeitung steht, wie mit Minderheiten umgegangen wird, müssen die Verantwortlichen Stellung beziehen. Im eigenen Land ist das manchmal unmöglich, wenn die Pressefreiheit unterdrückt wird. Darum müssen Menschen aufmerksam gemacht werden und mitverfolgen, was in anderen Ländern passiert.

Während ich diesen Artikel schreibe, läuft im Internet eine Kampagne, die sich »It gets better« (www.itgetsbetterproject.com) nennt. Prominente und Menschen wie du und ich erzählen per Videoclip jungen LGBTs, dass sie nicht verzweifeln sollen, wenn sie in der Schule wegen ihrer sexuellen Orientierung beleidigt und bedroht werden: »Es wird besser.« Der traurige Anlass dieser Aktion: Immer wieder nehmen sich vor allem junge Menschen das Leben, weil sie von anderen geoutet und gemobbt werden. Eine Bitte zum Schluss: Nimm es ernst, wenn eine(r) deiner Freundinnen oder Freunde aufgrund ihrer/seiner sexuellen Orientierung ausgelacht oder bedroht wird. Liebe ist ein Menschenrecht, für das wir immer wieder eintreten müssen.

DAVID DIEHL

Der universelle Kampf gegen die Straflosigkeit – eine Erfolgsgeschichte?

Einleitung

Ein Junge, nicht einmal 15 Jahre alt, wird erschossen, weil er aus Unachtsamkeit sein Gewehr verloren hat. Ein anderer ist für sein restliches Leben traumatisiert, weil er dazu gezwungen wurde, ein gleichaltriges Mädchen zu töten, das sich gegen eine Vergewaltigung durch andere Soldaten wehrte. Dies und noch vieles mehr mussten die im kongolesischen Bürgerkrieg (1996–2003) von der »Union kongolesischer Patrioten« zwangsrekrutierten Kindersoldaten nahezu täglich ertragen. Ihr Anführer, Thomas Lubanga, muss sich für seine Taten nun vor dem Internationalen Strafgerichtshof (kurz IStGH) in Den Haag verantworten. Zwar wird sein Name in der breiten Weltöffentlichkeit nicht wie der eines Pol Pots, Milosevics oder Husseins sofort mit der Begehung schwerer völkerrechtlicher Verbrechen assoziiert, doch steht er sinnbildlich für ein neues Kapitel des weltweiten Kampfes gegen die Straflosigkeit. Sein Fall ist das erste Verfahren, das der IStGH am 26. Januar 2009 eröffnet hat, ein Meilenstein für den Schutz der Menschenrechte auf der ganzen Welt, der vor nicht allzu langer Zeit noch völlig undenkbar erschien.

Die Geschichte der Menschheit war lange Zeit von der Straflosigkeit der schlimmsten aller Verbrecher geprägt. Straflosigkeit ist dabei nicht unbedingt wörtlich zu verstehen. Eine von den Vereinten Nationen mit der Definition des Begriffs der Straflosigkeit befasste Expertengruppe stellte fest, dass diese einen Zustand bezeichnet, der Untersuchungen unmöglich macht, aufgrund derer die Täter im Rahmen eines strafrechtlichen, zivilrechtlichen, verwaltungsrechtlichen oder auch disziplinarischen Verfahrens bestraft bzw. zur Leistung von Wiedergutmachung an die Opfer verurteilt werden könnten. Der Kampf gegen die Straflosigkeit bedeutet also, verkürzt gesagt, dass die Täter mit ihren Gräueltaten nicht davonkommen dürfen.

Warum aber ist seit jeher anerkannt, dass z. B. der Diebstahl eines Fahrrads strafrechtlich verfolgt werden kann, während ein Kriegsverbrecher, der ganze Dörfer verwüsten und die dort lebenden Menschen niedermetzeln lässt, bislang meist mit Straffreiheit rechnen konnte? Die Antwort darauf ist in der früheren Struktur des Völkerrechts zu suchen, die eine universelle Verfolgung seiner Straftäter unmöglich machte. Vor allem zwei Eigenheiten der klassischen Völkerrechtsordnung waren für diese Straflosigkeit verantwortlich. Zum einen galten Staaten lange Zeit als die einzigen »Völkerrechtssubjekte«. Handlungen von Staatsbediensteten wurden als Handlungen des Staates selbst angesehen, mit der Folge, dass nur Letzterer für diese völkerrechtliche Verantwortlichkeit tragen konnte. Dem Einzelnen gegenüber war das Völkerrecht hingegen »blind« und regelte dessen Verhalten nur in ganz wenigen Ausnahmefällen. Die Täter konnten daher außerhalb ihres Heimatstaates nicht zur Rechenschaft gezogen werden. Zwar gab es nach Kriegen immer wieder »Strafverfahren«, doch blieb die Verurteilung der »Verbrecher« regelmäßig den Siegern vorbehalten, die ihre Gegner für den Krieg bestraften. Zum anderen galt das Prinzip der absoluten staatlichen Souveränität, wonach jegliche Einmischung in die inneren Angelegenheiten eines Staates strikt verboten war. Die Ahndung von Straftaten galt als alleinige Aufgabe und Recht des Staates, dem die Täter angehörten oder auf dessen Staatsgebiet die Rechtsverletzungen vorgenommen wurden. Staatsbedienstete genossen außerhalb ihres Heimatstaates, wie dieser selbst, Immunität vor den Gerichten anderer Staaten. Erst die unfassbaren Gräueltaten des NS-Regimes während des Zweiten Weltkriegs führten zu einem Umdenken der Staaten und einer Neujustierung der Struktur der völkerrechtlichen Ordnung, die immer mehr den Einzelnen in den Mittelpunkt ihrer Regelungen rückte.

»Nürnberger Prinzipien«

Als die Geburtsstunde des weltweiten Kampfes gegen die Straflosigkeit werden gemeinhin die Verfahren gegen die deutschen Kriegsverbrecher vor dem Nürnberger Militärgerichtshof von 1945 bis 1946 angesehen. Niemals zuvor wurden in einem rechtsstaatlichen Verfahren Personen auf internationaler Ebene strafrechtlich zur Verantwortung gezogen. In der wohl berühmtesten Passage der Urteile befassten sich die Richter mit der Verantwortlichkeit von amtlich handelnden Personen und führten aus, dass Verbrechen gegen das Völkerrecht von Menschen und nicht von abstrakten Wesen begangen werden und deshalb nur durch die Bestrafung jener Einzelpersonen, die solche Verbrechen begehen, den Bestimmungen des Völkerrechts Geltung verschafft werden kann. Damit löste der Nürnberger Militärgerichtshof erstmals den Einzelnen von seinem Staat und machte ihn selbst für seine Verbrechen verantwortlich. Dies war der Beginn der individuellen strafrechtlichen Verantwortlichkeit im Völkerrecht, welche heute die Basis des gesamten Völkerstrafrechts bildet. Inzwischen ist allgemein anerkannt, dass der Einzelne für Verbrechen gegen den Frieden (die sogenannte Aggression), Kriegsverbrechen, Verbrechen gegen die Menschlichkeit und die Beteiligung an einem Völkermord eigene völkerrechtliche Verantwortlichkeit trägt.

Obwohl sich diese »Nürnberger Prinzipien« u. a. durch die Prozesse gegen die japanischen Kriegsverbrecher in Tokio fest in dem Bewusstsein der völkerrechtlichen Gemeinschaft verankerten, dauerte es fast 50 Jahre, bis das Völkerstrafrecht eine Renaissance zu erleben begann. Das gegenseitige Misstrauen der beiden weltpolitischen Blöcke während des Kalten Krieges verhinderte ein gemeinsames Vorgehen der Weltgemeinschaft gegen die Diktatoren und Schlächter dieser Zeit. Kurz nach dem Fall der Berliner Mauer, zu Beginn der 1990er-Jahre, wurde die Welt dann durch die blutigen Bürgerkriege im ehemaligen Jugoslawien und in Ruanda erschüttert. Es herrschte die allgemeine Überzeugung, dass die Täter diesmal nicht ungeschoren davonkommen dürften. Aus diesem Grund schuf der Sicherheitsrat der Vereinten Nationen auf der Grundlage seiner Befugnisse zur Erhaltung und Wiederherstellung des Weltfriedens nach Kapitel VII der UN-Charta in den Jahren 1993 und 1995 die Sondertribunale für das ehemalige Jugoslawien und Ruanda mit Sitz in Den Haag und Ashua (Tansania), denen die Befugnis übertragen wurde, im Zusammenhang mit diesen Konflikten begangene Verbrechen zu verfolgen.

Beide Gerichte, die heute noch aktiv sind, trugen nicht nur maßgeblich zur Weiterentwicklung des Völkerstrafrechts bei, sondern sorgten auch dafür, dass der Kampf gegen die Straflosigkeit ins Zentrum der politischen Debatte in der Weltöffentlichkeit gerückt wurde. In der sich immer weiter mithilfe von Nichtregierungsorganisationen (kurz NGOs) wie Amnesty International mobilisierenden Zivilgesellschaft wurden Rufe nach der Errichtung eines ständigen internationalen Strafgerichtshofs lauter. Im Zuge dieser Entwicklungen wurde 1995 von dem »World Federalist Movement« die »Coalition for the International Criminal Court« (kurz CICC) initiiert, die sich der Lobbyarbeit für die Gründung eines entsprechenden Gerichts verschrieb. Amnesty International war eines der 25 Gründungsmitglieder des nunmehr über 2500 NGOs zählenden Zusammenschlusses und gehört zurzeit seinem leitenden Komitee an.

Der Internationale Strafgerichtshof in Den Haag

Die internationalen Bemühungen um die Errichtung eines ständigen internationalen Strafgerichtshofs mündeten 1998 schließlich in die Einberufung einer internationalen Konferenz in Rom. Diese hatte zum Ziel, einen völkerrechtlichen Vertrag, der die Grundlage für die Arbeit eines solchen Gerichts legen sollte, zu verabschieden. Dabei stellte die CICC mit über 500 Teilnehmern die zahlenmäßig mit Abstand größte Delegation.
Niemals zuvor fanden internationale Vertragsverhandlungen mit einer solch massiven Beteiligung von Kräften aus der Zivilgesellschaft statt. Während einige Staaten, wie die Mitglieder der Europäischen Union, die Gründung des IStGH forcierten, kam massiver Widerstand aus anderen Teilen der Welt. Insbesondere so mächtige Staaten wie die USA, China, Russland oder Indien befürchteten durch einen unabhängigen Strafgerichtshof in ihren außenpolitischen Handlungsspielräumen in unerträglichem Maße eingeschränkt zu werden.
Etwas überraschend gelang es schließlich dennoch, das »Römische Statut zum Internationalen Strafgerichtshof« (kurz »Rom-Statut«) zu verabschieden, das heute die Grundlage für die Arbeit des IStGH bildet. Noch überraschender als die Verabschiedung des Rom-Statuts war jedoch, dass dieses bereits vier Jahre später, am 1. Juli 2002, nach

Hinterlegung der 60. Ratifikationsurkunde in Kraft treten und der Gerichtshof somit seine Arbeit aufnehmen konnte. Die große Akzeptanz des IStGH zeigt sich auch daran, dass diesem inzwischen 114 Staaten der Welt beigetreten sind.

Besonders umstritten war während den Verhandlungen zum einen, für welche Verbrechen der Gerichtshof räumlich zuständig sein würde, und zum anderen, ob er befugt sein sollte, sich aus eigener Initiative heraus mit einem bestimmten Sachverhalt zu befassen. Die Gegner des IStGH wollten, dass der Chefankläger nur mit Zustimmung des Heimatstaates eines Beschuldigten oder auf Wunsch des Sicherheitsrates in einem konkreten Fall tätig werden dürfte. Staaten wie die Bundesrepublik befürworteten hingegen neben einem eigenen Initiativrecht der Anklagebehörde auch die Befugnis des Gerichtshofs, nach dem sogenannten »Universalitätsprinzip« tätig zu werden. Dieses hätte die weltweite Verfolgung völkerrechtlicher Verbrecher, unabhängig von ihrer Staatsangehörigkeit, derer ihrer Opfer und dem Ort der Begehung der Straftaten, ermöglicht und die Macht und Eigenständigkeit des IStGH massiv gestärkt.

Schließlich konnten sich aber beide Seiten mit ihren Vorschlägen nicht durchsetzen und man einigte sich auf einen Kompromiss, der vorsieht, dass der Gerichtshof nur über solche Personen seine Gerichtsbarkeit begründen kann, die entweder Staatsangehörige eines Mitgliedsstaates sind oder ihre Verbrechen auf dem Staatsgebiet eines Mitgliedsstaates begangen haben. Letztere der beiden Möglichkeiten wird in diesem Zusammenhang häufig übersehen, würde aber z. B. eine Strafverfolgung von Verbrechen im Rahmen des Afghanistankonflikts ermöglichen, da Afghanistan Partei des Rom-Statuts ist. Noch wichtiger für die Eigenständigkeit des Gerichts war aber, dass man sich auf das Initiativrecht der Anklagebehörde einigen konnte, die deshalb nicht auf die jeweilige Zustimmung der betroffenen Staaten oder des Sicherheitsrates angewiesen ist. Diesem, also dem Sicherheitsrat, kommt schließlich das Recht zu, eine Situation, die er für eine Gefährdung des Weltfriedens hält, zur Untersuchung an den IStGH zu überweisen. Dies ist im Zusammenhang mit dem Darfur-Konflikt im Sudan geschehen, mit der Konsequenz, dass der Chefankläger des Gerichtshofs u. a. einen Haftbefehl gegen das amtierende sudanesische Staatsoberhaupt Omar al-Bashir erlassen hat. Dieser kann sich nach den Regeln des Rom-

Statuts vor dem IStGH nicht auf seine Immunität berufen, um sich einer Strafverfolgung zu entziehen.

Von zentraler Bedeutung für die Arbeit des IStGH ist das sogenannte »Komplementaritätsprinzip«, welches das Verhältnis des Gerichtshofs zur Strafverfolgung durch die nationalen Gerichte der Mitgliedsstaaten regelt. Dieses besagt zunächst, dass die primäre Verantwortung für die Verfolgung völkerrechtlicher Verbrechen bei den nationalen Behörden liegt. Nur wenn die Schwere der Tat eine gewisse Erheblichkeitsschwelle überschreitet, kommt eine Strafverfolgung durch die Anklagebehörde des IStGH in Betracht, was in der Regel nur bei den ranghöchsten Staatsbeamten der Fall ist. Wenn sich die nationale Strafverfolgungsbehörde mit dem entsprechenden Sachverhalt gerade befasst oder die Ermittlungen bereits zum Abschluss gekommen sind, kann der IStGH in der Regel nicht tätig werden. Eine Ausnahme besteht nur dann, wenn der Vertragsstaat nicht willens oder nicht in der Lage ist, die Täter angemessen zu verfolgen. Letzteres betrifft vor allem Staaten, die infolge zermürbender, jahrelanger Bürgerkriege nicht mehr über ein funktionierendes Rechts- und Justizsystem verfügen.

Die Verfolgung der Täter vor nationalen Strafgerichten

Da der Den Haager Gerichtshof somit niemals dazu gedacht war und auch gar nicht die Kapazität hätte, alle Völkerrechtsverbrechen auf dieser Welt zu verfolgen, kommt den nationalen Strafverfolgungsbehörden der Staaten eine wichtige Rolle beim Kampf gegen die Straflosigkeit zu, die sie jedoch leider viel zu selten wahrnehmen. Während inzwischen weitgehend anerkannt ist, dass Staaten im Falle völkerrechtlicher Verbrechen auch ohne Bezug zu Staatsangehörigkeit der Täter und Ort der Taten ihre Strafgerichtsbarkeit auf der Grundlage des Universalitätsprinzips ausüben können, stellt die Immunität ausländischer Staatsbediensteter in der Regel das bedeutendste Strafverfolgungshindernis dar.

Dabei ist jedoch ein ganz klarer Trend dahingehend zu beobachten, dass zwar amtierende Staatsoberhäupter, Regierungschefs und Außenminister nicht vor einem fremden Gericht angeklagt werden können, sonstige Staatsbedienstete aber keine Immunität für völkerrechtliche

Verbrechen genießen, selbst wenn sie diese in Ausführung ihres Amtes begangen haben. Dasselbe gilt für Staatsoberhäupter und gleichgestellte Personen nach dem Ausscheiden aus ihrem Amt. Schließlich besteht in den Vereinigten Staaten auf der Grundlage eines weltweit einzigartigen Gesetzes außerdem die Möglichkeit, Schadenersatzklagen gegen die Täter einzureichen, um von diesen Entschädigungszahlungen zu erhalten. Insbesondere völkerrechtsverletzende Unternehmen, die keine strafrechtliche Verantwortlichkeit nach dem Völkerrecht tragen, können so für ihre Taten zur Rechenschaft gezogen werden. Amnesty International beteiligt sich gemeinsam mit anderen NGOs regelmäßig mit rechtlichen Stellungnahmen an solchen Verfahren und unterstützt damit sowohl die strafrechtliche Verfolgung der Täter als auch die Entschädigungsklagen der Opfer.

Kritik und Ausblick

Die kurze Darstellung der Geschichte des Kampfes gegen die Straflosigkeit hat gezeigt, dass es sich bei diesem unbestreitbar um eine Erfolgsgeschichte im Bereich des weltweiten Schutzes der Menschenrechte handelt. Vor noch wenigen Jahren wäre es unvorstellbar gewesen, dass sich ein kongolesischer Milizenführer vor einem internationalen Gericht in einem rechtsstaatlich organisierten Verfahren für seine Taten verantworten muss. Dennoch sieht sich das Völkerstrafrecht immer wieder – teilweise durchaus berechtigter – Kritik ausgesetzt, die sich mit dem Begriff der Anwendung von »Doppelstandards« zusammenfassen lässt.

So sind mächtige Staaten wie die USA, China und Russland nicht nur nicht Mitglieder des IStGH, sondern darüber hinaus ständige Mitglieder des Sicherheitsrats und können daher nahezu jegliche Verfolgung ihrer Staatsbürger verhindern, während politisch schwache Staaten wie der Sudan keine auch nur annähernd gleichen Möglichkeiten besitzen. Insbesondere die USA versuchen seit der Rücknahme ihrer ursprünglichen Unterzeichnung des Rom-Statuts alles, um die Arbeit des Gerichtshofs zu behindern. So haben sie bereits mit über 100 Staaten bilaterale Nichtauslieferungsabkommen geschlossen und 2002 den in Teilen fast grotesk wirkenden »American Servicemembers' Protection

Act« erlassen, der den US-Präsidenten implizit dazu ermächtigt, eine militärische Befreiung von US-Staatsbürgern vorzunehmen, die sich in Den Haag vor dem IStGH verantworten müssen. Indem die Den Haager Anklagebehörde bislang ausschließlich gegen afrikanische Staatsbürger Ermittlungen eingeleitet hat, verleiht sie solchen Befürchtungen ungewollt Auftrieb. Darüber hinaus ist es nur schwer vorstellbar, dass der Gerichtshof ein Verfahren gegen einen Staatsbürger westlich geprägter Demokratien wie Deutschland einleiten wird, da diese regelmäßig über ein grundsätzlich funktionierendes Rechts- und Justizsystem verfügen und ihnen ein Unwillen zur Strafverfolgung daher nur schwer nachzuweisen sein wird. Auch die nationale Verfolgung völkerrechtlicher Verbrecher bestätigt diese Kritik zum Teil. Während sich nahezu alle aufgrund des Universalitätsprinzips und unter Ablehnung der Immunität durchgeführten Strafverfahren mit Taten (ehemaliger) Staatsbediensteter politisch schwacher Staaten beschäftigten, finden in der Regel nicht einmal Ermittlungen gegen Angehörige politisch mächtiger Staaten statt. So hat u. a. die Bundesanwaltschaft in den Jahren 2005 und 2007 die Eröffnung eines Ermittlungsverfahrens gegen den ehemaligen US-amerikanischen Verteidigungsminister Rumsfeld abgelehnt, obwohl das zur Anpassung der deutschen Rechtsordnung an das Rom-Statut 2002 verabschiedete Völkerstrafgesetzbuch das Universalitätsprinzip klar anerkennt.

Auch das erste Verfahren gegen einen deutschen Staatsangehörigen nach dem Völkerstrafgesetzbuch, den für den verheerenden Tanklasterbeschuss bei Kunduz im Jahr 2009 verantwortlichen Oberst Klein, wurde ohne hinreichende Begründung von der Generalbundesanwaltschaft eingestellt. So ist die Bestrafung mancher der schlimmsten Verbrecher zwar sicherlich besser als Straffreiheit aller, doch entspricht nur eine nicht willkürliche Anwendung des Völkerstrafrechts den Anforderungen an unsere Vorstellungen eines Rechtsstaates und kann so zu einer Herrschaft des Rechts in den internationalen Beziehungen beitragen. Wenn z. B. ein ehemaliger US-Präsident freimütig in seinen Memoiren zugibt, die Foltermethode des »Waterboardings« angeordnet zu haben, muss er dafür ebenso strafrechtlich zur Rechenschaft gezogen werden wie der kongolesische Milizenführer Lubanga. Dafür setzt sich Amnesty International mit allen zur Verfügung stehenden Mitteln ein.

MATHIAS JOHN

Unternehmensverantwortung für die Menschenrechte – Realität oder Utopie?

Einleitung

W*enn du fischen möchtest, musst du erst rund vier Stunden durch verschiedene Flussläufe rudern, um an eine Stelle zu kommen, wo weniger Öl ist und du Fische fangen kannst … Einige der Fische, die wir fangen, riechen nach Öl, wenn wir sie aufschneiden.«*
(Fischer aus Bodo, Ogoniland, Nigerdelta im August 2008)

Im August 2008 wurden nach einem Rohrbruch der Trans-Niger-Pipeline große Mengen Öl in den Fluss Bodo im Ogoniland in Nigeria freigesetzt, wodurch der Fluss und die umliegende Sumpflandschaft massiv verschmutzt wurden. Einmal mehr wurden die Lebensumstände der Menschen in der Region schwerwiegend beeinträchtigt. Wie so oft in den rund 50 Jahren seit Beginn der Ölförderung im Nigerdelta führte ein geborstenes Rohr dazu, dass sich die Umweltverschmutzung noch weiter verschlimmerte, die Menschen in der Umgebung ihre Bemühungen um ihren Lebensunterhalt noch weiter verstärken müssen und noch weiteren gesundheitlichen Beeinträchtigungen ausgesetzt waren.

50 Jahre Ölförderung im Nigerdelta haben zu immensen Erlösen für das geförderte Erdöl geführt, von denen aber kaum je ein Cent wieder in die Fördergebiete zurückgeflossen ist.

Den Menschen, die im Umfeld der Ölquellen, Pumpstationen, Pipelines und Verladeterminals leben, bleibt jetzt und wahrscheinlich noch über Generationen ein kaum fassbares Ausmaß an Umweltzerstörung und in deren Folge Krankheit, Armut, gewalttätige Konflikte sowie Übergriffe und Unterdrückung durch staatliche Sicherheitskräfte. All dies verbunden mit massiven Verletzungen wirtschaftlicher, sozialer und kultureller, aber auch bürgerlicher und politischer Menschenrechte.

Die Verantwortung für diese Rechtsverletzungen tragen die Erdölunternehmen im Nigerdelta, die seit Jahrzehnten gut an der Ölförderung verdienen, aber kaum Anstalten unternehmen, die angerichteten Schäden zu beheben oder die Betroffenen zu entschädigen. Die Verantwortung trägt aber auch die Regierung, die gerne die Ölgelder einstreicht, aber selten Anstalten macht, ihre Verpflichtungen zur Achtung, zum Schutz und zur Gewährleistung der Menschenrechte auch im Umfeld der Ölförderung wahrzunehmen und in diesem Zusammenhang auch von den Ölfirmen die Respektierung dieser Rechte einzufordern.

Wirtschaft und Menschenrechte: Ein Rückblick

Das einleitende Beispiel zeigt eindringlich, wie eng wirtschaftliche Aktivitäten mit Menschenrechtsverletzungen verknüpft sein können. Gerade in Zeiten der wirtschaftlichen Globalisierung sind solche Ursachenzusammenhänge allgegenwärtig, zudem steigt das Risiko für Unternehmen, in menschenrechtsverletzenden Staaten – möglicherweise auch ungewollt – zu Komplizen der Täter zu werden. Verstöße gegen wirtschaftliche, soziale und kulturelle sowie bürgerliche und politische Rechte stehen häufig in einem engen Zusammenhang oder bedingen sich sogar gegenseitig. Widerstand und Proteste gegen Hunger und Not, gegen die Unterdrückung von Gewerkschaftsrechten oder gegen unerträgliche Arbeitsbedingungen führen immer wieder zu Einschränkungen der Meinungsfreiheit, Einschüchterungen und Bedrohungen, zu Misshandlungen und ungerechtfertigten Verhaftungen bis hin zur Ermordung von Aktivistinnen und Aktivisten.

Solche Zusammenhänge haben Amnesty International bereits vor über 30 Jahren dazu bewogen, zu Auswirkungen wirtschaftlicher Beziehungen auf die Menschenrechte zu arbeiten – mit dem Ziel, Opfern zu helfen und präventiv Übergriffe im Umfeld von Unternehmensaktivitäten zu verhindern. Die Menschenrechtsorganisation wendet sich dabei an wirtschaftliche Akteure wie Firmen, Verbände, Banken, aber auch an internationale Finanzinstitutionen und – last but not least – an die Staaten, die die Menschenrechte achten, schützen und gewährleisten müssen und daher auch von Unternehmen menschenrechtskonformes Verhalten einfordern sollten.

Amnesty International ist der Auffassung, dass die 1948 von den Vereinten Nationen verabschiedete Allgemeine Erklärung der Menschenrechte auch Wirtschaftsunternehmen als Teil der Gesellschaft verpflichtet, zur Förderung und zum Schutz der Menschenrechte beizutragen. Damit tragen Unternehmen die unmittelbare Verantwortung dafür, dass die Menschenrechte im Rahmen ihrer direkten Geschäftätigkeit eingehalten werden. Sie sollten sich darüber hinaus jedoch auch verpflichten, ihren Einfluss zur Förderung und Wahrung aller Menschenrechte einzusetzen und dazu geeignete Schritte im weiteren gesellschaftlichen Umfeld ihrer »Heimatländer« wie auch ihrer »Gastländer« zu unternehmen.

Ziel der Arbeit von Amnesty International in diesem Spannungsfeld ist es, Verwicklungen von Unternehmen in Menschenrechtsverletzungen aufzudecken oder offenzulegen, wenn die Wirtschaft von Menschenrechtsverletzungen profitiert. Ziel ist es aber auch, im Dialog mit Unternehmen ein Bewusstsein für ihre Verantwortung für die Menschenrechte zu schaffen und sie zu drängen, bei ihren Aktivitäten nicht nur betriebswirtschaftliche Kennzahlen als Grundlage für unternehmerische Entscheidungen heranzuziehen, sondern auch den Einfluss solcher Entscheidungen auf die Menschenrechte zu berücksichtigen.

International hat die Debatte um menschenrechtliche Verantwortung der Wirtschaft seit Mitte der 1990er-Jahre auf verschiedenen Ebenen zugenommen. Eine Ursache für diese immer breitere Debatte waren sicherlich auch die tief greifenden Änderungen der globalen Rahmenbedingungen Anfang der 1990er-Jahre: Das Ende der Blockkonfrontation bedeutete für transnationale Unternehmen neue Freiheiten und Möglichkeiten auf dem globalen Spielfeld und damit wieder einen nicht unerheblichen Zuwachs an Macht und Bedeutung. Verbunden war dies mit einem weiter betonten Primat des »Shareholder-Value«, also der vornehmlichen Ausrichtung aller Unternehmensaktivitäten allein am Ziel der Vermehrung des Unternehmenswertes und der Gewinne zugunsten der Anteilseigner. Diese Entwicklung war auf der anderen Seite mit weniger Handlungsspielraum einzelner Staaten verbunden, die noch mehr unter Druck gerieten, aus Sicht der Wirtschaft »optimale« Bedingungen für wirtschaftliches Engagement zu schaffen – Beispiele dafür sind die weltweite Verbreitung »Freier Produktionszonen« oder »Lohndumping« im Wettbewerb um Investoren und Auftraggeber.

Eine weitere Ursache war sicher aber auch die schnellere Verfügbarkeit und Verbreitung von Informationen und Nachrichten über Fehlverhalten von Firmen, was schneller zu öffentlichkeitswirksamen Aktionen führen kann – ein Beispiel dafür war die Greenpeace-Kampagne gegen die geplante Versenkung der Ölplattform Brent Spar in der Nordsee im Jahr 1995.

Auch wenn diese dynamische Entwicklung globalisierter wirtschaftlicher Macht die Menschenrechtsbewegung vor immer neue Herausforderungen stellt, traf dies Amnesty International aufgrund der intensiven Arbeit zum Thema Wirtschaft und Menschenrechte bereits in den 1980er-Jahren nicht unvorbereitet. Gemeinsam mit anderen Organisationen und Institutionen der Zivilgesellschaft konnten in der Diskussion mit der Wirtschaft Fortschritte erreicht werden: Einzelne Unternehmen haben begonnen, ihre Verantwortung für die Menschenrechte ernst zu nehmen, und berücksichtigen dies auch im alltäglichen Geschäft – während andere immer noch bei reinen Lippenbekenntnissen verharren und ihre soziale Verantwortung als Deckmäntelchen für Public Relations nutzen.

Auch die Politik hat sich Ende der 1990er-Jahre verstärkt des Themas angenommen, setzt aber bis heute vornehmlich auf freiwillige Initiativen der Wirtschaft für mehr soziales oder menschenrechtliches Engagement. Allerdings reichen die ersten Ansätze bei Weitem noch nicht aus – noch immer besteht eine Regelungslücke, die es Unternehmen erlaubt, sich ihrer Verpflichtung für menschenrechtskonformes Verhalten zu entziehen.

Unternehmen und Menschenrechte – Akteure ohne Regeln?

Es sind vor allem die multinationalen Unternehmen, die als Akteure im Umfeld von Menschenrechtsverletzungen am deutlichsten wahrgenommen werden, weil sie mit ihren vielfältigen Aktivitäten in vielen Gastländern naturgemäß immer wieder mit Menschenrechtsverletzungen oder Konfliktsituationen konfrontiert werden. Das Gleiche gilt aber auch für kleine und mittelständische Firmen aus exportorientierten Staaten. Die Möglichkeiten der Verwicklung in Menschenrechtsverletzungen sind dabei vielfältig, wie es bereits das einleitende Beispiel der Erdölförderung im Nigerdelta zeigt, und es drängt sich häufig der Eindruck auf, dass wirtschaftliche Akteure unbeeindruckt von bestehenden Regeln agieren.

Unternehmen können direkt gegen Menschenrechtsstandards verstoßen, indem sie beispielsweise nichts gegen katastrophale Arbeitsbedingungen tun, gewerkschaftliche Aktivitäten unterdrücken oder aber mit ihrer Tätigkeit, beispielsweise im Rohstoffsektor durch Umweltverschmutzung, die Lebensgrundlagen lokaler Bevölkerung zerstören und so Krankheit, Not und Armut verursachen. Unternehmen können andere Akteure aktiv unterstützen, die für Menschenrechtsverletzungen verantwortlich sind – so gibt es immer wieder Beispiele, dass Firmen staatlichen Sicherheitskräften logistische oder materielle Hilfestellung geben, obwohl diese notorisch für Menschenrechtsverletzungen verantwortlich sind. Unternehmen können schnell auch selber Partei in Konflikten werden. Dies gilt vor allem für sogenannte Konfliktökonomien und Ressourcenkonflikte, in denen die Erlöse aus dem Verkauf von Rohstoffen und Bodenschätzen zur stetigen Finanzierung von Waffen und Munition und so zur Fortführung der meist gewaltsamen Auseinandersetzungen mit unendlichem Leid gerade bei der Zivilbevölkerung beitragen. Auch in der Beteiligung an Gemeinschaftsgesellschaften – »Joint Ventures« – mit staatlichen Partnern in Staaten mit gravierenden Menschenrechtsverletzungen liegt für Firmen ein hohes Risiko, mitschuldig zu werden. Gleiches gilt, wenn die Wirtschaft Rahmenbedingungen nutzt, die mit schwerwiegenden Rechtsverletzungen erkauft werden, seien es nun beispielsweise Verstöße gegen Arbeitsschutzgesetze oder Unterdrückung gewerkschaftlicher Rechte, Zulassung von Kinderarbeit oder Unterschreitungen von Mindestlöhnen. Dabei liegt es an den Unternehmen selbst, wie sie mit solchen Situationen umgehen und das Dilemma lösen, in das sie angesichts der weitverbreiteten Verletzungen von bürgerlichen und politischen, aber vor allem auch wirtschaftlichen, sozialen und kulturellen Rechten schnell geraten können – es gibt vielfältige Optionen, nicht zu Komplizen der Menschenrechtsverletzer zu werden. So steht es natürlich jedem Unternehmen frei, sich deutlich für die Einhaltung von Menschenrechten auszusprechen und diese firmenintern auch als Bestandteil der Unternehmenskultur zu verankern. Menschenrechtsstandards sollten Teil der weitverbreiteten freiwilligen Verhaltenskodices, Unternehmensgrundsätze oder -leitlinien sein. Und es spricht vieles dafür, diese firmenintern auch glaubhaft und nachprüfbar umzusetzen; gerade in Zeiten verstärkter öffentlicher Wachsamkeit gegenüber dem Verhalten der Wirtschaft kann dies durchaus einen Wettbewerbsvorteil bedeuten.

Idealerweise verpflichtet ein Unternehmen seine Mitarbeiterinnen und Mitarbeiter zur Einhaltung solcher Grundsätze, macht die Umsetzung und Einhaltung im Rahmen seiner Berichterstattung transparent und sorgt dafür, dass auch die Lieferanten und Produzenten in den Lieferketten sich an solche Regeln halten. Auch im Falle von eskalierenden Konflikten bis hin zu gewaltsamen Auseinandersetzungen bieten wirtschaftliche Aktivitäten Chancen bei der Konfliktprävention und Konfliktbeilegung. Wenn sich Unternehmen an internationale Menschenrechte halten und sich vor Ort auch für deren Förderung und Realisierung einsetzen – so wie es die Präambel der Allgemeinen Erklärung der Menschenrechte eigentlich auch von ihnen verlangt –, können sie einen wichtigen Beitrag zur Stabilisierung zivilgesellschaftlicher Strukturen leisten. Dies betrifft auch außerhalb von Konfliktsituationen ganz allgemein den Einsatz für Menschenrechtsstandards in Gastländern oder das Engagement gegen konkrete Verstöße – Lobbyarbeit muss nicht in jedem Fall nur wirtschaftliche Interessen verfolgen, sondern kann genauso gut zur Verbesserung des menschenrechtlichen Umfelds eingesetzt werden. Und nicht zuletzt sollte es angesichts der beschriebenen Risiken und Dilemmata im ureigensten Interesse der Wirtschaft sein, auch als Bestandteil der Sorgfaltspflicht, im eigenen Umfeld die Einhaltung von Menschenrechtsstandard regelhaft zu erfassen und sicherzustellen. Zudem sollten im Vorfeld von Entscheidungen für oder gegen ein neues Engagement oder eine neue Investition irgendwo in der Welt die möglichen Auswirkungen auf die Menschenrechte mit als Entscheidungskriterium herangezogen werden, ähnlich wie das bei Umweltverträglichkeitsuntersuchungen schon seit Jahren gängige Praxis ist.

In der Praxis greifen immer mehr Unternehmen solche Optionen auf und bemühen sich mit freiwilligen Maßnahmen um mehr soziale und menschenrechtliche Verantwortung. Verbesserte Transparenz bietet die Anwendung der einheitlichen Berichterstattungskriterien der »Global Reporting Initiative« (GRI), und die Einhaltung bestimmter Standards lässt sich beispielsweise nach der Norm »Social Accountability 8000« zertifizieren. Die Einführung von Siegeln und Zertifikaten für bestimmte Produkte – beispielsweise TransFair für fair produzierte und gehandelte Waren – zielt vorwiegend auf die Verbraucherinnen und Verbraucher. Globale Rahmenabkommen mit Gewerkschaften und Gewerkschaftsverbänden helfen, die Arbeitsbedingungen und Mitbestimmungsrechte zu verbessern.

Auch Amnesty International unterstützt solche Ansätze auf verschiedenen Ebenen und setzt sich in Diskussionen um Verhaltenskodices, Unternehmensgrundsätze, Industriestandards, Multi-Stakeholder-Initiativen oder Rahmenabkommen für eine Aufnahme der Menschenrechte als Leitlinie solcher Instrumente ein. Allerdings zeigt die Realität, dass diese in Form, Inhalt, Reichweite und Umsetzung äußerst unterschiedlichen Initiativen und Ansätze nur erste Schritte hin zu einer wirkungsvollen Förderung und zu einem effizienten Schutz der Menschenrechte sein können. Vor allem die Universalität, Unteilbarkeit und gegenseitige Abhängigkeit aller Menschenrechte – der wirtschaftlichen, sozialen und kulturellen wie auch der bürgerlichen und politischen – wird weitgehend nicht angemessen aufgegriffen. Und nicht zuletzt sind es immer noch zu wenige Firmen, die solche menschenrechtsorientierten Grundsätze aufgreifen. Verschärft wird diese Situation zusätzlich dadurch, dass viele Unternehmen die Debatte immer noch ignorieren und zunehmend neue multinationale Konzerne gerade aus Süd- und Südostasien oder Lateinamerika auf den globalen Markt drängen, für die die Diskussion über das Thema menschenrechtliche Unternehmensverantwortung gerade erst beginnt. So ist ein wünschenswerter einheitlicher Standard oberhalb des kleinsten gemeinsamen Nenners noch lange nicht in Sicht.

Die Rolle der Regierungen

Einen wichtigen Beitrag zur Beschleunigung der Entwicklung einheitlicher Regeln könnten im Grunde die Staaten und zwischenstaatliche Institutionen wie die Vereinten Nationen (VN) oder die Europäische Union leisten, schließlich liegen bei den Staaten die primären Verpflichtungen für die Menschenrechte. Allerdings fehlt hier bis heute weitgehend der politische Wille, mit verbindlichen Regeln über die freiwilligen Selbstverpflichtungen der Unternehmen hinauszugehen und so die Menschenrechte im Umfeld wirtschaftlicher Aktivitäten wirksam zu schützen und zu gewährleisten. Bedauerlicherweise machen es sich Regierungen immer wieder sehr einfach, indem sie sich mit dem Verweis auf Globalisierung und die Macht multinationaler Konzerne aus ihrer Verantwortung für die Menschenrechte zurückziehen und Unternehmen aus der notwendigen Rechenschaftspflicht entlassen. Dabei gibt es eine Reihe von Instrumenten mit staatlicher Beteiligung, die durchaus auch eine Ausgangsbasis für umfassendere Instrumente sein könnten.

So bietet der im Jahr 2000 vom damaligen VN-Generalsekretär Kofi Annan ins Leben gerufene »Global Compact« ein Dialog- und Lernforum mit einer mittlerweile sehr breiten Beteiligung von Unternehmen aus aller Welt, das durchaus noch besser genutzt werden könnte, das Bewusstsein auch für die Menschenrechte zu vertiefen. Die Teilnehmer des Global Compact müssen sich auf zehn Prinzipien zu Menschen- und Arbeitsrechten, für Umweltschutz und gegen Korruption verpflichten und regelmäßig über ihrer Fortschritte in der Umsetzung dieser Prinzipien im Unternehmen berichten. Auch wenn der Global Compact eine Reihe von Defiziten und Schwächen hat, ist er doch ein niedrigschwelliges Angebot, erste Schritte hin zu einem verantwortlichen Unternehmensverhalten zu machen.

Ein weiteres Instrument mit einer ähnlichen Zielsetzung, aber verbindlicheren Strukturen sind die Leitsätze der »Organisation für wirtschaftliche Entwicklung und Zusammenarbeit« (OECD), die eine von Transparenz und Rechenschaftspflicht geprägte Unternehmensführung fördern sollen und in deren Rahmen sogar noch mit den nationalen Kontaktpunkten in den OECD-Staaten Beschwerde-Instanzen bei Fehlverhalten eingerichtet sind. Diese OECD-Leitsätze befinden sich derzeit in einem Erneuerungsprozess, der die Chance bietet, Menschenrechte weitergehender als bisher in den Kriterien zu verankern.

Den weitestgehenden Ansatz bisheriger Regelungsvorschläge verfolgte ein Unterausschuss der früheren VN-Menschenrechtskommission, der den Versuch machte, rechtlich verbindliche Regeln für Unternehmen zu entwerfen – die »Normen der Vereinten Nationen für die Verantwortlichkeiten transnationaler Unternehmen und anderer Wirtschaftsunternehmen im Hinblick auf die Menschenrechte«. Bedauerlicherweise wurde dieser Ansatz, auch aufgrund massiver Ablehnung durch Wirtschaft und Regierungen, nicht weiterverfolgt.

Die Debatte war aber nicht gänzlich vergebens, denn es wurde auf VN-Ebene ein neuer Diskussionsprozess zum Thema Unternehmen und Menschenrechte in Gang gesetzt, für den Kofi Annan im Jahr 2005 den Harvard-Professor John Ruggie als »Special Representative on the issue of human rights and transnational corporations and other business enterprises« berief. John Ruggie hat in den letzten fünf Jahren umfassende Konsultationen und Diskussionen mit Vertreterinnen und Vertretern der Wirtschaft, der Zivilgesellschaft und der Regierung durchgeführt und viele wichtige Ergebnisse zum Spannungsfeld Wirtschaft und Menschenrechte erarbeitet. Er stellt unter anderem fest, dass in Bezug auf die menschenrechtliche Verantwortung von Unternehmen auf internationaler Ebene Regelungslücken bestehen, die geschlossen werden müssen.

Zentraler Punkt seiner Arbeit ist das »Protect, Respect and Remedy Framework«. Dies ist ein Rahmenkonzept über die Verantwortung von Regierungen und Unternehmen sowie zur Notwendigkeit neuer Instrumente. In diesem Konzept bestätigt er die zentrale Verpflichtung der Regierungen, Menschenrechte zu achten, zu schützen und zu gewährleisten. Darüber hinaus sieht er aber auch bei Unternehmen eine Verantwortung, Menschenrechte – und zwar alle Menschenrechte – zu respektieren. Und schließlich fordert er die Einrichtung von gerichtlichen und außergerichtlichen Beschwerdemechanismen, über die Unternehmen für Fehlverhalten zur Rechenschaft gezogen werden können. Abschließend bereitete John Ruggie Leitlinien zur Umsetzung von »Protect, Respect and Remedy« vor, damit das Konzept kein theoretisches Konstrukt oder reine Absichtserklärung blieb.

Schlussbemerkung

Obwohl eine Verantwortung von Unternehmen für die Menschenrechte mittlerweile zunehmend anerkannt wird, fehlt es bis heute weitgehend an der Wahrnehmung dieser Verantwortung im alltäglichen Geschäft. Freiwillige Maßnahmen und Instrumente sind ein erster wichtiger Schritt, reichen aber nicht aus, um Unternehmen global bezüglich der Menschenrechte in die Pflicht zu nehmen – Amnesty International setzt sich nachdrücklich dafür ein, dass die bestehenden Regelungslücken umgehend geschlossen werden! Dafür müssen die Regierungen ihre Verpflichtungen für die Menschenrechte ernst nehmen und auf nationaler und internationaler Ebene strengere Richtlinien und Rechtssysteme einführen, um Unternehmen für Menschenrechtsverletzungen zur Verantwortung ziehen zu können – es darf keine Straffreiheit bei solchem Fehlverhalten geben. Als Grundlage dafür müssen in verstärkter Zusammenarbeit zwischen den Staaten wirtschaftliche Aktivitäten schärfer überprüft werden. Darüber hinaus müssen alle Menschen, deren Rechte durch wirtschaftliche Aktivitäten verletzt werden, Rechtsschutz, Zugang zur Rechtsprechung und angemessene Entschädigung erhalten. Und schließlich müssen die Menschen, die von Unternehmensentscheidungen betroffen sind, vorab in Entscheidungsfindungsprozesse einbezogen werden. Staaten und Unternehmen müssen dafür sorgen, dass alle von Unternehmensaktivitäten Betroffenen Zugang zu allen relevanten Informationen erhalten und in Konsultationsprozesse eingebunden werden.

Es war ihr Onkel …

Es waren drei Jahre vergangen. Drei Lebensjahre, in denen ihre Seele in Dunkelheit versunken war. Drei Jahre, die es brauchte, um ihrer Stimme die Kraft zurückzugeben.

Die Zeit heilt alle Wunden?

Ein Sprichwort. Hilflose Worte, nicht mehr. Da, wo das Geschehene nicht zu fassen ist, werden Sätze in den Raum geworfen, damit die Sprachlosigkeit erträglich wird. Ein Sprichwort, das Trost verheißen soll und auf die Zukunft gerichtet ist: Wart ab, irgendwann. Eines Tages wird das schon wieder … Wunden verheilen … Alles vernarbt … Das Wundhäutchen blieb gerissen. Nur nicht daran denken! Denn in ihr blieb die unerträgliche Angst, die Erinnerung könnte es noch einmal aufreißen, die Blutung begänne von Neuem, wäre nicht zu stillen und das Leben flösse aus ihr heraus.

Mit dem Riss war die Unbeschwertheit verloren gegangen. Nie wieder würde ihre Seele so leicht sein können wie die eines unschuldigen Kindes.

Unschuld. Un-Schuld.

Sie hatte ihre Unschuld verloren. Aber wo lag ihre Schuld? Darin, dass sie junge Haut hatte? Dass ihre Brüste wuchsen? Dass sie als Mädchen geboren war? War es das Schicksal, das ihr dieses Los zugewiesen hatte? Würde sie sich je wieder von dieser Berührung reinwaschen können, als wäre ihr Selbstwertgefühl nichts weiter als ein Stückchen verschmutzte Haut? Ein verklebtes Laken? Ein blutbeflecktes Tuch?

Sie war damals, vor 3 Jahren, schon längst in der Pubertät. Er war der angeheiratete Onkel, ein guter Freund der Familie und besuchte sie oft mit seiner Frau. Er: dunkelhaarig, ein wenig stämmig, mit schönen, schlanken Händen.

An diesem Abend aßen sie zusammen. Es gab frisches Krustenbrot und Aufschnitt vom Metzger. Die Wurstscheiben lagen wie Spielkarten aufgefächert auf einem Holzbrett. Daneben stand eine große Schüssel mit

Kopfsalat, Gurken und Tomaten. Sie liebte die selbst gezogenen Tomaten, so rot und wie sie dufteten!

Jeder hatte ein Deckchen vor sich liegen, darauf einen Teller, ein Glas. Die Männer tranken Bier. Sie hatte Saft.

Und da waren sie plötzlich. Diese Blicke. So herausfordernd und anmaßend. Oder hatte sie sie vorher nicht bemerkt? In unbeobachteten Momenten schien er damit über ihre Wangen zu streichen, ihre Haut abzutasten, ihren Mund zu berühren. Verwirrt schaute sie auf das Schälchen mit dem bunten Salat, schob Brotkrumen zusammen und schmierte mit dem Messer die Margarine über die Brotscheibe. Ihre Finger zitterten. Warum zitterten sie? Nur weil er sie ansah?

Energisch warf sie den Kopf in den Nacken. Was sie sich da einbildete! Es war doch nur ihr Onkel. Er liebte es, sie zu provozieren. Das war schon immer so gewesen. Ein kleiner Flirt war doch wohl erlaubt. Was für Fantasien tanzten da nur durch ihren Kopf!

Sie schaute hoch, wieder richtete er seinen Blick auf ihre Lippen, ließ ihn tiefer gleiten und fixierte ihre Brüste. Gleichzeitig lächelte er und biss ganz langsam – wie in Zeitlupe – in seine Brotkruste.

Sie beugte ihren Oberkörper vor, als wollte sie sich schützen. Wie konnten Blicke nur erreichen, dass sie sich nackt fühlte? Sie trug doch eine Bluse, die rote aus dem weichen Stoff.

Sie stand auf und holte sich eine Strickjacke. Ihr sei kalt, sagte sie.

Trotzdem blieben seine Blicke an ihr haften. Sie fühlte sich ausgeliefert, glaubte fast, sie könnten Spuren auf ihrer Haut hinterlassen. Sie rieb sich über die Arme, versuchte, die Blicke wegzuwischen.

Er lächelte. Freundlich, aufmunternd. Aber vielleicht meinte er es ja ganz anders. Es war doch nur ihre Wahrnehmung. War es wahr? Und wenn sie sich täuschte?

Seine Besuche häuften sich und er fing an, sie mit Worten zu umgarnen. Hübsch sei sie. Und erotisch. Und dann: Er könnte es sich mit keiner besser vorstellen als mit ihr. Geflüsterte Worte in unbeobachteten Momenten. Worte, die sie frieren ließen. Die ihr Innerstes zusammenkrampften. Seine schwangere Frau, ihre Tante, saß während der Zeit auf einem Lehnstuhl und streichelte lächelnd über ihren runden Bauch. Das Mädchen schämte sich für ihn, verhielt sich ruhig und erzählte keinem etwas.

Dann zogen sie in eine andere Wohnung, und er, als guter Freund des

Vaters, half Möbel zu tragen und Kisten zu schleppen. Kurz darauf kam seine Frau in die Klinik. Hatte sie Blutungen? Man sprach nicht drüber. So bekam er von ihren Eltern das Angebot, jeden Tag bei ihnen zu essen.

Er wurde aufdringlicher. Es blieb nicht bei Blicken und Worten, jetzt strich seine Hand wie zufällig über ihre Oberarme, ihren Nacken, die Hüfte, den Po. Dabei seufzte er leise.

Ihr Körper wär eine Wohltat. Er bräuchte jetzt Zärtlichkeit. Jetzt, in dieser schweren Zeit, da seine Frau sich ihm nicht widmen könnte. Dabei drückte er sich von hinten an sie. Sie spürte seine Erektion, das harte Glied, das sich an sie presste. Das ist so bei Männern, sagte er. Bei allen Männern, naturgegeben.

Zwei Tage später brachte er nachmittags noch eine Umzugskiste vorbei. Sie war allein zu Hause. Er nannte sie Nachtengel und dass er das jetzt bräuchte. Und dass sie ihm bitte helfen sollte, jetzt, da seine Frau in der Klinik wäre. Und er verlassen. Verlassen von ihr, von der Liebe. Und von Zärtlichkeit.

Er drängte sie aufs Sofa und legte sich auf sie. Sie fühlte zwischen dem Stoff das harte Glied, das er an ihr rieb. Sie wandte das Gesicht ab, presste die Lippen zusammen, spürte seinen heißen Atem im Nacken. Sein Stöhnen wurde heftiger, bis es ächzend in sich erstarb.

Du darfst nichts sagen, sagte er noch, als er sich von ihr erhob. Deiner Tante würde es das Herz brechen. Männer brauchen das. Da läuft es anders mit dem Sex, verstehst du. Und es schadet dir doch nicht. Verstehst du das?

Sie schaute ihn schweigend an. Er verharrte einen Moment, dann drehte er sich abrupt um und ging.

Sie wurde still und fand nicht den Mut, sich jemandem anzuvertrauen. Da war das schlechte Gewissen: Warum hatte sie es zugelassen, ohne sich zu wehren? Die Scham wuchs wie ein bösartiges Geschwür. Seine Frau, ihre Tante… Sie durfte das nie erfahren! Sie musste schweigen. Schweigen.

Er kam immer häufiger zu Besuch, auch als die Tante längst aus der Klinik zurück war. Es waren kurze Besuche. Er kam in jeder Mittagspause, nach Feierabend, er kam, um ihren Vater zu besuchen, jeden Tag unter einem neuen Vorwand.

An einem Abend ging er mit ihren Eltern aus. Sie war allein zu Hause, fühlte sich kränklich und lag im Bett. Als es klingelte, schreckte sie aus dem Dämmerschlaf hoch. Zögernd schlich sie zur Haustür und schob das runde Plättchen, das das Guckloch verdeckte, zur Seite.

Durch die Glaslinse wölbte sich ihr sein Kopf entgegen, der Blick war genau auf das Guckloch gerichtet. Sein Lächeln wirkte verzerrt.

Erschrocken wich sie zurück, als könnte die Dunkelheit des Wohnzimmers sie unsichtbar machen, schlich auf Zehenspitzen in ihr Zimmer und kroch wieder unter ihre Decke. In ihren Schläfen pulsierte das Blut. Wie war er hierhergekommen? Er war doch im Auto der Eltern mitgefahren …

Da öffnete jemand die Tür. Erleichtert atmete sie auf. Ihre Eltern waren mitgekommen. Sie hörte Schritte und schaute hoch. Aber im spärlichen Licht der papiernen Bodenlampe sah sie ihn. Er stand vor ihrem Bett und lächelte. Sie zitterte und wich ängstlich zurück.

Was machst du denn hier?

Ich komme dich besuchen … Seine Stimme wirkte seltsam belegt. Hatte er getrunken?

Wie bist du hergekommen?

Mit dem Auto. Dein Vater hat mir die Schlüssel in die Hand gedrückt. Ich sagte ihm, ich müsste kurz nach Hause, um nach meiner Frau zu sehen.

Er zwinkerte ihr verschwörerisch zu. Ein Schlüsselbund klimperte in seiner Hand. Schlüssel fürs Auto, den Briefkasten, die Haus- und Eingangstür. Hastig warf er die Schlüssel auf den Schreibtisch. Das harte, klirrende Geräusch durchfuhr sie wie ein Messerstich.

Ich brauche dich. Deine Liebe. Deine Zärtlichkeit. Du willst es doch selbst. Den Freund deines Vaters würdest du doch nie zurückweisen, oder?

Nein, ich will dich nicht! – Sie war selbst überrascht über ihren harschen Ton. – Geh! Du hast hier nichts zu suchen! Ich will nicht!

Aber er reagierte nicht, atmete schneller, immer heftiger. Fasste ihre Handgelenke und drückte sie über ihren Kopf aufs Kissen. Dann legte er sich auf sie und sagte, dass nun ein Traum für ihn beginnt.

Er küsste sie, kroch mit der anderen Hand unter ihren Schlafanzug, zerrte die Hose herunter, befingerte jeden Teil ihres Körpers. Sie stieß mit den Beinen und wand sich unter ihm hin und her, um sich zu befreien. Er lag schwer auf ihrem Körper. Schwer wie ein Sandsack, der in sich auf und nieder wogte.

Als sie schrie, hielt er ihr den Mund zu. Er war stark, viel stärker als sie. Sie glaubte sich nicht mehr bewegen zu können. Lag wie gelähmt. Als er ihre Beine spreizte, weinte sie und er tat ihr weh.

Danach ging er aus dem Raum, ohne ein Wort zu sagen. Als die Tür ins Schloss fiel, blieb sie regungslos liegen, als hätte sich ihre Seele aus dem Körper gelöst. So verharrte sie … drei Minuten? Eine Stunde?

Was ist schon Zeit, wenn man verbrennt.

Dann stürzte sie ins Bad und stellte sich unter die eiskalte Dusche. Das frostige Wasser rann ihr durchs Haar, übers Gesicht, die nackten Beine hinunter. Ich bin Schmutz, meine Seele ist Schmutz, mein Körper ist beschmutzt. Ich bin befleckt. Verdreckt.

Sie wusch sich. Mit Lappen und Bürste. Überall war Schaum und Eiseskälte, gerötete Haut und brennender Schmerz. Es roch nach Seife und nach ihm. Da war sein Geruch, der sich einfach nicht aus ihrer Erinnerung wegwaschen lassen wollte.

Sie zog das Laken ab, blutige Schlieren waren zu sehen. Schandflecken. Sollte sie es verbrennen? Vergraben als Mahnmal der ersten Liebesnacht? Ihr Körper schmerzte, in ihr brannte es. Die Scham, ein loderndes Höllenfeuer, das sie zu verzehren drohte.

Niemand sollte es wissen. Niemand! Noch nicht einmal ihre beste Freundin. Und niemand vermochte das Schweigen zu brechen. Sie versank in Dumpfheit, als würde ein bleierner Klotz auf ihrem Körper lasten und sie hinunterdrücken. In die Tiefe ihrer Seele hinein. Dorthin, wo es ganz dunkel war und niemand sie finden konnte.

Unter den Brettern ihres Bettes hatte sie mit Klebeband zwei Röhrchen geklebt. Vorsichtshalber. Darin waren Tabletten. Sie schmeckten bitter, wenn man sie zu lange im Mund behielt und nicht gleich mit Wasser hinunterspülte. Aber durch sie glitt man in einen Traum, wo man Vergessen fand.

Dann fing er an, telefonisch auf sie einzureden, erzählte ihr, wie fantastisch es doch gewesen wäre. Und ob es ihr auch gefallen hätte.

Lass mich endlich in Ruhe, sonst rufe ich die Polizei!

Er lachte. Wie das denn? Hast du Beweise? Hör zu, Kleine, ich werde denen dann erzählen, dass du versucht hast mich anzumachen. Als deine Tante, die eigene Tante, schwanger war. Ein kleines, verlogenes Flittchen, das sich an jeden ranschmeißt! Was glaubst du, wem deine Eltern glauben würden?

Sie sank immer mehr in sich zusammen, baute sich eine unsichtbare Schutzhülle, die nach außen hin verhärtete und unter der sie sich verbarg. Und sie wurde müde. Unendlich müde. Sie versuchte Haltung zu bewahren und kam sich selbst abhanden.

Die Zeit verging, der Herbstwind fegte ihr durchs Haar. Und wieder wurde es Sommer. Sie schob den bunten Salat zur Seite, im Öl waren rötliche Schlieren zu sehen, Saft der selbst gezogenen Tomaten. Die rote Bluse hatte sie nie wieder angezogen. Nichts sollte sie an ihn erinnern. Wenn er zu Besuch kam, stahl sie sich davon. Trotzdem glaubte sie immer wieder seine gierigen Finger zu spüren, die über ihre Haut krochen.

War es der Schulunterricht gewesen, der sie aus ihrer Ohnmacht befreite? Da ging es um Frauen in Kriegsgebieten. Um Vergewaltigung als Kriegsstrategie … Wenn nichts mehr zu holen ist, fallen Soldaten wie Vieh über sie her, über junge Frauen, alte Frauen, Mädchen und Kinder. Brutal und rücksichtslos. Frauen, der letzte Dreck. Unrecht wird zum Alltagsrecht, weil es doch jeder so macht. Es sind ja nur Frauen …

Selbst in Friedensländern sei sexueller Missbrauch heute oft noch kein Strafdelikt, sagte Frau Helfrich. Und dass es weltweit Organisationen gäbe, die sich für die Opfer, für Frauen und auch junge Mädchen, einsetzen. Wie in Kambodscha, Finnland, Haiti und Deutschland. Menschenrechtsorganisationen wie Amnesty International …

Es durchzuckte ihren Körper, als die Lehrerin die Kreide heftig an die Tafel drückte und schrieb: Menschenrechte haben kein Geschlecht!

Sie starrte auf die Buchstaben, die vor ihren Tränen verschwammen.

Wie viele Albträume von Männerhänden musste es geben, die gierig über nackte Haut strichen, über brennende Unterleiber, schmerzende Brüste. Albträume über zerrissene Seelen und stumme Schreie.

Irgendetwas bäumte sich in ihr auf. Zum ersten Mal spürte sie Hass, unendlichen Hass. Ihre Haut vibrierte, die Hände zitterten.

Am Nachmittag stand sie vor der Tür der Lehrerin, und als sich die Tür hinter ihr schloss, brach alles aus ihr heraus. Sie redete und redete, und es tat gut, so gut. Die Worte schwammen mit den Tränen einfach aus ihr heraus. Endlich alles loslassen. Endlich wieder frei werden …

Hanna B. ging in Therapie. Der Onkel gestand schließlich die Tat, als sie eine Aussage bei der Polizei machte. Das Protokoll umfasste zwölf Seiten. Er wurde zu zwei Jahren auf Bewährung verurteilt und zog mit seiner Familie in eine andere Stadt. Die Tante brach jeden Kontakt zu der Familie ihrer Schwester ab. Hanna B. wurde Krankenschwester und ging in ein anderes Land, um traumatisierten Kindern zu helfen.

Die Würde des Menschen ist unantastbar.
Würde der Mensch, würde es menschlich.

ANDREA WEIBEL

Der Kriegsverbrecher

Als die Tür hinter ihm ins Schloss fiel, zuckte er zusammen. Der Klang erinnerte ihn an die ungezählten Morgenstunden, die er hier verbracht hatte. Er war stets wach gewesen, bevor das Frühstück – begleitet von einem eckigen Nicken – durch eine quadratische Öffnung in der bruchsicheren Tür hineingeschoben wurde. In den Stunden zwischen Nacht und Tag war es ungewöhnlich still gewesen. Nur einmal hatte einer laut um Hilfe geschrien, und von Zeit zu Zeit vernahm er dieses Geräusch, von dem er annahm, dass es von einer Tür verursacht wurde. Einer schweren, metallenen Tür. Im Winter fiel der Schein der Straßenbeleuchtung in den schmalen Raum. Sie stanzte Gitterstäbe an die hohe Decke. Trotzdem mochte er das Licht von draußen lieber als die nackte Beleuchtung, die um 6.30 Uhr automatisch angeschaltet wurde. Immerhin in der Schweiz, dachte er anfangs und drückte seine Hand ans Gesicht, weil die Dunkelheit die Wut und die Angst dämpfte, die er beim Anblick der Zelle empfand. Lustlos kaute er das dunkle Brot. Wenn er es minutenlang nicht schluckte, lag es süß wie ein Gebäck in seiner Wangentasche. Im Sommer sangen die Amseln. Erst jetzt fiel ihm auf, dass er seit seiner Kindheit nicht mehr an Amseln und Blaukehlchen gedacht hatte. Als Junge hatte er seine Mutter einmal darum gebeten, ihm das Amsellied zu singen. Es handelte von einem Vogel, der von einer lautlos durch den Morgen gleitenden Eule verschlungen wird. Er hatte die Melodie vergessen, aber die Erinnerung daran stimmte ihn traurig. Er blinzelte. Er hatte sich in den knapp vier Jahren, die er in Regensdorf und anderen Schweizer Gefängnissen verbracht hatte, an das Kunstlicht gewöhnt. Seine Augen wanderten nach oben. Der Himmel war bleiern, von einer nichtssagenden Farbe, die er nicht ausstehen konnte. Früher hatte er davon geträumt, wegzugehen, und der Himmel war gleichsam der Beweis dafür gewesen, dass es eine Ferne gab. Aber nicht dieser Himmel hier, der tief hängende, der weder Regen noch Sonne versprach. Der Himmel der Freiheit war blau und weiß. Blau von der Tiefe, weiß von den Federwolken, die mit den Zugvögeln dahinsegelten. An sonnigen Tagen hatte er durch das vergitterte Fenster die Mauersegler beobachtet, die schräg gegenüber mit schrillen Schreien um einen Wohnblock kreisten. Manchmal betrat jemand den Balkon, um eine Zigarette zu rauchen. Anfangs hatte er sich beim Anblick des Wohnblocks an den Kalender erinnert, den ein Mitstudent in Dogubeyazit in der Toilette des Wohnheims aufgehängt hatte. Auf einem Monatsbild war ein Schweizer Holzhaus abgebildet gewesen. Er sah noch die roten Blumen vor sich, die sich vom sonnenschwarzen Holz abgehoben hatten. Natürlich hatte er nicht erwartet, an jedem Haus in der Schweiz solche Blumen vorzufinden. Trotzdem erschreckte ihn die Hässlichkeit des Gebäudes gegenüber. Einmal beobachtete er, wie eine Frau mit einem Fernglas die Fassade des Gefängnisses absuchte. Sie trug ein getigertes Kleid mit einem tiefen Ausschnitt. An seinem Gesicht blieb ihr Blick lange hängen. Dann drehte sie sich abrupt um und verschwand in ihrer Wohnung. Der schwere Vorhang wurde hastig zugezogen. Er hatte das Gefühl, den Staub zu riechen, der sich durch die Bewegung der Frau vom Vorhang löste und nun durch ihr Zimmer schwebte. Er fand es sympathisch, dass drei gelbe, an durchsichtigen Fäden aufgehängte Plastikenten vor ihrem Balkonfenster baumelten. Wenn es windete, schienen sie von unsichtbaren Wellen in die Luft geworfen zu werden. Nervös drehte er die Fahrkarte in seiner Hand, die man ihm gegeben hatte, damit er zum Asylaufnahmezentrum fahren konnte. Er lehnte sich zurück und spürte durch die Jacke die kühle Beschichtung der Gefängnistür. Das Hemd klebte ihm am Rücken. Es war nicht heiß und nicht kalt. Er hatte nicht mehr daran geglaubt, dieses Gemäuer als freier Mann verlassen zu können. Er hatte sich stunden-, tage- und nächtelang ausgemalt, was nach seiner Auslieferung an die Türkei passieren würde Was sie ihm zur Last legen würden. Was sie aus ihm herauspressen würden. Was die genötigten Zeugen sagen würden. Wie weit sie gehen würden, um ihr Leben und das ihrer Familien zu retten. Ob er es überleben würde. Ob er es überleben wollte. Wie er es überleben würde. Ob sie ihm ein einziges Wort glaubten. Was er aussprache und was er für sich behielte. Was sie glaubten, dass er wissen müsse. Was sie vorgaben zu wissen. Wie lange er alles aushalten würde. Ob er nicht besser Lehrer geblieben wäre. Ob er ein Kämpfer war. Ob er ein Feigling war. Ob seine Sache richtig gewesen war. Ob sie zu weit gegangen waren. Wie weit zu weit war. Ob er schuldig geworden war am Tod anderer Menschen. Ob Unschuldige gestorben waren, weil er existierte. Ob es etwas gab, das dies rechtfertigte. Woran er sonst hätte glauben können, wenn nicht an die Rechte der Kurden. Welche anderen Möglichkeiten er gehabt hätte. Ob er damit hätte leben können, dass es keine anderen gab. Ob es wert war, für Kurdistan zu sterben. Oder zu leben. Ob es wert war, für seine Arbeit in der PKK jahrelang im Gefängnis zu sitzen. Wie es möglich war, dass er vier Jahre als Krimineller in einem demokratischen Land in Untersuchungsgefängnissen gesessen war. Wieso er gedacht hatte, hier, in der Schweiz, sei er sicher. Was hatte Narima gesagt? »Du hast nur ein Leben, Mehmet, wirf es nicht weg.« Er wollte es nicht wegwerfen. Hätte er wegschauen sollen? Hätte er sich und Narima einen Gefallen getan? Weshalb konnte er sich nicht ducken wie andere? Er kannte die Ortschaft nicht, in der er sich befand, und auch keine andere in der Schweiz. Regensdorf, Kanton Zürich. Nicht weit von hier, in Kloten, hatte er vor mehr als drei Jahren das Flugzeug verlassen, um einen Asylantrag zu stellen. Er wusste, dass die PKK in der Schweiz nicht als Terrororganisation galt. In Russland, wo er sich vorher aufgehalten hatte, um für die PKK-Nachfolgeorganisation Kongra-Gel als Diplomat tätig zu sein, hatte er viel über das Land in den Bergen gelesen. Er dachte, er könne dort neu beginnen. Er hatte vor, sich nicht mehr politisch zu betätigen, nachdem er von seinen eigenen Leuten des Verrats bezichtigt worden war, weil er sich für die Demokratisierung der Organisation eingesetzt hatte. Der Entscheid, Russland zu verlassen und den Bruch mit Kongra-Gel zu wagen, war ihm viel schwerer gefallen als das Weggehen aus Anatolien, obwohl er als Mediensprecher der PKK zu Hause ein angesehener Mann gewesen war.

Erst später kamen ihm Zweifel, als sie ihm sagten, er sei ein Reformist und schade der Sache der PKK.

Moskau war so hässlich wie die Hauptdarstellerin einer amerikanischen Fernsehserie, die er einmal bei seiner Cousine angeschaut hatte. Mitleiderregend und stolz zugleich. Die überdimensionierten Straßen, die Baustellen in der Innenstadt, die aus allen Nähten platzenden Geschäfte für die wohlstandsgesättigten Neumillionäre, die trostlos ausfransenden Ränder der Stadt, der ständig in seinen Ohren pochende Lärm, die Kinder, die am Bahnhof wohnten, die Frauen, fast noch

Mädchen, blond, mit ebenmäßigen Gesichtszügen, die einen reichen Mann suchten, am liebsten aus Deutschland oder Großbritannien. Zu den Einheimischen pflegte er wenig Kontakt, zumal sie ihn für einen aus dem Kaukasus hielten. Er hatte schwarzes Haar und schwarze Augen. »Scheißgeorgier«, sagte einmal einer zu ihm, als er sich in die U-Bahn quetschte. Scheißgeorgier, Scheißkurde. Was machte es für einen Unterschied? Einen winzigen Augenblick lang spielte er mit dem Gedanken, nach Georgien zu fahren, um als Georgier weiterzukämpfen. Ich bin Kurde, verdammt, dachte er, Kurde und nur Kurde. Und abends im Bett: Ich könnte auch Georgier sein, ebenso gut.

Der Beamte am Flughafen Kloten hatte ihn gebeten, Platz zu nehmen. Man teilte ihm mit, er werde von seinem Heimatland Türkei international gesucht. Man müsse ihn in Haft nehmen. Dann begann das Warten auf die Auslieferung. Ungläubig horchte er dem Übersetzer, der die Anklageliste herunterlas, welche ihm der Verteidiger vorgelegt hatte. Der Übersetzer schluckte und versuchte ein Lächeln. Er war Türke und sagte zum Schluss: »Die Schweiz ist kein Paradies, aber ich wünsche Ihnen, dass Sie hierbleiben können.« Der Türke war in Ordnung. »Die Zeugen, die gegen sie ausgesagt haben, sind nicht glaubhaft«, stellte der Anwalt ein paar Monate später fest. »Sie wurden unter Todesdrohung genötigt, die angeblich von Ihnen begangenen Verbrechen zu gestehen.« Mehmet atmete auf, aber damals wusste er noch nicht, dass die Schweiz ihre Beziehungen zur Türkei verbessern wollte. Dass seine Auslieferung bereits eine versprochene Sache war und dass er kein Recht auf Asyl hatte, weil er dem Kader der PKK angehört hatte. Außerdem habe man die diplomatische Zusicherung erhalten, dass die Türkei keine Misshandlungen und keine Folter zulassen werde. Ein rechtsstaatliches Verfahren werde ihm zugestanden. Er wusste, was das bedeutete. Er kannte zu viele Kurden, die in türkischer Haft durch Herzstillstand eines sogenannten natürlichen Todes gestorben waren. Er entfernte sich einige Schritte vom Gefängnis und schaute zurück. Es war ein gesichtsloser Bau. Überall waren Kameras und Scheinwerfer montiert. Er wusste, dass es einiges an Literatur über Gefängnisarchitektur gab. Das wäre wohl das Letzte, was ich lesen würde, dachte er. Er blickte zurück auf die Eternitwand und beobachtete dann ein Polizeifahrzeug, das vorfuhr. Auf dem Rücksitz saß ein Schwarzer mit einer McDonald's-Kappe. Die Polizisten fluchten, weil der Mann nicht aussteigen wollte. Sie mussten den lauthals protestierenden Typen aus dem Auto zerren. Er war damals ruhig ausgestiegen. Er dachte, es sei eine reine Formsache und in ein paar Tagen könne er sein Asylgesuch stellen. Er ging die Straße hinunter und entdeckte das gelbe Schild. Ruckstuhl, der den Häftlingen jeweils die Hand drückte und alles Gute wünschte, bevor er ihnen ihre persönlichen Utensilien überreichte, hatte recht gehabt. »Es ist nicht weit zum Bahnhof«, hatte er gesagt und die Innenfläche der Hände an seiner Hose abgerieben. »Wenn Sie die Straße runtergehen, sehen Sie sofort das gelbe Wanderwegzeichen. Es weist Ihnen den Weg zum Bahnhof.« »Ein Wanderwegzeichen?« Ruckstuhl nickte beflissen. »Ja, zum Bahnhof.« Mehmet lächelte. Vielleicht war Regensdorf schön. Vielleicht sprudelte hinter den Mauern ein Bach, vielleicht glitzerte ein See. Bei seiner Ankunft in Regensdorf war es Nacht gewesen. Ihm fiel vor allem die Straßenbeleuchtung auf und die Tatsache, dass fast keine Menschen unterwegs waren und die Gehsteige weder von Autos noch von Abfall versperrt waren. Später, auf der Gefängnisabteilung des Spitals, wünschte er sich, er hätte etwas mehr gesehen auf seiner Fahrt. Vielleicht wäre eines der Bilder hängen geblieben und hätte ihn beflügelt. Ein spielendes Kind oder ein Liebespaar, eine Blumenwiese oder ein Flussufer, an dem Menschen gemeinsam feierten. Sie hätten sein Versprechen für die Zukunft sein können. Als er im Hungerstreik war, schalt er sich selber, weil er sich an solchen Bildern aufrichten wollte. Sie fehlten ihm, und so hielt er sich an die Vergangenheit. An das Land seiner Großmutter und den Duft der blauen Blumen dort, an das verwunschene Dickicht hinter dem Haus. Minutenlang vergaß er die Angst. Er musste los. Das Asylaufnahmezentrum war eine Fahrstunde entfernt, hatte man ihm gesagt, und er werde zum Mittagessen dort erwartet. Bevor er sich in Bewegung setzte, warf er einen Blick zurück auf den Wohnblock. Die Plastikenten hingen erstarrt in der Luft. Den Wegweiser hätte es nicht gebraucht, denn alle Menschen auf dem Gehsteig schienen den Bahnhof anzusteuern. An dessen Stirnseite setzte er sich gegenüber dem Kiosk auf eine Bank. Er schloss die Augen und erinnerte sich an jenen Tag, an dem er mit seinem Bruder Erdem an den Fuß des Bergs Ararat marschiert war. Als sie im letzten Dorf vor dem Aufstieg ankamen, erschien ihnen der Gipfel mit den Händen greifbar zu sein. Sie hätten den Berg gern in

Angriff genommen, aber ihnen fehlte die passende Ausrüstung. Dann begann es zu regnen, später schneite es. Sie spannten ihre Schirme auf und zogen sich in ein Teehaus zurück. Sie hatten Brote mitgenommen und aßen getrocknete Feigen. Der 16-jährige Ali, der von den anderen Jugendlichen »Der Einbeinige« genannt wurde, überließ ihnen für eine Nacht seine eigenhändig zusammengezimmerte Hütte. Mehmet wusste, dass sie für die Benutzung des zugigen Verhaus zu viel bezahlten. Ali wollte ein Radio kaufen, hatte er ihnen erzählt. Mehmet zahlte. Es regnete auch am nächsten Tag aus taubengrauen Wolken, die aufgetürmt waren wie das Haar einer Bauchtänzerin, die er in Van kennengelernt hatte. Er stand auf und löste am Schalter die Fahrkarte. Beim Vorübergehen nahm er beim Ausgang eine Werbebroschüre aus einem Gestell und öffnete sie auf der ersten Seite. »Paris, die Stadt der Liebenden«, stand da. Weiter hinten: »Mailand, Shopping und Kultur für jedermann.« Dann: »Straßburg, geschichtsträchtig und romantisch.« Er setzte sich in ein leeres Abteil und sah zum ersten Mal dieses Schweiz bei Tageslicht. Häuser und Straßen, hin und wieder ein Stück Wiese, Industrie, das war die Landschaft hierzulande. Ach ja, und ein paar rote Blumen auf Balkonen. Dann warf er wieder einen Blick in den Katalog. Straßburg. Dort wollte er hin. Später vielleicht. Denn dort hatte man entschieden, dass er leben sollte.

URS M. FIECHTNER

Dass wir heute frei sind …

Wie Amnesty International denkt und arbeitet

Amnesty International ist keine Luxusveranstaltung gut meinender Menschenfreunde, die ein Freizeitproblem haben und die Welt noch ein bisschen besser machen wollen, sondern eine Bewegung, die sich für die Verteidigung der Menschenrechte einsetzt, weil sie verteidigt werden müssen.

Während dieses Buch entsteht, gibt es Berichte über systematische Folterungen und Misshandlungen von Gefangenen in fast 70 % aller Länder der Welt, aus 111 Ländern liegen sichere Beweise vor; in 48 Ländern werden Menschen allein aufgrund ihrer politischen oder religiösen Überzeugung, ihrer Hautfarbe oder Herkunft inhaftiert; in 96 Ländern wird die freie Meinungsäußerung eingeschränkt; in 61 Ländern kommen die Täter schwerer Menschenrechtsverletzungen ungestraft davon; in mindestens 55 Ländern gibt es keine fairen Gerichtsverfahren bei politischen Prozessen; 111 Länder verweigern die Zusammenarbeit mit dem Internationalen Strafgerichtshof; rund 66 % der Weltbevölkerung leben in Staaten, die an der Todesstrafe festhalten …

Und so könnte man weitermachen, bis am Ende der Eindruck entsteht, dass in den meisten Ländern der Welt zumindest einige, wenn nicht sogar alle Menschenrechte nur auf dem Papier stünden. Und dass die Menschenrechte ganz dringend einen Anwalt brauchen, und zwar einen sehr lauten.

Ein Anfang

Bis vor einigen Jahren war es üblich, fast jeden Artikel über die Gründung und Entwicklung von Amnesty International mit ein und derselben Geschichte zu beginnen. Diese Geschichte spielt gewissermaßen im Untergrund, hat als Hauptperson einen ziemlich verärgerten Leser, der sich in einen engagierten Schreiber verwandelt, und führt schließlich zur Gründung der größten Menschenrechtsbewegung unserer Zeit. Es ist eine etwas seltsame und doch erhellende Geschichte, die mit ihrer Mixtur aus dem scheinbar Unwahrscheinlichen und dem Folgerichtigen sowohl die Lust der Anekdoten-Erzähler wie das Interesse der Analytiker wecken musste. Sie wurde deshalb oft erzählt. Vielleicht sogar zu oft – auch die besten Geschichten nutzen sich ab, wenn sie zu oft beansprucht werden. Heute spielt sie in den Publikationen über Amnesty keine große Rolle und wird, wenn überhaupt, nur am Rande erwähnt. Eigentlich schade, denn bei genauer Betrachtung sind in dieser Geschichte schon beinahe alle Elemente vorhanden, die man kennen muss, um das Wesen, das Denken und die Arbeitsweise von Amnesty International zu verstehen.

In der Kurzfassung beginnt besagte Geschichte an einem – ich vermute grauen, verregneten und deprimierenden – Novembertag des Jahres 1960 in den Eingeweiden Londons. In einem Wagen der U-Bahn-Linie Richtung Temple, dem Juristenviertel der Stadt, sitzt ein Rechtsanwalt namens Peter Benenson und schlägt, wie immer auf dem Weg ins Büro, die Morgenzeitung auf. Sein Auge fällt auf eine kurze Notiz, die von zwei portugiesischen Studenten handelt. In einer Kneipe in Lissabon hatten die beiden kritische Äußerungen über das Regime ihres Ministerpräsidenten Salazar fallen lassen und wurden daraufhin zu sieben Jahren Gefängnis verurteilt. Eigentlich nichts Besonderes. Solche Vorfälle waren damals und sind noch heute derart alltäglich, dass sie für Journalisten kaum einen Nachrichtenwert haben. Vielleicht wurde diese Notiz überhaupt nur deshalb ins Blatt gerückt, weil die staatsgefährdende Regimekritik der beiden Studenten offenbar in der Hauptsache aus einem fröhlichen Trinkspruch bestanden hatte, einem Toast »Auf die Freiheit!« Und niemand weiß einen passenden Trinkspruch besser zu würdigen als ein Engländer.

Benenson ärgert sich gewaltig. Es dürfte ihm damit nicht anders ergangen sein als vielen seiner Zeitgenossen – und nicht nur Engländern –, die an diesem Morgen dieselbe Nachricht in ihren Zeitungen gelesen hatten. Oder irgendeine ähnliche Nachricht an jedem beliebigen Morgen. Doch während andere dazu neigen, ihren Ärger mit Gefühlen der Ohnmacht zu verbinden, verlässt Benenson die U-Bahn mit dem festen Entschluss, etwas zu unternehmen. Aber was?

Es war nicht erste Mal, dass der Anwalt mit Menschenrechtsproblemen in Berührung gekommen war. Schon rund zehn Jahre zuvor hatte er im Auftrag britischer Gewerkschaften und der Labour Party politische Prozesse in Spanien beobachtet und daraufhin das »Spanish Democrats Defence Committee« gegründet, eine Organisation, die sich für politische Gefangene und ihre Angehörigen unter der faschistischen Franco-Diktatur einsetzen sollte. In den Jahren danach hatte er sich für die Gründung einer überparteilichen Bürgerrechtsbewegung in Großbritannien und manch andere Initiativen zum Schutz der Menschenrechte eingesetzt. Er hatte durchaus einiges in Bewegung gebracht, war damit aber nicht zufrieden. Da fehlte noch etwas. Etwas Entscheidendes.

Seine bisherige Arbeit hatte zu Institutionen geführt, die nach seinem Urteil entweder keinen großen Erfolg hatten oder sich nicht völlig unabhängig von parteipolitischen Einflüssen bewegen konnten oder die ihre Arbeitsweise so angelegt hatten, dass in ihnen nur Menschen mit entsprechenden Vorkenntnissen – Anwälte zum Beispiel – mitarbeiten konnten. Die Zeit war reif für etwas anderes, etwas Neues. Benenson setzte sich mit Freunden und Kollegen zusammen. Der Kreis aus Journalisten und Juristen kam bald überein, sich wöchentlich zu treffen, immer zur selben Zeit, am selben Ort.

Damit war eigentlich schon die erste Amnesty-Gruppe entstanden, obwohl es den Begriff noch gar nicht gab und in den folgenden Monaten der Plan einer unabhängigen, überparteilichen und von vielen Menschen getragenen Bürgerbewegung nur sehr unbestimmt und in zahllosen Varianten durch die Diskussionen geisterte. Zuletzt einigte man sich darauf, es erst einmal mit einer einjährigen Kampagne zu versuchen. In einem »Appeal for amnesty« sollte die Öffentlichkeit bewegt werden, sich für die in den Artikeln 18 und 19 der Allgemeinen Erklärung der Menschenrechte verkündete Gewissens-, Religions-, Meinungs- und Informationsfreiheit einzusetzen und die Freilassung von Menschen zu fordern, die in politische Haft geraten waren, weil sie von diesen Rechten Gebrauch gemacht hatten, ohne selbst Gewalt angewandt zu haben. Benenson wurde beauftragt, einen Aufruf zum Start der Kampagne zu verfassen. Dieser sollte in der angesehenen und einflussreichen Wochenzeitung »The Observer« erscheinen, die über besonders gute Kontakte zu international führenden Blättern verfügte, sodass man, eine gute Vorbereitung vorausgesetzt, mit Nachdrucken des Artikels rechnen konnte. Außerdem spielte es wohl eine Rolle, dass der Anwalt Louis Blom-Cooper, eines der Gründungsmitglieder, seinerseits über beste Kontakte zu David Astor verfügte, dem Herausgeber von »The Observer« – dieser Mischung aus geschickter Planung, Improvisationsvermögen und guten Kontakten wird man auch in heutigen Amnesty-Gruppen begegnen. Unter dem Titel *Die vergessenen Gefangenen* erschien Benensons Artikel am 28. Mai 1961 im »Observer« und, teils noch am selben Tag oder kurz darauf, in weiteren 30 Zeitungen der westlichen Welt, darunter »Corriere della Sera« und »Le Monde«.

Der Artikel löste eine völlig überraschende Lawine aus. Zustimmende Briefe und Einladungen aus der halben Welt trafen bei der Gruppe ein. Ein Vortrag von Benenson in Paris sowie Gespräche von Eric Baker mit Carola Stern, Gerd Ruge, Felix Rexhausen und anderen deutschen Journalisten in Köln führten noch im Juni zur Bildung der ersten französischen und deutschen Gruppen. Im Juli trafen sich Abgesandte von Gruppen aus Großbritannien, Belgien, Frankreich, Deutschland, Irland, der Schweiz und den USA zur ersten internationalen Jahresversammlung in Luxemburg. Unter dem Eindruck der beeindruckenden Reaktion auf Benensons Artikel kamen die Teilnehmer rasch überein, anstelle der ursprünglich geplanten, zeitlich begrenzten Kampagne eine dauerhafte »Bewegung zur Verteidigung der Meinungs- und Religionsfreiheit« zu gründen.

Aus »Appeal for amnesty«, der simplen und bescheidenen Bitte um einen Straferlass für politische Gefangene, war, zur Überraschung ihrer eigenen Geburtshelfer, eine internationale Organisation aus selbstbestimmten Gruppen und ehrenamtlichen Akteuren geworden, die schon bei ihrem ersten internationalen Treffen darüber hinaus war, nur um Gnade zu bitten, sondern stattdessen die Einhaltung von Menschenrechten forderte: Amnesty International.

Am 10. Dezember 1961, dem Jahrestag der Menschenrechtserklärung der Vereinten Nationen, stellten Amnesty-Mitglieder in der Londoner Kirche St.-Martin-in-the-Fields eine mit Stacheldraht umwickelte Kerze auf, ein Symbol für das Licht in der Dunkelheit und dafür, dass man Vernunft und Wahrheit auf Dauer ganz schlecht einsperren kann, nicht einmal hinter Stacheldraht. Damit gemeint waren die Artikel der Menschenrechtserklärung, welche die einzige Grundlage für die Arbeit von Amnesty bilden sollten. Mit den Artikeln 18 und 19 der Erklärung hatte man einen bescheidenen Anfang gemacht, bei dem es aber nicht bleiben sollte – vor allem aber sollte es nicht um die Erfindung einer neuen Weltanschauung gehen, nicht um eine weitere Ideologie und nicht um eine Partei, sondern allein um die Menschenrechte, um die Durchsetzung einer Reihe von Regeln, die sich die Gründungsmitglieder der Vereinten Nationen nach jahrhundertealten Erfahrungen selbst gegeben hatten. Jenseits von Ideologien stand das Licht dieser Kerze für die Vernunft menschlicher Erfahrung. Daraus geworden ist heute das internationale Logo von Amnesty International.

Seit dieser Geschichte gilt der 28. Mai als »Geburtstag« der Organisation, und die Sache mit dem Anwalt und der U-Bahn und dem Zeitungsartikel wird als Geschichte ihrer Gründung erzählt. Wer sie mit wachen Augen liest, wird hier viele Wesensmerkmale finden, die auch heute noch den Charakter der Organisation ausmachen und erklären.

Aber sie lädt auch zu ein paar Missverständnissen ein. So ist Amnesty International alles andere als das Geschöpf eines Einzelnen oder einer kleinen Gruppe. Sie ist auch nicht als Organisation nach einem präzisen Plan und einem festen Programm gegründet worden, sondern vielmehr als eine Bewegung entstanden, die man nicht wirklich gründen, sondern nur um einen Kristallisationspunkt versammeln kann, und die sich seitdem ständig weiterentwickelt hat. In gewisser Weise war Amnesty International zudem schon überall auf der Welt in sehr vielen Köpfen vorhanden, lange bevor zwei Studenten in einer Lissaboner Kneipe auf die Freiheit anstoßen würden.

Der eigentliche Ursprung von Amnesty International liegt nicht in einem flammenden Zeitungsaufruf, sondern in der unendlich langen, zähen und blutigen Entwicklungsgeschichte der Menschenrechte, die, nachdem sie am 10. Dezember 1948 von den Vereinten Nationen nun endlich zu einer internationalen Willenserklärung zusammengefasst worden waren, immer drängender die Frage nach ihrer Verwirklichung aufwarfen. Wer sollte sie durchsetzen? Wer konnte sie endlich aus den Studierstuben der Philosophen, der Rechtsgelehrten und der Dichter befreien oder sie aus den Untergrundtreffen der Rebellen und Revolutionäre herausholen, um sie den Diktatoren um die Ohren zu schlagen? Immer mehr Menschen war klar geworden, dass die Durchsetzung und der Schutz der Menschenrechte nun nicht mehr, wie in vielen anderen Anläufen zuvor, allein den Regierungen, den Parteien oder irgendwelchen Ideologen überlassen werden durfte. Der Gedanke an überparteiliche, unabhängige Bewegungen, die über alle sozialen, kulturellen, religiösen oder nationalen Grenzen hinweg nur den Menschenrechten und keinen anderen Interessen dienen sollten, war zwar ungewohnt und neu, aber er lag auch ganz einfach in der Luft.

Wohl kaum eine der vielen Menschenrechtsorganisationen unserer Zeit ist allein deshalb entstanden, weil irgendjemand sich ihre Gründung in den Kopf gesetzt hätte, sondern weil es einen überwältigenden Bedarf an ihnen gab und leider noch immer gibt. Früher oder später wäre Amnesty International so oder so entstanden, und wenn nicht mit dieser, dann mit einer anderen Gründungsgeschichte. Aber wahrscheinlich mit einer sehr ähnlichen.

Die Organisation

In Ausstellungen über Amnesty International finden sich fast immer Schaubilder, die mit grafischen Mitteln den Aufbau der Organisation auf einen Blick verdeutlichen sollen. Das Ergebnis ist jedoch meistens unbefriedigend, das Auge des Betrachters verliert sich in einer Unzahl von Pfeilen, Linien und Kästchen. Das mag daran liegen, dass die Zeichner solcher Organigramme die klassischen Führungsstrukturen von Wirtschaftsunternehmen, Parteien oder Staaten gewöhnt sind und automatisch versuchen, auch den Aufbau von Amnesty anhand der üblichen Pyramidenform zu Papier zu bringen: an der Spitze die Leitung, unten die Basis. Aber bei Amnesty funktioniert das anders. Man müsste eine Pyramide zeichnen können, deren Spitze identisch mit der Basis ist, oder ein Gebäude, dessen Penthouse im Fundament sitzt.

Das Fundament besteht heute aus fast drei Millionen Mitgliedern und Unterstützern in mehr als 150 Ländern der Welt. In weit über 100 Ländern haben sich Mitglieder zu Tausenden von lokalen Gruppen, von Schüler- und Hochschulgruppen zusammengefunden, die häufig als Kern und Motor der Organisation beschrieben werden. In Ländern, in denen es eine größere Anzahl von Gruppen gibt, schließen sie sich zu weitgehend eigenständigen Ländersektionen zusammen. Auf der Weltkarte findet man heute zwischen A wie Algerien und Z wie Zypern rund 60 Sektionen, weitere 20 sind im Aufbau. Gut vertreten ist der deutschsprachige Raum mit deutlich über 700 Gruppen, darunter Deutschland mit etwa 600, Österreich mit über 30 und die Schweiz mit rund 90 Gruppen.

Die Spitze der Organisation könnte man fast mit demselben kurzen Ausflug in die Statistik beschreiben. Amnesty International ist eine demokratische Bewegung, deren Politik nicht von einer zentralen Führungsetage bestimmt wird, sondern von ihren Mitgliedern selbst. Alle wesentlichen Entscheidungen über die Ziele und Arbeitsweise von Amnesty entstehen in einem Netzwerk von kleinen und großen Mitgliederversammlungen, wobei jeder Teil von Amnesty – also zum Beispiel eine lokale Gruppe – über die eigenen Angelegenheiten allein entscheidet und andere Anliegen an die nächsthöhere Mitgliederversammlung weitergibt. Auch die Führung der Ländersektionen liegt allein in den Händen der meist jährlichen Treffen ihrer Mitglieder. Diese Jahres- oder Generalversammlungen wählen einen ehrenamtlichen Vorstand, dessen Befugnisse jedoch sehr begrenzt sind. Generell haben alle »Ämter«, die es bei Amnesty gibt, nur die Funktion, Entscheidungen und Aufträge der Mitgliedschaft auszuführen und das Tagesgeschäft zwischen den Versammlungen zu ordnen. Das höchste Gremium von Amnesty ist die »Internationale Ratstagung«, zu der alle zwei Jahre die Sektionen gewählte Vertreter aus der Mitgliedschaft entsenden. Sie wählt den internationalen Vorstand von Amnesty, »Internationales Exekutivkomitee« genannt, der nach bewährtem Muster ebenfalls ehrenamtlich arbeitet und an die Beschlüsse des Rates gebunden ist. Bei alledem hat Amnesty in fast allen Ländern eher flache Hierarchien und verzichtet so weit wie nur möglich auf das bürokratische Gehabe, dem man in anderen Vereinen so oft begegnet. Das Engagement, das Wissen und Können eines Mitgliedes wird immer respektiert, und wer sich auf einem Arbeitsgebiet Kompetenzen erworben hat, wird auch um Rat gefragt, ganz egal, ob er irgendwelche »Ämter« innehat oder nicht.

In dieser dezentralen, strikt demokratischen und auf sehr vielen Schultern ruhenden Struktur steckt eines der Erfolgsgeheimnisse von Amnesty International: Eine Menschenrechtsbewegung kann ihre Anliegen nur dann glaubwürdig vertreten, wenn sie Einflussversuchen von außen widersteht und ihre Unabhängigkeit gegenüber Parteien, Konfessionen, Ideologien und natürlich Regierungen garantiert und ständig aufs Neue beweist.

Es genügt jedoch nicht, Unabhängigkeit nur anzustreben, man muss sie auch absichern. In die dezentrale Demokratie einer sich selbst steuernden Mitgliederorganisation ist die politische Absicherung gewissermaßen schon eingebaut – der Aufwand, hier von außen Einfluss nehmen zu wollen, wäre selbst für die sehr Mächtigen dieser Erde viel zu groß. Das gilt selbstverständlich auch für die sehr Reichen: Die Organisation finanziert sich ausschließlich durch Spenden aus der Bevölkerung. Damit sind kleine Spenden gemeint. Sehr große Summen, die einen wesentlichen Anteil am Etat einer Gruppe oder gar einer Sektion ausmachen würden, werden ebenso wenig angenommen wie Beiträge von Regierungen. Spenden, an die irgendwelche Bedingungen geknüpft sind, werden generell abgelehnt.

Die Knoten im Netzwerk der Organisation bilden hauptamtlich besetzte Sekretariate. Die meisten Fäden laufen im Internationalen Sekretariat in London zusammen. Hier werden Informationen über Menschenrechtsverletzungen aus aller Welt von einem bunt gemischten, international zusammengesetzten Stab aus rund 450 Angestellten sowie etwa 100 ehrenamtlichen Expertinnen und Experten gesammelt, geprüft, ausgewertet und schließlich an die Ländersektionen oder direkt an die Gruppen geleitet. Weitere rund 700 Angestellte verteilen sich auf die Sekretariate der Sektionen und die Verbindungsbüros, die Amnesty zu großen zwischenstaatlichen Organisationen wie der UNO oder der EU unterhält.

In vielen Veröffentlichungen wird dieser hauptamtliche Apparat, besonders das internationale Sekretariat, immer wieder gerne als »der Kopf« von Amnesty vorgestellt. Viele Mitglieder hören das nicht besonders gerne, aber ganz falsch ist dieser Vergleich nicht. In der Tat sind die Sekretariate Nervenknoten im Netzwerk und haben eine wesentliche Rolle bei der Koordination der vielen Glieder, aus denen Amnesty besteht. Mit dem ständigen Wachstum der Organisation steigt auch deren Bedeutung und somit ihr Einfluss auf die Politik von Amnesty. Wie in jedem anderen Verwaltungsapparat, so ziehen auch die hauptamtlichen Stäbe von Amnesty gerne Aufgaben und Entscheidungskompetenzen an sich und versuchen in einigen Bereichen immer wieder, eine führende Rolle einzunehmen, während gleichzeitig manche ehrenamtlichen Gremien (wie z. B. der Vorstand einer Sektion) zu ihrer Entlastung Kompetenzen an hauptamtliche Mitarbeiterinnen und Mitarbeiter delegieren. Als Folge davon knirscht es gelegentlich im Getriebe der Basisdemokratie und im Zusammenspiel zwischen den Mitgliedern und ihren Sekretariaten, aber den führenden Kopf der Organisation findet man nach wie vor nicht in ihren kleinen oder großen Zentralen, sondern auf den Schultern ihrer Mitgliedschaft.

Die Menschen

... damals im Gefängnis haben wir alle den Begriff Amnesty International gekannt und auch ungefähr gewusst, wofür ihr eintretet. Ihr wart für uns etwas Wichtiges und Bedeutendes, aber auch etwas, das vielleicht zu wichtig und zu bedeutend war, um sich an uns kleine Leute zu erinnern. Manchmal spürten wir aber eure unsichtbare Anwesenheit – es gab Gerüchte, dass sich draußen etwas für uns tat, es gab geschmuggelte Briefe und geklopfte Nachrichten von Zelle zu Zelle.

Vieles aber verstanden wir nicht genau: Dass es irgendwo da draußen in der Welt Menschen geben sollte, die unser Leben verteidigten, ohne selbst einen Nutzen daraus zu ziehen, erschien uns seltsam und fast ein bisschen unglaubwürdig. Ich dachte an Amnesty, wie man an eine große Maschine denkt, an einen Apparat, riesengroß, mit Friedensnobelpreis und allem Drum und Dran, aber anonym, unpersönlich, nicht aus Fleisch und Blut.

Erst als ich meinen ersten Brief von euch erhielt und in meiner Zelle versuchte, den fremden, zungenbrecherischen Namen des Absenders auszusprechen, begann ich mir Gedanken über die Menschen von Amnesty International zu machen. Das war nicht leicht. Ehrlich gesagt, hab ich zuerst an einen Verein von frommen Betbrüdern gedacht, die eine Kerze für die Verfolgten anzünden und an das Gute im Menschen glauben und den lieben Gott freundlich bitten, er möge doch die Gefangenen rauslassen. Danach dachte ich an einen Haufen von weißhaarigen alten Damen, aber ich konnte mich nicht entscheiden, ob das welche sein sollten, die Bettsocken für frierende politische Gefangene stricken, oder solche, die mit ihren Regenschirmen entnervte Diktatoren verprügeln wollen.

Irgendwie konnte das alles nicht stimmen, deswegen stellte ich mir später effiziente Herren in grauen Anzügen vor, die mit schwarzen Aktenköfferchen in der Hand bei den Vereinten Nationen aus- und eingehen und wie Börsenmanager mit Generälen verhandeln, oder jene bestimmte Art von Frauen in streng geschnittenen Kostümen, die im Business-Ton einem Staatsoberhaupt ihre Bedingungen auf den Tisch knallen, schmallippig und strebsam und irgendwie gefährlich.

Das passte aber nicht zu dem Ton in euren Briefen. Der war immer nüchtern, sachlich, vernünftig, aber ich glaubte, dahinter noch etwas anderes zu spüren. Deshalb entschloss ich mich, nun an junge, rebellische Typen in Jeans zu denken, an bärtige Kerle und an Mädchen ohne Make-up, an Mitstreiter also, an Gefährten, die unseren politischen Kampf auf ihre Weise führen und die unsere Fahnen in ihren Händen tragen. Doch dann habe ich bald gelernt, dass euch die Farbe meiner Fahne vollkommen egal ist und eure Farben nur die der Freiheit und der Menschenwürde sind. Das hat mich dann endgültig verwirrt. Zuletzt hab ich mir überhaupt nicht mehr vorstellen können, was für Menschen ihr seid.

Heute bin ich auch nicht schlauer geworden, obwohl ich ein paar von euch nach der Freilassung am Flughafen kennengelernt habe: Da waren ältere Herren, aber die sahen nicht sehr fromm aus; da waren weißhaarige Damen, aber die trugen weder Stricknadeln noch Regenschirme, sondern wache politische Köpfe; da waren Leute, die sahen wie Computerverkäufer aus, aber sie trugen keine Aktenköfferchen, sondern Transparente und Blumensträuße in den Händen; da war sogar 'n Typ in Uniform, aber der hat mich nicht verhaftet, sondern umarmt. Und die schwarzen Aktenköfferchen und diesen besonderen Hauch der Tüchtigkeit trugen dafür einige Jungs mit Bart und groben Pullovern oder Frauen in Jesuslatschen und mit langen Haaren. Einige von euch sahen so aus wie Leute, die man bei einer Demonstration in meinem Land als Erste verhaften würde. Andere sahen aus wie Leute, die solche Verhaftungen anordnen, und wieder andere sahen so aus wie die Menschen, denen das alles immer scheißegal ist und die tatenlos zusehen.

Man wird nicht schlau aus euch. Ihr seht so aus, wie alle Menschen

171

aussehen. Eigentlich gibt es nichts Besonderes an euch. Ihr scheint ein beliebiger Querschnitt durch die Bevölkerung eures Landes zu sein. Aber ihr habt einen Teil eures Lebens dafür gegeben, einen wildfremden Menschen aus dem Gefängnis zu holen. Das ist seltsam. Ihr seid alle total verschieden und arbeitet doch gemeinsam. Das ist sehr seltsam. Es gibt so vieles, was euch untereinander trennen müsste, aber ihr habt euch doch wie ein einziger Körper an meine Seite gestellt, als ich glaubte zu sterben. Das ist mehr als seltsam.

Dass wir heute frei sind, dass wir überleben konnten verdanken wir euch. Dass wir heute frei sind, verdanken wir dem ganz unwahrscheinlichen Umstand, dass viele Menschen auf der ganzen Welt offenbar bereit sind, über alle Grenzen zu springen, die sie sonst voneinander trennen. Dass sie bereit sind, nicht nur für ihre eigenen Rechte einzutreten, sondern auch für die Rechte der anderen, und mit einer Stimme zu sprechen, obwohl sie nicht dasselbe denken. Und dass sie bereit sind, ihre eigenen Interessen zurückzustellen und eine Zeit ihres Lebens dafür zu geben, damit andere überleben können. Gemessen an unserer Geschichte, ist das wirklich sehr seltsam.

Dass wir heute frei sind, liegt vielleicht daran, dass ihr etwas Neues gefunden habt, einen neuen, endlich gemeinsamen Weg für die Durchsetzung der Menschenrechte. Auf jeden Fall seid ihr anders als alles, was ich bisher kannte.

Ich verstehe das alles immer noch nicht, aber es gefällt mir. Weißt du, ich glaube, ihr müsst alle irgendwie ziemlich verrückt sein, liebenswert, aufrecht, unbegreiflich und total verrückt. Aber sonst ganz normal …

Es ist schon ein paar Jahre her, dass diese Zeilen geschrieben wurden. Sie stammen von ehemaligen politischen Gefangenen aus einem der vielen Haftlager und Gefängnisse Südamerikas. Gerichtet waren sie an eine Amnesty-Gruppe im süddeutschen Ulm, die sich jahrelang für ihre Freilassung eingesetzt und schließlich die Aufnahme in ein europäisches Land arrangiert hatte. Die Amnesty-Gruppe veröffentlichte den Text in einer kleinen Zeitschrift und vergaß ihn bald wieder. Aber der Text entwickelte ein Eigenleben und wird immer wieder zitiert – auch hier.

Das mag daran liegen, dass sein Ton sich wohltuend von der nüchternen, ja nahezu unterkühlten Sprache abhebt, in der die Organisation sonst über ihre Arbeit berichtet. Oder daran, dass viele Mitglieder sich hier in einem Anflug von Selbstironie wiedererkennen und sich durchaus im Klaren sind, dass man in der vom Markt gelenkten und von Egozentrik geprägten Kultur unserer Tage in der Tat ein bisschen »verrückt« sein muss, um seine Zeit und Kraft noch in etwas anderes zu investieren als nur in das eigene Fortkommen. Oder ganz einfach daran, dass eine Menschenrechtsbewegung nicht verstanden werden kann, ohne den Blick auf die Menschen zu richten, die sie bewegen.

Vielleicht lässt sich die Erfolgsgeschichte, die erstaunliche Kombination aus beharrlicher Langlebigkeit und immer wieder erneuerter Frische, die ungebrochene Agilität und Attraktivität der Organisation auch gar nicht besser erklären als mit der enormen Vielfalt individueller Persönlichkeiten, aus denen sie sich zusammensetzt. Anders als eine Partei oder eine weltanschauliche Glaubensgemeinschaft ist Amnesty International kein Verein, in dem nur »Gleichgesinnte« ihren Platz finden würden. Ganz im Gegenteil wird das gemeinsame Anliegen, also die Durchsetzung der Menschenrechte, sehr bewusst immer nur als der kleinste gemeinsame Nenner gesehen, auf den sich auch ansonsten sehr »ungleich Gesinnte« verständigen können. Das sorgt ganz automatisch für ein Spektrum, in dem fast alle Farben vertreten sind, und hebt gleichzeitig auch all die anderen kleinen und großen Grenzen auf, die Menschen unter sich gezogen haben. Die Erklärung der Menschenrechte der Vereinten Nationen vom 10. Dezember 1948 hat diese Haltung in ihrer Sprache vorgegeben. Im Artikel 2 heißt es: *Jeder Mensch hat Anspruch auf die in dieser Erklärung verkündeten Rechte und Freiheiten, ohne irgendeine Unterscheidung, wie etwa nach Rasse, Farbe, Geschlecht, Sprache, Religion, politischer und sonstiger Überzeugung, nationaler oder sozialer Herkunft, nach Eigentum, Geburt oder sonstigen Umständen.*

Da die Menschenrechte »ohne irgendeine Unterscheidung« für alle Menschen gelten, ist es nur folgerichtig, dass eine Organisation, die sich für die Durchsetzung der Menschenrechte einsetzt, für alle Menschen – »ohne irgendeine Unterscheidung« – offen sein muss. Bei Amnesty International findet man diese Offenheit. Das mag manchmal anstrengend sein für diejenigen, die nach sozialer Nestwärme suchen und sich am liebsten unter ihresgleichen bewegen, aber es ist ein beinahe ideales Umfeld für wache Köpfe, die nach Anregungen suchen, ihren Horizont erweitern und mit Menschen zusammenarbeiten wollen, mit denen sie sonst niemals an einem Tisch sitzen würden.

Die Ziele

Die Frage nach den Zielen von Amnesty International lässt sich auf mehreren Wegen beantworten. Der einfachste Weg liegt in einem Blick auf die Allgemeine Erklärung der Menschenrechte, verkündet durch die Vereinten Nationen am 10. Dezember 1948. Dieses kurze und einprägsame Dokument lässt sich sowohl als Auflistung wie als Definition aller grundlegenden Rechte lesen, auf die sich die Kulturen und Nationen der Welt nach einer hunderte von Jahren währenden Entwicklung geeinigt haben. Allerdings handelt es sich hier nur um eine Willenserklärung oder, um es mit den Worten der Vereinten Nationen (UNO) zu sagen, um das »von allen Völkern und Nationen zu erreichende gemeinsame Ideal«. Von der Verwirklichung der Menschenrechte ist die Welt noch immer weit entfernt. Eben die Verwirklichung der Menschenrechte, ihre Durchsetzung in allen Ländern der Welt ist das umfassende politische Ziel von Amnesty International. Die Organisation versteht sich dabei, gemeinsam mit anderen nichtstaatlichen Verbänden und Initiativen, als Teil einer weltweiten Menschenrechtsbewegung, die mit den Vereinten Nationen und anderen zwischenstaatlichen Einrichtungen zusammenarbeitet.
Amnesty International setzt sich für die Durchsetzung aller in der Allgemeinen Erklärung der Menschenrechte formulierten Rechte ein. Besonders engagiert sich Amnesty gegen Folter, Todesstrafe, politischen Mord, grausame, unmenschliche oder erniedrigende Behandlung oder Strafe und das »Verschwindenlassen« von Menschen; für die Aufklärung von Menschenrechtsverletzungen und die Bestrafung der Täter; für die Freilassung gewaltloser politischer Gefangener, die aufgrund ihrer Herkunft, Hautfarbe, Sprache, Religion oder Überzeugung inhaftiert sind; für den Schutz von Menschenrechtsverteidigern; für den Schutz von MigrantInnen, Flüchtlingen und Asylsuchenden; für den Schutz der Menschenrechte in bewaffneten Konflikten; für eine wirksame Kontrolle des Waffenhandels; für den Schutz von Frauen und Mädchen vor Gewalt und Unterdrückung; für den Schutz der Zivilbe-

völkerung in bewaffneten Konflikten; für die Förderung der wirtschaftlichen, sozialen und kulturellen Rechte; für den Eingang der Menschenrechte in internationale sowie regionale Vereinbarungen und Konventionen; für faire und zügige Gerichtsverfahren, insbesondere bei politischen Gefangenen; für Programme zur Menschenrechtsbildung und zur Förderung des Bewusstseins für die Menschenrechte; für die Zusammenarbeit von nichtstaatlichen Organisationen, den Vereinten Nationen und regionalen zwischenstaatlichen Organisationen zur Verteidigung der Menschenrechte.

Bei alledem ist Amnesty International wohl eine überaus beharrliche, aber keineswegs unbewegliche Organisation. Die Schwerpunkte ihrer Arbeit und die Definition ihrer Ziele wurden und werden immer wieder neu durchdacht, verfeinert und erweitert. Nach den kleinen Anfängen in den 1960er-Jahren, in denen zunächst nur zwei Artikel der Menschenrechtserklärung (Art. 18/19: Meinungs-, Informations- und Religionsfreiheit) die Hauptrolle spielten, wurde das Aufgabengebiet von Amnesty nach und nach auf den gesamten Bereich der bürgerlichen und politischen Rechte erweitert. In den 1990er-Jahren begann eine sehr intensive Diskussion darüber, in welcher Form Amnesty die »zweite Hälfte« der Menschenrechtserklärung in ihren Aufgabenkatalog aufnehmen könne, also den großen Komplex der wirtschaftlichen, sozialen und kulturellen Rechte. Inzwischen hat Amnesty mit den ersten Kampagnen zu so schwierigen Themen wie etwa Armut oder Wohnen in Würde begonnen und ist damit endgültig zu einer »vollständigen« Menschenrechtsbewegung geworden, die den kompletten Katalog der Menschenrechte einfordert.

Das Mandat der Organisation, also ihr Aufgabenkatalog, unterliegt noch immer einer ebenso andauernden wie pragmatischen und nüchternen Diskussion, in der keine Wunschvorstellungen oder Ideale entscheiden sollen, sondern die schiere Notwendigkeit und die realistische Einschätzung der eigenen Kräfte. Mit Letzterem tut sich Amnesty jedoch gelegentlich schwer, gerade unter dem Druck alltäglicher und massiver Menschenrechtsverletzungen auf so vielen Gebieten. »Mit einem kleinen Hammer«, so hieß es in den Gründerjahren, »kann man wohl einen Nagel in die Wand schlagen, aber keinen Baumstamm ...«, und nicht wenige Mitglieder fürchten heute, dass Amnesty mit Themen wie Armut, Hunger, Gesundheit, Bildung, oder Recht auf Arbeit überfordert werden oder dass der Einsatz für die bürgerlichen und politischen Rechte durch die neuen Arbeitsgebiete geschwächt werden könnte. Solche Befürchtungen sind nicht von der Hand zu weisen. Andererseits sind die Ziele der Organisation schon immer etwas größer gewesen als die Organisation selbst, und ähnliche Sorgen, nämlich dass man mit einem neuen Arbeitsgebiet nicht nach einem weiteren Nagel, sondern eben nach dem Baumstamm greifen würde, hat es auch zu früheren Zeiten gegeben. Man kann ja auch zu einem größeren Hammer greifen.

Der vielleicht kürzeste Weg, die Ziele von Amnesty International zusammenzufassen, findet sich in einem einzigen Satz: *Sie können Ihre Zeitung an jedem x-beliebigen Tag der Woche aufschlagen, und Sie werden einen Bericht über jemanden finden, der irgendwo in der Welt gefangen genommen, gefoltert oder hingerichtet wird, weil seine Ansichten oder Religion seiner Regierung nicht gefallen.*

Dieser Satz wurde vor über 50 Jahren geschrieben und stand am Anfang jenes Zeitungsartikels vom 28. Mai 1961, der heute als Gründungsaufruf der Organisation angesehen wird. Seitdem hat sich sehr viel getan, und doch könnte man mit derselben Feststellung, ohne ein Wort zu verändern, auch heute noch einen Bericht über die Lage der Menschenrechte beginnen. Manchmal geschieht das auch. Das wesentliche Ziel von Amnesty International ist ganz einfach, diesem Satz seine penetrant andauernde Gültigkeit zu nehmen und ihn nie wieder zitieren zu müssen – außer ein letztes Mal, als historischen Rückblick auf barbarische Zeiten, in ihrem Abschlussbericht. Aber auf den wird man wohl noch ein Weilchen warten müssen.

Die Arbeitsweise

Irgendwo auf der Welt wird irgendein Mensch verhaftet, weil – um es mit den einfachen Worten aus dem Gründungsaufruf von Amnesty zu sagen – »seine Ansichten oder Religion seiner Regierung nicht gefallen«. Dieser Mensch wird verhaftet, weil seine Regierung ein abschreckendes Beispiel geben und einen vermeintlichen »Unruheherd« von der Straße schaffen und in einer Zelle isolieren will. Insgesamt besteht das Ziel jeder politisch motivierten Verfolgung immer darin, jenen Zustand zu erreichen, den solche Regierungen mit »Ruhe und Ordnung« umschreiben – also das Schweigen im Land, das manche brauchen, um ihre Interessen durchzusetzen oder den Machterhalt abzusichern.

Der Aufwand, den ein entsprechender Gefängnis- und Verfolgungsapparat kostet, fällt im Vergleich zum erwarteten Nutzen gering aus. Die Verhaftung eines einzelnen Menschen fällt sowieso nicht ins Gewicht. So scheint es jedenfalls. Für eine Weile.

Eines Tages aber treffen Anfragen nach dem Schicksal jenes verhafteten Menschen bei Regierungsstellen ein. Erst einige, dann viele, dann sehr viele aus immer mehr Ländern der Welt. Untergeordnete Behörden fragen bei ihren Vorgesetzten an, wie sie darauf reagieren sollen. Der Pressedienst des Außenministeriums stellt eine Mappe mit ausländischen Zeitungsartikeln über den Gefangenen zusammen. Verwaltungsvorgänge entstehen. Die Botschaften der Regierung berichten über Anfragen und Proteste aus der Bevölkerung ihrer Gastländer und möchten wissen, wie sie damit umgehen sollen. Ausländische Diplomaten erkundigen sich routinemäßig nach der Einhaltung internationaler Verträge zum Schutz der Menschenrechte und reichen die üblichen Listen mit Nachfragen zu Einzelfällen über den Tisch – auf den Listen steht ein neuer Name. Der Gefängnisdirektor lässt sich die Akte eines Insassen kommen und fühlt im Innenministerium vor, ob es Richtlinien zur Behandlung prominenter Gefangener gibt. Die Vertretung des Landes bei der UNO stellt ein weiteres Mal ihr Faxgerät ab und ändert ihre E-Mail-Adresse. Mehr und mehr Verwaltungsvorgänge entstehen und müssen bewältigt werden, ohne den normalen Betrieb der Behörden zu beeinträchtigen. Mehr und mehr beginnen die Kosten den Nutzen zu übersteigen. Mehr und mehr wird das Schweigen im Lande durch Rufe von außen gestört. Man hatte einen Menschen hinter Schloss und Riegel gebracht, um ihn aus der Welt zu schaffen.

Aber jetzt besucht ihn die Welt in seiner Zelle.

Aus dem einzelnen »Unruheherd« sind viele geworden. Die Rechnung geht nicht mehr auf: So ungefähr könnte man die Arbeitsweise von Amnesty International in kurzen Worten umschreiben. Die Organisation begnügt sich nie damit, Menschenrechtsverletzungen nur festzustellen oder zu beklagen, sondern sucht immer, im Kleinen wie im Großen, nach praktischen Wegen, um Menschenrechtsverletzungen zu verhindern und den Opfern zu helfen. Und fast immer führt mindestens einer dieser Wege über die Erzeugung öffentlichen Drucks auf die Verantwortlichen, auch dann, wenn es um ganz andere Dinge geht als um die Freilassung eines politischen Gefangenen.

Jeder Weg beginnt mit der Ermittlung und der Absicherung von Fakten. Die gesamte Organisation steht und fällt mit der Zuverlässigkeit ihrer Informationen und steckt daher ebenso viel Aufwand wie Sorgfalt in ihre Recherchen. In der Ermittlungsabteilung des Internationalen Sekretariates werden Medienberichte aus aller Welt ausgewertet, dazu Stellungnahmen von Regierungen, Berichte von Rechtsanwälten, lokalen Bürgerrechtsgruppen oder Gewerkschaften, Aussagen von ehemaligen Gefangenen, von Flüchtlingen, von Angehörigen inhaftierter Menschen oder von Augenzeugen und zahllose andere Quellen. Außerdem sind ständig Amnesty-Delegationen unterwegs, die – übrigens immer ganz öffentlich – Ermittlungen an Ort und Stelle durchführen, Prozesse beobachten, Gespräche mit Regierungsvertretern, Oppositionellen und lokalen Menschenrechtsgruppen führen oder Gefangene befragen. Die Vielzahl voneinander unabhängiger Quellen und die genaue Prüfung jedes einzelnen Hinweises durch erfahrene Fachleute führt am Ende zu genauen und zuverlässigen Informationen, kostet aber auch Zeit.

Die Organisation wird deshalb bei aktuellen Krisen und Konflikten nicht in jedem Fall mit schnellen öffentlichen Stellungnahmen auf Medienberichte reagieren, sondern erst einmal eigene Recherchen in Gang setzen und geeignete Gegenmaßnahmen entwickeln, bevor sie mit präzisen Vorschlägen an die Öffentlichkeit geht. Umgekehrt werden aber häufig genug viele alltägliche Menschenrechtsverletzungen erst durch Amnesty International ans Licht gebracht. Schon allein die stetige Ermittlung und Veröffentlichung von Menschenrechtsverletzungen kann einen gewissen Veränderungsdruck erzeugen. Die Organisation verlässt sich jedoch nicht darauf, sondern setzt ihre Informationen so oft wie nur möglich in direkte und praktische Hilfe für die Opfer um.

Das »klassische«, nämlich älteste und nach wie vor beste Beispiel dafür findet man in der oft langfristigen Betreuung einzelner politischer Gefangener durch eine oder mehrere der über die ganze Welt verteilten Amnesty-Gruppen. Die Gruppe erhält aus dem Internationalen Sekretariat eine Fallakte mit allen notwendigen Informationen, einigen Vorschlägen für die ersten Schritte der Arbeit und einem klaren Auftrag. Sie wird nun beginnen, sich an Regierungsvertreter, Gefängnisbeamte, Richter, Diplomaten, Journalisten zu wenden, kurzum an alle, die in irgendeiner Form Einfluss auf das Schicksal des Gefangenen nehmen könnten. Die Art ihrer Arbeit – und oft genug der Erfolg – wird allein von der Fantasie und der Ausdauer der Gruppenmitglieder bestimmt. Meistens werden sie versuchen, möglichst viele Kontakte zu knüpfen und möglichst viele Menschen auf den Fall aufmerksam zu machen, um den Druck zu verstärken. Allerdings ist der Druck auf zuständige Behörden noch längst nicht alles. Wenn es notwendig ist, wird die Gruppe alles tun, um das Leben des Gefangenen und seiner Angehörigen zu erleichtern. Sie kann den Lebensunterhalt der Familie absichern, einen Rechtsanwalt finanzieren oder sich um medizinische Versorgung bemühen. Und sie kann, im besten Fall, dem Gefangenen nach seiner Freilassung helfen, im normalen Leben wieder Fuß zu fassen. In gewissem Sinne ist die Gruppe für den von ihr betreuten Gefangenen verantwortlich und arbeitet selbstständig, ist jedoch nicht auf sich allein gestellt. Auf Wunsch wird sie handfeste Hilfe von anderen Teilen der Organisation bekommen oder kann sich von Experten aus besonders spezialisierten Gruppen beraten lassen.

Wenn die Situation eines politischen Gefangenen oder eines anderen Opfers von Menschenrechtsverletzungen ein besonders massives oder besonders schnelles Eingreifen erfordert – etwa bei Folterungen oder einer drohenden Hinrichtung –, belässt es die Organisation nicht bei dem Einsatz einer einzelnen Gruppe, sondern aktiviert eines ihrer Aktionsnetze. Tausende von Mitgliedern, Gruppen und Unterstützern der Organisation in aller Welt erhalten Informationen über den Fall und werden gebeten, sich mit Briefen und Telefaxen, E-Mails oder Telefonaten an Regierungsstellen zu wenden. Bei Eilaktionen (»Urgent Actions«), die in jedem Jahr für rund 300–400 Fälle gestartet werden müssen, geschieht dies innerhalb von 48 Stunden.

Sehr massiv kann der öffentliche Druck auf Regierungen werden, wenn die Organisation ihre Kräfte in weltweiten Kampagnen bündelt, die entweder weit verbreitete Formen von Menschenrechtsverletzungen aufgreifen oder sich auf die Lage der Menschenrechte in einem bestimmten Land konzentrieren. Auch hier können Einzelfälle im Vordergrund stehen, das generelle Ziel solcher Themen- und Länderkampagnen liegt jedoch in der umfassenden Ächtung von Verfolgungsformen (zum Beispiel Folter, Todesstrafe, staatlicher Mord, »Verschwindenlassen«), in der Veränderung von Zuständen, die wirtschaftliche, soziale oder kulturelle Menschenrechte missachten, oder in der Abschaffung von Gesetzen, die Menschenrechtsverletzungen ermöglichen.

Bei alledem ist sich die Organisation sehr wohl bewusst, dass es nicht genügen würde, an die Vernunft oder gar das Gewissen der Regierungen zu appellieren oder sich allein auf ein Dokument zu berufen, das ursprünglich nur als unverbindliche Willenserklärung und nicht als verpflichtendes internationales Recht gemeint war. Die rechtliche Verankerung der Allgemeinen Erklärung der Menschenrechte von 1948, ihre beständige Weiterentwicklung und Umsetzung in verpflichtende zwischenstaatliche Verträge gehört daher, von der Öffentlichkeit meist unbemerkt, zu den wichtigsten Arbeitsfeldern von Amnesty International. Hoch qualifizierte Abgesandte der Organisation haben beratenden oder beobachtenden Status bei der UNO, der »Organisation Amerikanischer Staaten«, der »Afrikanischen Union« und allen anderen wichtigen zwischenstaatlichen Gremien auf internationaler oder regionaler Ebene und bringen auf zahllosen Kanälen Initiativen zur Durchsetzung bestehender Konventionen und zur Entwicklung neuer Standards auf den Weg. Eine ganze Reihe von internationalen Pakten und Konventionen, die Menschenrechte zu verpflichtenden Standards machen und in die nationale Gesetzgebung der Staaten einführen, wurden von Amnesty beeinflusst oder konnten erst durch den beständigen Druck von Amnesty durchgesetzt werden.

… und was kann ich tun?

Schon ein kurzer und oberflächlicher Blick auf nur wenige Arbeitsformen von Amnesty International genügt, um ein wesentliches Merkmal ihrer Arbeitsweise zu finden. Einen großen, vielleicht den größten Teil ihrer Erfolge verdankt die Organisation ihrer Fähigkeit, Mitarbeitsmöglichkeiten »für alle« zu schaffen und gleichzeitig sowohl einfache (aber effiziente) wie anspruchsvolle Aufgaben anzubieten. Es bleibt allein den Mitgliedern überlassen, ob sie wenig oder viel Zeit für ihre Mitarbeit aufbringen können und wollen. Ohne irgendwelche Vorkenntnisse oder eine Ausbildung kann jeder sofort in die Arbeit einsteigen. Wer will, kann sich spezialisieren, und wer berufliche Erfahrung einbringen möchte, wird dafür ein passendes Arbeitsgebiet finden. Im Netz der Arbeitstechniken von Amnesty hat jede Aufgabe, die ein Mitglied allein oder gemeinsam mit anderen übernimmt, dasselbe Gewicht.

Wer bei Amnesty International mitarbeiten will, kann sich zuerst umschauen, welche Amnesty-Gruppen es schon in der eigenen Umgebung gibt. Die vielfältigsten, oft auch interessantesten Aufgaben – z. B. die Betreuung eines politischen Gefangenen – werden von solchen Gruppen geleistet. In den meisten Städten gibt es bereits Stadtgruppen, an vielen Schulen gibt es Jugendgruppen, an vielen Universitäten und Fachhochschulen gibt es Hochschulgruppen. Neue Mitglieder sind überall herzlich willkommen. Aber natürlich kann man auch jederzeit und überall gemeinsam mit Freunden eine neue Gruppe gründen.

Den Kontakt zu einem regionalen Amnesty-Büro, bei dem man eine neue Gruppe anmelden kann, oder zur nächstgelegenen Amnesty-Gruppe bekommt man am schnellsten im Internet. Die zentralen Länder-Websites der Sektionen haben standardisierte Adressen – also für Deutschland *www.amnesty.de*, für Österreich *www.amnesty.at*, für die Schweiz *www.amnesty.ch* und so fort – und sind daher schnell zu finden. Auf allen Websites kann man sich mit einer Karte oder einem »Gruppenfinder« in der eigenen Nachbarschaft umsehen, meistens kann man auch schnell nachsehen, ob es ein regionales Büro in der näheren Umgebung gibt, indem man Amnesty gleich mit dem Namen einer Stadt verbindet (z. B. *www.amnesty-muenchen.de*).

Wer nicht mit Gruppen zusammenarbeiten will, kann sich als einzelnes Mitglied an vielen Kampagnen von Amnesty beteiligen. Einzelmitglieder erhalten regelmäßig Informationen und Aktionsvorschläge und können selbstständig unter mehreren Mitarbeitsformen wählen. Dazu gehören die Aktionsnetzwerke von Amnesty wie etwa das Netzwerk der »Urgent Actions«. Nichts fürchten Staaten mehr, als dass ihre Menschenrechtsverletzungen ins Licht der Öffentlichkeit gezerrt werden. Deshalb hat Amnesty International diese Eilaktionen entwickelt, die vor allem in Härtefällen eingesetzt werden, also zum Beispiel bei drohenden Folterungen oder Hinrichtungen. Wer daran teilnehmen will, erhält regelmäßig Informationen und wird gebeten, sich kurzfristig per

E-Mail, Fax oder Brief an Regierungsstellen zu wenden. Aktionen dieser Art haben schon vielen Menschen das Leben gerettet.

Natürlich kostet Menschenrechtsarbeit viel Geld und ist ohne die finanzielle Unterstützung möglichst vieler Menschen nicht denkbar. Das gilt für Amnesty International noch mehr als für andere, da die Organisation, um ihre Unabhängigkeit zu wahren, sich ausschließlich auf Spenden aus der Bevölkerung stützt. Als Förderer kann man Amnesty International mit monatlichen oder jährlichen Beiträgen unterstützen und wird regelmäßig über die laufende Arbeit informiert.

Als Spender kann man Amnesty mit unregelmäßigen Zuwendungen unterstützen, wann immer man kann oder will – zum Beispiel mit den Einnahmen von lokalen Aktionen, Konzerten, Schulfesten oder was immer möglich ist. Wo immer es Amnesty gibt – im deutschsprachigen Raum also fast überall –, können Spender und Förderer auch dafür sorgen, dass ihre Beiträge »vor Ort« verwendet werden, also der nächstgelegenen Amnesty-Gruppe zufließen.

Unterm Strich kommt es nicht darauf an, in welcher Form man sich für die Verteidigung der Menschenrechte einsetzt. Mit etwas Geduld wird man in der enormen Vielfalt der Arbeitsmöglichkeiten immer einen Weg finden, der den eigenen Interessen und Fertigkeiten entspricht. Es kommt aber sehr darauf an, dass sich noch mehr Menschen finden, die bereit sind, den Mund aufzumachen und sich dem Unrecht entgegenzustellen. Die einfache Gleichung, dass es mehr Menschen braucht, um mehr Menschenrechte durchzusetzen, ist keine Phrase aus Sonntagsreden. Über 60 Jahre nach Verkündung der Menschenrechtserklärung durch die Vereinten Nationen und 50 Jahre nach der Gründung von Amnesty International sagt alle Erfahrung, dass alle Fortschritte bei der Durchsetzung der Menschenrechte nur den vielen Menschen zu verdanken sind, die sich dafür eingesetzt haben, und alle Rückschritte damit zu tun haben, dass es dann doch nicht genügend viele Menschen waren.

Im Jahr 1933, lange bevor die Vereinten Nationen gegründet waren oder es Menschenrechtsorganisationen wie Amnesty International gab, hat der deutsche Dichter Bertolt Brecht diese einfache Gleichung beschrieben:

Unsere Niederlagen nämlich
Beweisen nichts, als dass wir zu
Wenige sind
Die gegen die Gemeinheit kämpfen

Und genauso einfach ist es auch.

CHARLOTTE KERNER

In Mallorcas Schatten
Eine etwas andere Entdeckungsreise

*H*ier geschieht doch nichts, und wenn etwas geschieht, geht es uns
Fremde nichts an. Für uns sind Sonne, Strand und Meer da. Alles
andere geht uns nichts an!«[1]

Cala Ratjada, Mallorca, Ostküste

Die lange Hauptstraße des Örtchens Cala Ratjada heißt immer noch
Leonor Severa. In der Hochsaison ist die »Rochenbucht« fest in der
Hand von jungen Deutschen, die nachts abfeiern und tagsüber in den
zahlreichen SPAR-Lebensmittelläden einkaufen oder bei Pronto Kebap
einkehren, das auf der Fassade mit großen Buchstaben sein »Hausge-
macht Eis« anpreist. Getrunken wird viel, aber längst nicht mehr in der
legendären Wikiki-Bar. An ihrem Platz in der Leonor Severa steht heute
ein einstöckiger hellgrauer Betonbau. Seit 15 Jahren schon, erklärt mir
der Betreiber des vollgestopften Billig-Souvenirladens, doch ab und an
käme jemand wie ich vorbei, um nach dieser Wikiki-Bar zu fragen.
Was es denn damit auf sich habe?
Die alten Pinien auf der nahen Plaça dels Pins stammen noch aus der
Zeit, als unter den Deutschen nicht »auf ex«, sondern Exil das Ge-
sprächsthema Nummer eins war. Anlaufstelle für Neuankömmlinge
war das Wikiki, ein mit Palmblättern gedecktes Haus, mit wild bemal-
ten Wänden und einer Veranda, geführt von dem jüdischen »Kunst-
gangster Jack Bilbo«. Der in Berlin im Jahr 1907 geborene Hugo Cyrill
Kulp Baruch hatte sich alias Al Capone als Leibwächter verdingt. Der
aktive Antifaschist und »Rebell aus Leidenschaft« verkaufte seine Bar

1 Aus *Torquemadas Schatten* von Karl Otten (1889–1963), konkret literatur Verlag, Hamburg
1980, S. 22

jedoch bereits 1933 weiter. Er ging mit seiner Braut nach Sitges bei Barcelona, wo er eine ähnliche Kneipe, die SOS-Bar, eröffnete.[2] Während in Palma die NSDAP-Anhänger in der 3000-köpfigen deutschen Hauptstadtkolonie immer dreister auftraten, blieb Cala Ratjada bis 1936 ein verträumtes *pueblo*. Die Schriftsteller und Verleger, Fotografen und Maler, die wegen ihrer politischen Einstellung oder »Rasse« aus Nazideutschland hierher geflohen waren, atmeten für kurze Zeit weiter »den Frieden der Insel, die Ruhe des letzten Paradieses, wie die Bauern hier sagen, zu dem das Meer in sanften Sprüngen rennt und tanzt, in blaue und grüne Gewänder gehüllt«.[3] So schwärmte der gebürtige Rheinländer und Pazifist Karl Otten.

Drei Tage bevor SS-Schergen seine Berliner Wohnung im März 1933 durchsuchten, war der Schriftsteller Otten mit seiner Frau entkommen und hatte – wie schon seit einem Jahr geplant – von Barcelona aus auf die Insel übergesetzt. Cala Ratjada hatte einen guten Ruf als preiswerte Exilantenkolonie am Mittelmeer, hier lebten neben Fritz Blei, einem Freund und Dichterkollegen, viele andere Gleichgesinnte. Der Autor Klaus Mann besuchte die Baleareninsel noch im Juni 1936, notierte, wie »hübsch« alles sei, und stellte fest: »Nazis nicht in Sicht!«[4] Aber hier irrte er, nur einen Monat später endete die friedliche Zeit.

Am 17. Juli 1936, also vor 75 Jahren, putschten General Francos Offiziere, der Spanische Bürgerkrieg begann und sprang auf die Insel über. Der militärische Befehlshaber auf den Balearen hatte sich schnell den Falangisten angeschlossen, Palma wurde besetzt und die republikanischen Politiker verhaftet. Der friedliche »Inselgarten« verwandelte sich in ein Jagdrevier. Einheimische und deutsche Faschisten erstellten schwarze Listen. Denunziert vom deutschen Konsul Hans Dede, der viele Juden bespitzeln ließ, kam Karl Otten für einige Tage in Haft, bevor er, wieder entlassen, auf einem britischen Kriegsschiff fliehen konnte und knapp seiner Deportation nach Deutschland entging.

Weniger Glück hatte der 1891 in Danzig geborene Heinz Kraschutzki, ein politischer Aktivist und führender Funktionär der »Internationale

2 http://www.merzmail.net/jackbilbo.htm Hier sind Bilbos Biografie und Veröffentlichungen nachzulesen, mit Fotos der Wikiki-Bar und von Jack Bilbo selbst.

3 Karl Otten, a. a. O., S. 11

4 Zitiert nach Axel Thorer: Mallorca. Lexikon der Inselgeheimnisse. Hoffman und Campe Verlag, Hamburg 2005, S. 59

der Kriegsdienstgegner«. Vor einem drohenden Hochverratsprozess hatte er sich nach Cala Ratjada abgesetzt, wo seine Frau mit den vier Kindern schon seit 1931 Unterschlupf gefunden hatte. Der ab 1934 staatenlose Kraschutzki war ein geschäftstüchtiger Sozialist, der in seiner eigenen, gut gehenden Korbwarenmanufaktur allen Angestellten gute Löhne zahlte, auch den Mallorquinern. Als ihn »Señor F«, ein ortsansässiger neidischer Konkurrent, im Jahr 1936 denunzierte, wurde der Deutsche zu 30 Jahren Zuchthaus verurteilt. Er litt neun Jahre und zwei Monate in Francos Gefängnissen, bis ihn britische Pazifisten 1945 endlich befreiten.

Wer wie das Ehepaar Otten kein Visum in ein Drittland bekam, saß in der Falle. Verzweifelt sollten sich deshalb die jüdischen Eltern von Lore Krüger das Leben nehmen. Die Tochter der aus Magdeburg stammenden Heinemanns war es noch gelungen, in das Sperrgebiet um Porto Christo vorzudringen und zu fotografieren: »Über dem ganzen Ort lag ein Blutgeruch. Da lagen Leichen in den Straßen. Francos Leute hatten sie mit Benzin übergossen und verbrannt. Aber nur zum Teil verbrannt … Schrecklich war das.«[5] Die Fotografin konnte sich und das Bildmaterial, das später in Frankreich veröffentlicht wurde, noch in Sicherheit bringen, aber sie musste Vater Ernst und Mutter Irene in ihrem Haus in El Terreno zurücklassen.[6]

Der linke Widerstand auf Mallorca war kurz. Die Kirche schwieg, als rechte Todesschwadronen nach ihrem Sieg die Insel durchkämmten und schätzungsweise 5 000 Menschen töteten. Es gab Kreuzigungen an Weinstöcken oder die berüchtigten »Klippenspaziergänge«, sicher auch in den Buchten um Cala Ratjada. Hitler verlangte 1940, auch Mallorca endlich »judenfrei« zu machen, die jüdischen Emigranten wurden als Erste ausgewiesen.

Mit den faschistischen Schlächtern rechnete Karl Otten in seinem 1937 in London geschriebenen Mallorca-Roman ab: *Torquemadas Schatten*. Denn sie wüteten in Spanien wie der bekannte mittelalterliche Groß-inquisitor Torquemada. »Er konnte nur eines denken. Mord, Folter,

---

5 Zitiert nach Christian Burkhard: Der Tod im Inselgarten. 7.7.2006 siehe: www.swr.de/swr2/service/audio-on-demand/-/id.../did.../index.htm

6 Amm.: Das Fernsehmagazin *Report* interviewte im September 2010 den Enkel, Ernst-Peter Krüger, der auf den Spuren seiner Großeltern, die er nie kennenlernte, nach Mallorca reiste. www.br-online.de/.../report.../report-muenchen-mallorca-ID1285581934160.xml

Hölle. Juden und Christen, Spanier und Moros mussten sterben, wenn sein Verdacht auf sie fiel.«[7] Die »Endlösung« kündigte sich bereits an: »Wir sind alle Juden – 70 % –, also werden wir alle verbrannt.«[8] Dass dieser schreibende »Seher«, sieben Jahre später erblindete, erscheint fast »wie eine Art mythischer Fügung«.[9] Nach der ersten Veröffentlichung seines wichtigsten Werkes 1938, wobei ein Großteil der Auflage vernichtet wurde, sollten jedoch noch 42 Jahre vergehen, bevor *Torquemadas Schatten* in Deutschland in der »Bibliothek der verbrannten Bücher« 1980 einen angemessenen Platz erhielt, 17 Jahre nach Karl Ottens Tod im Tessin.

Im Herbst 2010 suche ich in Cala Ratjada vergeblich nach einem Hinweis auf den deutschen Schriftsteller oder auf Kraschutzkis Manufaktur. Keine Tafel an einem Haus erzählt, wer hier wohnte oder wo und was die Wikiki-Bar war. Es gibt kein Denkmal, das an die Exilanten aus Deutschland erinnert. Und nirgends ist *Torquemadas Schatten* zu kaufen.

Auf einer Bank an der Promenade gedenke ich ihrer auf meine Weise. Blättere in Karl Ottens Roman, diesem gewaltigen Wortdenkmal. Die Wahrheit ist jedem zumutbar, und an sonnigen Tagen ist sie sogar leichter zu ertragen. Ich lese zwei Sätze aus dem Buch, die vielen der vorbeischlendernden Touristen regelrecht ins Gesicht geschrieben sind: »Für uns sind Sonne, Strand und Meer da. Alles andere geht uns nichts an!« Zum Glück ist es warm und windstill, und ich muss nicht frieren.

Port de Pollenca, Mallorca, Nordostküste

Der Pine-Walk in Port de Pollenca ist berühmt, seit sich der kleine Fischerhafen in den 1930er-Jahren zu einem Ferienort mauserte. Besonders beliebt war er immer schon bei englischen Touristen, zu denen

---

7   Karl Otten, a. a. O., S. 15
8   Ebenda, S. 34
9   Roland H. Wiegenstein: Nachwort. In: Karl Otten, a. a. O., S. 275. Mehr zu Karl Otten auch in: Wolfgang Asholt u. a. (Hrsg.): España en el corazón – Der Spanische Bürgerkrieg: Medien und kulturelles Gedächtnis. Athesis Verlag, Bielefeld 2008. Siehe auch: Cornelia Staudacher: Spaziergänge durch das literarische Mallorca, Arche Verlag, Hamburg 2001 (insbesondere S. 127ff)

auch die Krimiautorin Agatha Christie gehörte. Sie logierte im Hotel Sis Pins und schrieb hier ihre Kurzgeschichte *Problems in Pollenca Bay*. Jahrelang bin ich auf dieser Promenade unter den Schatten spendenden Pinien mit ihren bizarr verbogenen Stämmen spazieren gegangen. Hinter dem alten weißen Hotel Illa d'Or endet die große gepflasterte Promenade: *Betreten verboten*. Hier ist eine Militärbasis. Davor startete und landete manchmal ein orange-gelbes Löschflugzeug, dem mein Sohn begeistert zuschaute.

Auf diesem Sperrgebiet stand seit Jahrzehnten auch ein Granitblock, den ich jedoch nie zu Gesicht bekam. Darin eingemeißelt die Namen von 13 Deutschen: Seeflieger waren sie, Mitglieder der »Legion Condor« und während des Spanischen Bürgerkrieges hier in Port de Pollenca stationiert. Mit einer Flotte von gut einem Dutzend Wasserflugzeugen starteten sie Aufklärungsflüge oder flogen Angriffe auf die spanische Ostküste. Sie gehörten zu den 25 000 deutschen Soldaten, die Hitler abgestellt hatte, um in geheimen Operationen Francos Truppen zu unterstützen.

Nicht nur über dem Pine Walk war im Frühjahr 1937 Fluglärm zu hören, sondern über der ganzen Insel. Von dem alten Flughafen Son Bonet bei Palma, im heutigen Ortsteil Es Pont d'Inca, starteten Militärmaschinen, und am Steuerknüppel saßen noch mehr Piloten der »Legion Condor«. Ihre Fracht: Sprengbomben, Splitterbomben und Brandbomben. Ihr Ziel: Eine baskische Stadt auf dem spanischen Festland, deren Name damals für den republikanischen Widerstand stand. Ein Name, der bis heute ein Symbol für die Unmenschlichkeit dieses Krieges geblieben ist: Guernica. Es war nach dem nächtlichen Luftangriff am 26. April 1937 zu 70 % zerstört.

Einige junge Flieger der Elitetruppe hat der in Cala Ratjada verhaftete Pazifist Kraschutzki zufällig getroffen, als er auf einem Schiff in ein neues Gefängnis auf dem Festland verfrachtet wurde: »Diese jungen Menschen hatten nicht das geringste Gefühl dafür, dass es doch nicht etwas ganz Normales ist, in ein fremdes Land zu gehen, das Deutschland nichts zuleide getan hat, und dort Bomben auf Städte zu werfen.«[10] Zehn Jahre vor seinem Tod, im Jahr 1972, schrieb Kraschutzki diese Gedanken nieder. Dass seine *Erinnerungen an die Gefängnisse*

---

10 Siehe Fußnote 5)

des Spanischen Bürgerkrieges auf Mallorca bis heute keinen deutschen Verlag gefunden haben, nennt Axel Thorer, Journalist und Mallorca-Kenner, »eine kulturelle Schande«.[11] Doch 2004 ist das Dokument wenigstens auf Mallorquin, in der Sprache seiner Insel, erschienen.

Der unsichtbare Granitblock wurde erst zu einem öffentlichen Thema und auch für mich zu einem sichtbaren »Stein des Anstoßes«, als im Sommer 2008 die Mallorca-Zeitung darüber berichtete. Damals hatte in Spanien die Aufarbeitung der jüngeren Geschichte gerade erst begonnen: Im Oktober 2007 war das »Gesetz zur historischen Erinnerung« in Kraft getreten.

Darin geht es nicht nur um eine angemessene Entschädigungen der Opfer der Diktatur und deren Rehabilitierung. Aus der Öffentlichkeit sollen auch nach und nach die alten faschistischen Embleme entfernt oder beispielsweise Straßen, die immer noch Francos Namen tragen, umbenannt werden. Viel zu lange konnten sich die Franco-Getreuen – bestätigt durch die weiterhin vorhandenen und sie glorifizierenden öffentlichen Denkmäler und Inschriften – als *die* wahren Patrioten aufspielen, ja letztlich als die »wahren« Spanier auftreten. Dabei waren nicht sie, sondern ihre Gegner für die 1931 rechtmäßig gewählte Demokratie eingetreten: die Republik!

Nichts symbolisiert den Riss, der bis heute durch die spanische Gesellschaft geht, besser als der Fall des Untersuchungsrichters Baltasar Garzón.[12] Ultrarechte Vereinigungen zeigten »diesen Netzbeschmutzer« an und die alten Eliten erwirkten 2010 seine Entlassung, trotz lauter Proteste in Spanien und im Ausland. Die Begründung für die Suspendierung: Garzón habe gegen Gesetze verstoßen – etwa das Amnestiegesetz von 1977 – und außerhalb seines Zuständigkeitsbereiches agiert, als er Untersuchungen von Menschenrechtsverstößen und »Verbrechen gegen die Menschlichkeit« in der faschistischen Franco-Diktatur angeordnet hatte.

Das sei wie »die Rückkehr der Inquisition«, klagte eine spanische Opfervereinigung, und Amnesty International nannte die Entscheidung skandalös: »Die Glaubwürdigkeit Spaniens als Verteidiger der Menschenrechte ist angeschlagen.«

---

11 Axel Thorer, a. a. O., S. 174
12 Zum Weiterlesen: http://www.blaetter.de/archiv/jahrgaenge/2010/februar/der-unruhestifter

Die »zwei Spanien« streiten weiter, auch auf Mallorca.

Im Jahr 2008 beschloss dort eine linke Mehrheit im Gemeinderat der Stadt Pollenca, den Gedenkstein für die Naziflieger endlich abzubauen. Es war unerträglich geworden, zu wissen, dass auf einer Militärbasis im demokratischen Spanien immer noch der 13 deutschen Piloten mit den Worten gedacht wurde: »Sie fielen für die Freiheit Spaniens und im Kampf gegen den Bolschewismus.«

Es sollten jedoch über zwei Jahre vergehen, bis das spanische Verteidigungsministerium Taten folgen ließ. Seit April 2010 lagert der schwere Block nun in einer Flughafenhalle in Palma. Ob er ins dortige Militärmuseum gebracht und gar ausgestellt werden soll, quasi als ein historisches Dokument und mit entsprechenden Erläuterungen, ist eine ganz andere und noch ungeklärte Frage.

»Hier geschieht doch nichts, und wenn etwas geschieht, geht es uns Fremde nichts an.«

Das stimmt seit langem nicht mehr. Und wenn ich beim nächsten Spaziergang auf dem Pine Walk wieder ein Wasserflugzeug abheben sehe, werde ich meinem jubelnden Enkel die Geschichte der 13 deutschen Segelflieger und ihres Gedenksteines erzählen.

Cala Santanyi, Mallorca, Südostküste

Zwischen den beiden Buchten Cala Santanyi, Cala Llombards und noch oberhalb der Aussichtsterrasse zum Felsentor Es Portas erhebt sich eine Stele. Neun Blöcke sind übereinandergetürmt, hoch oben auf dem Küstenrand. Zehn Tonnen schwer und sechs Meter hoch ist dieser Totempfahl mit Meerblick. Ein Ort, an dem sich einheimische Ausflügler ebenso wie Touristen gerne fotografieren: »Bitte lächeln!« Aber wer die Geschichte des Werkes kennt, dessen Steine von hellgelb bis dunkelorange schillern, sieht mehr als ein spektakuläres Fotomotiv, er hört »Steine, die zum Himmel schreiend in sich hineinweinen«.[13]

---

13 Das Zitat stammt von der Literaturwissenschaftlerin Gisela Dischner, die Rolf Schaffner kannte. Zitiert nach Unterlagen von Nora Braun, Köln.

Geschaffen hat die mächtige Großskulptur ein deutscher Bildhauer, dessen Wahlheimat Mallorca war. Als sich das Inselparadies in ein faschistisches Gefängnis verwandelte, war der 1927 geborene Rolf Schaffner noch ein Schulkind im badischen Schwenningen. Als Jugendlicher musste er als letztes Aufgebot in den Zweiten Weltkrieg ziehen, der für ihn in Gefangenschaft endete. Der ausgebildete Bildhauer ging schließlich 1962 nach Mallorca, der Steine wegen.

Damals regierte Diktator Franco das Land immer noch mit eiserner Hand und garantierte Investoren eine stabile politische Lage. Mit der Einweihung des heutigen Flughafens im Jahr 1960 wurde die große Zeit des internationalen Massentourismus auf der Insel eingeläutet.

Nachdem Rolf Schaffner in München zehn Jahre als Nachtwächter für seine Rente gearbeitet hatte, kehrte er 1986 nach Santanyi zurück und erlebte wieder einen »Krieg«: Immer mehr Straßen, Hotels und Apartmenthäuser fraßen das fruchtbare Inselland, der Grundwasserspiegel sank, Böden versalzten, Müll verschandelte die Küsten, Plastik verschmutzte das Meer. Diesen »katastrophalen Folgen für Umwelt, Mensch und Tier« wollte er am Ende seines Lebens etwas Bleibendes und Mächtiges entgegensetzen, das Kunstprojekt *Equilibrio – Gedanken in Stein*.

Viele lachten über den »Spinner«, weil er »vorwiegend auf eigene Kosten und ohne materiellen Nutzen Steine in die Landschaft« stellte. Fünf Orte auf dem europäischen Kontinent suchte der Bildhauer aus, die – mit imaginären Linien verbunden – ein Kreuz formen: seine »Friedensmeridiane«.

Der südlichste Punkt der Europaskulptur liegt in Schaffners Wahlheimat Mallorca, wo er 1995 die erste Stele aufrichtete. Die Mitte, das Herz, bildete Köln im Jahr 1997, die nördlichste Skulptur stand drei Jahre später im norwegischen Trondheim auf einem ehemaligen Kanonenbunker. Im Osten wählte Schaffner das ehemalige Stalingrad, heute Wolgograd, als besonders symbolträchtigen Ort. Die Ost-Stele aus Granit wurde von der Partnerstadt Köln bezahlt und am 8. Mai 2005 enthüllt, denn der 60. Jahrestag des Kriegsendes war »der Anfang vom Ende des Hitler-Deutschland«.

Ein Jahr später merkte der Künstler kritisch an: »Mein Projekt müsste eigentlich *Desequilibrio* (Ungleichgewicht) heißen, das weltweit zunimmt. Für unser eigenes Gleichgewicht können wir etwas tun. Der

Willkür und Gewinnsucht von Potentaten sind wir aber scheinbar schutzlos ausgeliefert.«[14] Noch drei Jahre lag die letzte Stele West fertig im Steinbruch, bis 2009 das Kräfte zehrende Werk in Cork (England) endlich seinen Abschluss fand. Da war Rolf Schaffner bereits ein Jahr tot. Nur seine Steine sprechen weiter, erzählen von einem »Frieden, in Stein geschlagen«.

Ich lehne an der kantigen Stele und schaue auf das Meer, das *»in sanften Sprüngen rennt und tanzt, in blaue und grüne Gewänder gehüllt«.* Ja, es stimmt: *»Für uns sind Sonne, Strand und Meer da.«* Aber es gibt noch viel mehr, das uns etwas angeht.
In Mallorcas Schatten und in Mallorcas Sonne.

---

14 Ebenda

ROLAND BRAUCKMANN

Der wilde Mohn wächst nicht im Garten

In der würzigen Abendluft kitzelte der Duft von frischem Heu, als ich mich in meinem abgeschabten, groß geblümten Baumwollschlafsack zu Elli umdrehte, mein langes Haar unter den Schultern ordnete und mein Stirnband gerade rückte. Sie schlief schon, mit dem Kopf auf der Armbeuge. Im Mondlicht, das durch das Dach der alten Scheune fiel, nahm ich blinzelnd ihr entspanntes Gesicht mit den vollen Lippen und die regelmäßigen Atemzüge wahr, durch die sich ihre fast noch kindliche Brust hob und senkte. Zugedeckt hatte sich die 15-jährige mit dem durch Stickerei reich verzierten, selbst genähten roten Hippiekleid, in dem sie beim Trampen selbstbewusst die Blicke der Spießer in den vorbeirauschenden Trabis und Wartburgs auf sich zog. Von langen blonden Haarsträhnen bedeckt, hielt sie sich im Schlaf an unserer aus einer alten Westjeans zusammengestückelten Schultertasche fest. In meine Gedanken drängten sich Gerhard Schönes Textzeilen: *Ich muss singen, ich muss träumen: Frieden, Anmut, Poesie, Zartheit, Sanftmut und Vertrauen, Lieben, Lachen, Harmonie. Damit sich eure Herzen auftun, dass ihr fröhlich seid und lacht – dass wir uns ganz nahekommen, einen kleinen Augenblick, und beim Auseinandergehen etwas nachklingt wie Musik!*
Behutsam schob ich meine Hand unter ihre Wange, streckte mich wie eine Katze lang im Heu aus und schmunzelte beim Einschlafen noch mal über die Grenzkontrolle in Bad Schandau. Heute Morgen hatten wir die »DDR-Organe«, wie sich die Passkontrolleinheiten der Stasi offiziell nannten, auf dem Weg in die tschechischen Berge so richtig ausgetrickst.
»Hippies, Kunden und Gammler«, wie die Genossen uns DDR-Jugendliche im bunten Outfit geringschätzig bezeichneten, hatten üblicherweise fühlbare Repressalien beim Grenzübertritt zu erdulden. Das Geringste war noch die Aufforderung der strammen Uniformträger des

Arbeiter- und Bauernstaates: »Legen Sie ein Ohr frei!« Während die »bewaffneten Grenzorgane« das Passbild im Personalausweis studierten, musste man demütig die langen Haare beiseiteschieben und im Profil mit entblößtem Ohr die Ähnlichkeit mit dem alten Foto demonstrieren. Meist stand sogar ein Eimer kaltes Wasser bereit, in das die Grenzorgane unsereins tauchten, weil das nasse, angeklatschte Haar die Identität angeblich besser erkennen ließ. Bartträgern, denen dieser auf dem amtlichen Foto fehlte, wurde der Grenzübertritt ganz verweigert. Aus diesen Gründen erweckten wir heute Morgen, seriös in Hemd und Bluse gekleidet, im D-Zug Dresden–Prag den Eindruck, als Tagesausflügler nach Prag unterwegs zu sein. Meine langen Haare, die wir »Matte« nannten, hatte ich zusammengebunden unter einer neuen Jeansmütze versteckt. Älter als 18 sah ich damit auf jeden Fall aus. Auch Elli als gut entwickelte Minderjährige war so durchgerutscht. Lange wollten wir nicht durch die tschechischen Berge trampen. Nur mal kurz raus aus unserem spießigen deutschen Vaterland, wo jeder Schritt genau vorgeschrieben war und uns die Obrigkeit unerträglich am Gängelband führte. Ausbrechen aus den staatlichen Zwängen und selbst denken, statt denken lassen. Einmal die in der Schule gelernte »Kunst der doppelten Rede« beiseitelassen. *Ich lebe in einer Zeit, in der der Kampf zwischen den Weltsystemen seinen Höhepunkt erreicht hat. Bald wird das kapitalistische Weltsystem zusammenbrechen und der Endsieg des Sozialismus errungen* – meine letzte Arbeit in Staatsbürgerkunde der Berufsschule ging mir nicht aus dem Kopf. Ja, bei uns herrschten die Angst und der Selbstbetrug. Natürlich hatte ich gelogen, aber eine Eins kassiert. Ihr Lehrer, ihr wisst, dass ihr lügt, und wir wissen, dass ihr lügt. Die Wahrheit geht an Krücken in der DDR des Jahres 1976. Der Staat des Selbstgerechten beschleicht uns wie die Pest. Eigene Gedanken darf man in der Schule nicht aussprechen; der Besitz von Westzeitungen ist verboten. Aber Freiheit ist immer die Freiheit der Andersdenkenden und der wilde Mohn wächst nicht im Garten – er stirbt, wenn man ihn sich halten will.

Das Dunkel und die samtene Stille im Heu unserer kleinen tschechischen Scheune wurde plötzlich durch das aufgeregte Rufen eines Vogels und das Brummen eines Motors gestört, der schnell näher kam. Unruhig wälzte ich mich herum und nahm das schlafende Mädchen schützend in den Arm. Sie brummelte etwas, kuschelte sich dann jedoch in meine Armbeuge und ich begann, zur Beruhigung langsam ihre festen Brüste zu streicheln. Ich hoffte, die Störung dieses glücklichen Augenblicks würde rasch vorübergehen, aber der Motorenlärm verstärkte sich immer mehr. Durch die Ritzen des Scheunentores brachen plötzlich Lichtstreifen und kurz darauf erstarben die Motoren. Ich klammerte mich an Elli, als das hohe Tor knarrend aufschwang und Stiefel auf die Holzdielen der Einfahrt knallten. Von Taschenlampen geblendet nahm ich schemenhaft Männer wahr, die uns anleuchteten und auf Tschechisch anbrüllten. Schlaftrunken standen wir beide auf und wollten unsere Schlafsäcke zusammenraffen, wurden aber sofort mit Stößen in den Rücken und die Nieren Richtung Scheunentor getrieben. Gleißende Helle traf mich wie ein Faustschlag, sodass ich nur noch bunte Ringe vor den Augen sah. Die Scheinwerfer mehrerer Armeejeeps waren im Halbkreis auf die Scheune gerichtet, auf den Rückenlehnen der Autos saßen Bewaffnete. Ein älterer Mann baute sich vor uns auf und radebrechte: »Dein Ausweise!«

Ach, kommt zum Tanzen, kommt zum Schweigen, keiner braucht den Ausweis zeigen. Wir wollen unser Glück bestaunen, teilen unser Leid – lasst uns glücklich sein in dieser schlimmen Zeit! Der Text eines verbotenen Liedes schoss mir durch den Kopf. Ohne Ausweispapiere bist du ein Nichts für diesen Staat – nicht existent und vogelfrei. Nicht der Mensch zählt, sondern alleine der Name, das Alter, die Farbe des Passes. Für die Behörden sind wir »Akten«, für die Stasi »operative Vorgänge« und für die Grenzer demütige Arbeitssklaven der Despotie. Über den Skandal, dass ein Staat seinen Bürgern die Reisefreiheit verwehrt, weil er in sie investiert hat, schweigt man sich aus. *Ist mal einer losgegangen, hin zu einer schönen Stadt – hat man ihn nicht reingelassen, weil er keinen Ausweis hat!* Westberlin, Fiktion am Horizont des Berliner Fernsehturmcafés. Aber bisher war wenigstens der Weg nach Osten für uns offen; die Reise nach Tschechien als Traum der Freiheit von Überwachung und Kontrolle. Und nun dies.

Die Scheune, in der wir versucht hatten zu übernachten, befand sich im Grenzgebiet. Das war auch auf tschechischer Seite 30 Kilometer tief ins Landesinnere verlegt. Ein IM des STB, wie der Geheimdienst der ČSSR hieß, hatte uns verraten. Die tschechischen Grenzschützer waren ausgerückt, als gelte es ein Terroristennest auszuheben.

Nachdem ihnen klar geworden war, dass sie lediglich zwei minderjährige Tramper aufgegabelt hatten, verhörte man uns lustlos über Dolmetscher. Die Grenzer interessierte vor allem, ob wir über ihr Land in den Westen flüchten wollten. Da wir dafür aber zu wenig Gepäck hatten, richteten sie ihre Fragen bald auf mögliche sexuelle Beziehungen im Heu der Scheune. Elli berichtete mir später schmunzelnd, sie habe den »geilen Bock Vernehmer« davon überzeugen können, dass sie noch Jungfrau wäre. Was gehe die Polizei überhaupt ihr Privatleben an? Nachdem sie also auch auf diesem Gebiet keinen Erfolg hatten, packten uns die Grenzschützer auf einen offenen Jeep, fuhren uns zum deutschen Grenzübergang und warfen uns ohne Begründung gegen Mitternacht aus dem Land. Zu Fuß wanderten wir vier Stunden auf der menschenleeren Landstraße bis zum nächsten Bahnhof und fuhren müde in unsere von Betonhochhäusern starrende Heimatstadt zurück. Der Traum von der kleinen Freiheit in den tschechischen Bergen war uns vergangen.

Nur einen Monat später war jedoch vom AG 1 der Kripo eine neue »Sonder-K-Akte Roland« wegen des Verdachts auf Republikflucht eröffnet worden. Mein Stiefvater, mein Arbeitgeber und Lehrausbilder sowie Ellis Mutter wurden über unser Privatleben befragt und bekamen von der Kripo Anweisung, unsere Beziehung zu zerstören. Unsere Liebesbriefe wurden von ihrer Mutter zur Stasikripo gebracht, gegenseitige Besuchszeiten zu Hause überwacht und eingeschränkt, sodass Elli schließlich einen Selbstmordversuch unternahm. Erst durch die Fürsprache eines couragierten Kinderpsychologen durfte die damals 14-jährige danach in die Wohnung des Pfarrers umziehen. Herberts Kapelle, benannt nach Martin Luther King, befand sich mitten im Neubaugebiet. Er kannte die Hoffnungslosigkeit unter DDR-Jugendlichen genau, war er doch vor seinem späten Theologiestudium selbst FDJ-Pionierleiter gewesen. Seine »Einmischung in die Jugendpolitik der Partei« sollte den Pfarrer jedoch teuer zu stehen kommen. Die Stasi charakterisierte ihn wegen seines Einsatzes für selbstmordgefährdete Jugendliche als »einen Amtsträger, der unter dem Deckmantel der Kirche durch seine negative Einstellung zur Partei- und Staatsführung strafbare Handlungen mittels Untergrundtätigkeit unter der jugendlichen Intelligenz durchführt« und leitete einen »operativen Vorgang Prediger« gegen ihn ein. Aussagen wie: »In der christlichen Nächstenliebe gibt es keine Klassengegner. Wir müssen genauso raffiniert arbei-

ten wie die, die uns etwas am Zeuge flicken wollen«, vom Gemeinde-
kirchenrat und IM »Johannes« hinterbracht, nahm ihm die Staatsmacht
besonders übel. Nach zweijährigen Ermittlungen war der Pfarrer zwar
verunsichert, es war ihm jedoch keine »Straftat« nachzuweisen. Und so
hielt er weiter die Hand über mich, obwohl sein vorgesetzter Bischof
inzwischen als IM »Bruder« von der Stasi beauftragt worden war, meinen »Angriffen gegen die Gesellschaftsordnung« keine Basis mehr zu
bieten.

Von marxistischer Erziehung und Gesellschaftskritik geprägt, war ich
kein grundsätzlicher Feind der DDR. Die Stasi attestierte mir jedoch,
»als Gerechtigkeitsfanatiker keine moralischen Grundlagen in der
Armee, der Herrschaft der Partei und dem DDR-Staat zu sehen … und
im Gottesdienst zum Umtausch von Kriegsspielzeug aufzurufen«.
Falsch lagen sie nicht mit dieser Einschätzung. Den bewaffneten Ar-
meedienst hatte ich bereits bei der Musterung verweigert, weil ich
»keine Westdeutschen umbringen« wollte.

Die Zersetzungsmaßnahmen wurden erst dann vorübergehend eingestellt, als Elli und ich aktiv eine neue Jugendgruppe in der evangeli-
schen Kirche ins Leben riefen und weitere Geistliche uns politische
Unbedenklichkeit attestierten. Wir gaben der Jugendgruppe den Namen
»Schneerose« und projektierten eine offene Sozialarbeit. Der Name
sollte das raue Klima der weißen DDR-Neubaublöcke, deren Enge, die
Hoffnungslosigkeit und die Sehnsucht der Jugendlichen dort symbolisch aufgreifen. Gleichzeitig faszinierte uns das Motto der Geschwister
Scholl im Kampf ihrer »Weißen Rose« gegen den Nationalsozialismus:
*Legt ab den Mantel der Gleichgültigkeit, den ihr um euer Herz ge-
legt habt!* Zur Leitungsgruppe des Pfarrers gehörten außer mir und der
inzwischen 15-jährigen Schülerin Elli zwei Adventisten, ein Jungschar-
mitarbeiter und ein sehr frommer, aber schwuler Jugendlicher aus der
Jungen Gemeinde. Diesen setzte der Geheimdienst später aufgrund
»pädophiler Verfehlungen« – er sollte angeblich einen 15-jährigen verführt haben – dermaßen unter Druck, dass er sich widerwillig als IM
»Pieps« verpflichten ließ.

Der Arbeitsvertrag mit der Diakonie schützte mich in dieser Zeit vor
der drohenden Verhaftung durch den Geheimdienst oder die politische
Polizei K 1. »Als Gegenpol zur FDJ will der Pfarrer eine ›freie Jugendarbeit‹ aufbauen; auf seine Veranlassung finden in kirchlichen Räumen

Trinkgelage und Diskussionsabende mit negativen politischen Inhalten statt«, notierte der Geheimdienst über unsere Treffen. Die Spitzel hatten unsere modernen Abendmahlsfeiern als Trinkgelage interpretiert. Besonders der IM »Schreiber«, ein immer nervös wirkender Mitarbeiter der Singegruppe »Brigade Feuerstein«, konnte nicht verstehen, weshalb es in der Kirche glaubwürdiger zugehen solle als in der marxistischen FDJ. Da er außerdem immer knapp bei Kasse war, bezahlte ihm sein Führungsoffizier regelmäßig kleine Beträge zwischen sieben und 40 Mark für Hintergrundinformationen über die Aktionen unserer »Schneerose«. Auch der Kirchenjournalist IM »Baldur«, ein ehemaliger SED-Funktionär, schoss Fotos von unseren Zeltlagern, schrieb die am Lagerfeuer gesungenen Liedtexte mit und sammelte unsere Träume, die wir ihm gutgläubig erzählt hatten. Später fand ich alles als »Stasi-Chronik« in den Akten der Berliner Gauck-Behörde wieder.

Das Klima der Angst und Unsicherheit, das durch die unter uns vermuteten Spitzel verursacht und geschürt wurde, lähmte uns nach und nach immer spürbarer. Meine Entlassung aus dem kirchlichen Dienst wurde auf Drängen von Informellen Mitarbeitern in der Kirchenspitze vorangetrieben, die mir »fehlendes Vertrauen zu unserem Staat« vorwarfen. Da ich nun über kein schützendes Arbeitsverhältnis mehr verfügte, versuchten die Behörden, vom Geheimdienst koordiniert, mich zu kriminalisieren. In der DDR herrscht nicht nur das Recht, sondern auch die Pflicht zu regelmäßiger Arbeit. Da ich mich mit künstlerischen Siebdrucken, Fotos und Werbeplakaten für kirchliche Veranstaltungen gerade so durchschlug, sollte ich 1980 wegen »asozialen Verhaltens« verurteilt und in ein Arbeitslager eingewiesen werden. Eine städtische Gutachterin stellte sich jedoch quer und weigerte sich, mir gesellschaftlich schädliches Verhalten zu attestieren. Ich wurde allerdings zu einem »Zwangsarbeitsverhältnis« in einer Ziegelfabrik verpflichtet. Da ich nicht mehr kreativ arbeiten konnte und stattdessen unter schwerer körperlicher Anstrengung mit ständig betrunkenen Kollegen zu tun hatte, bekam ich schwere Depressionen. Die notwendige psychologische Behandlung wurde mir jedoch von verschiedenen Ärzten, die unter dem Einfluss der Staatssicherheit standen, versagt. Damals schrieb ich einem Freund: *Und wenn die Welt voll Teufel wär ... wo hab ich das gelesen? Die Hoffnung hatten, sind wohl tot – wo sind sie her gewesen? Die Teufel haben sich potenziert, die Angst hat lange Ohren. Der*

Mut der Massen ist kastriert, die Herzen tiefgefroren. Und wer dort lebt, zerfällt zu Staub, das Sein ist nicht gefragt. Was man auch spricht, was man auch klagt, ist, als ob nichts gesagt.

Meiner Freundin erzählte ich von meinen Vermutungen über Spitzel, klagte über die staatlich organisierten subtilen Benachteiligungen und Behinderungen. Gemeinsam mit ihr schüttelte ich mögliche Verfolger ab und korrespondierte mit Partnern aus der Friedensbewegung nur noch durch persönlich überbrachte Briefe. Trotzdem erhielt ich immer öfter Ablehnungen auf meine Bewerbungen um eine neue Stelle im sozialen Bereich. Meine damaligen Befürchtungen sollten jedoch durch die Wirklichkeit noch übertroffen werden. 15 Jahre später fanden sich in meiner Stasiakte mit dem diffamierenden Titel »OV Strohmann« präzise Planungen von Stasioffizieren wieder. Darin war vom Organisieren beruflicher Misserfolge die Rede, die mich verunsichern und beugen sollten – ein ausgetüfteltes »operatives Zusammenwirken« von Behörden, Ämtern, Partei und Geheimdienst. Neben Observationen waren die Genossen zu »konspirativen Haussuchungen« in meiner Abwesenheit auch in mein Zimmer eingedrungen und hatten in privatesten Aufzeichnungen gewühlt. Dieses Gefühl des Misstrauens gegen alles und jeden trug dazu bei, dass Elli unsere Beziehung, unter dem Vorwurf, ich hätte eine »Verfolgungspsychose«, abbrach. Sie ertrug diese menschenverachtenden Methoden staatlicher Repression nicht länger an meiner Seite. Der Druck nahm ihr und mir den Spaß am Leben – und sie wollte noch viel Spaß.

Man schrieb das Jahr 1981. Mit einer Eisenstange durfte ich weiter unter Betrunkenen zerbrochene Ziegelsteine am Fließband herausbrechen, mit einer Spitzhacke gehärteten Zement zerkleinern. Überall, wo ich hinkam, standen schon die Vasallen der Partei bereit, um mir Knüppel zwischen die Beine zu werfen. Auch die letzten, bisher unabhängigen kirchlichen Führungskräfte pflegten inzwischen den »vertrauensvollen Dialog« mit den Machthabern. In Polen rollten Panzer über die Gewerkschaftsfahnen der »Solidarität«, streikende Arbeiter wurden von den Genossen in Umerziehungslager gekarrt. Deutsche Truppen standen wieder am Neißefluss, »dem faulen Polen aufs Haupt zu schlagen«. Auf Parteiversammlungen kursierten umgeschriebene Naziwitze. Der kürzeste Polenwitz hieß: »Treffen sich zwei Polen auf Arbeit.« Eine neue Selbstmordwelle überrollte die ihrer Hoffnung beraubten

Jugendlichen im Land. In Jena vergaste sich Geige, der oft bei mir gesessen hatte, um verbotene Westbücher zu lesen – meist Grass, Böll, Freud, Richter oder auch Kafka. Sein Tod solle uns zeigen, wie sinnlos Selbstmord sei, schrieb er. Sinnlos war nur sein Leben im Käfig DDR. In Görlitz gingen zwei Jungen gemeinsam in den Tod. Der Leiter der dortigen offenen Jugendarbeit, ein Mensch randvoll mit Güte, stellte nun einen Ausreiseantrag. Da entschloss ich mich endgültig, auch für mich Reisefreiheit zu fordern.

Gleichzeitig gründete ich unter dem Eindruck der Kriegsgefahr in Polen mit mehreren Pfarrern in Dresden eine pazifistische »Initiative für einen Sozialen Friedensdienst«. Wir forderten Sozialarbeit statt Kriegsdienst in der DDR-Armee NVA. 300 000 Unterschriften wollten wir sammeln, um eine Volkskammerinitiative auszulösen. Die Stasi stellte überrascht eine Massenwirksamkeit fest und befand, dass »… die Aktionen den innerkirchlichen Raum überschritten haben und öffentlichkeitswirksam auf die Schwächung der sozialistischen Landesverteidigung gerichtet sind«. Für die Öffentlichkeitsarbeit war ich zuständig. Als gelernter Schriftsetzer druckte ich den Aufruf zu Hause mithilfe alter Ormigwalzen nach und fertigte im Siebdruck massenhaft bunte Aufkleber mit Slogans wie *Spiel Frieden, nicht Krieg!* und *Frieden schaffen ohne Waffen!* an. So geriet ich als »Organisator des Sozialen Friedensdienstes« erneut auf die Abschussliste des Geheimdienstes. Drei IM aus dem Initiativkreis, von denen einer sogar die Kontaktadresse für neue Sympathisanten war, verrieten meine Aktivitäten an die Stasi. Wie eine Chronik der Dresdner Ereignisse lesen sich heute die 2000 Seiten über den »OV Provokateur«.

Mit einer der letzten Reisen für DDR-Bürger war ich noch kurz vor dem Armeeputsch im sonst bereits gesperrten Polen gewesen. Dort hatte ich Abzeichen, Aufkleber und Druckerzeugnisse der Gewerkschaft »Solidarnosc« organisiert und in Socken versteckt über die deutsche Grenze geschmuggelt. Die polnischen Organisatoren setzten sich damals unter erheblichen persönlichen Gefahren für das Streikrecht der Arbeiter ein.

Aber wie reagiert eine Jugend, von der nur Jasagen verlangt wird? Wenn die einzigen Demonstrationen, an denen sie teilnehmen darf, von Vater Staat organisiert werden und die erlaubten Parolen vorher in der Zeitung stehen? Von einem spontanen Aufbruch wie in Polen konnte ich in der DDR nur träumen. Damit wenigstens das besser gelang, pinnte ich ein weißes Plakat mit der leuchtend roten Aufschrift »Solidarnosc!« über mein Bett. Damit legte ich, ohne es zu ahnen, den Grund für meine spätere Verhaftung. Weil mich Freunde besuchten, die dabei einen Blick auf diesen Schriftzug werfen konnten, wurde aus meinem Bekenntnis zur Solidarität mit dem polnischen Volk in der Lesart der SED eine strafrechtlich relevante »öffentliche Herabwürdigung der polnischen Bruderpartei«. In unserem Nachbarland klebte das gleiche Plakat an Zäunen und Bushaltestellen – 20 Kilometer weiter wurde es zum kriminellen Vergehen.

Kaum rollten im Dezember 1981 Panzer in Polen, nahm die Stasi diese Spitzelinformationen zum Anlass, mir zuerst meinen Ausweis wegzunehmen und mich dann zu verhaften. Ich hatte kurz zuvor durch eigene Initiative in einer kleinen Privatdruckerei endlich einen Arbeitsplatz gefunden. Als ich mir gerade ein Frühstücksbrötchen schmierte, klingelte es und mein Meister führte zwei Ledermäntel in die Setzerei. »Kriminalpolizei, folgen Sie uns zur Klärung eines Sachverhaltes!« Draußen wartete ein beigefarbener, schmutziger Wartburg mit Cottbuser Kennzeichen, in dem zwei hagere Herren mit teigigen Gesichtern saßen. Diese Visagen kannte ich. Das waren keine Kripobeamten – das war Staatssicherheit. Ich beruhigte mein inneres Zittern damit, dass ich nach den tragischen Ereignissen in Polen meine voraussichtliche Verhaftung über eine Deckadresse in der Schweiz an die Gefangenenhilfsorganisation Amnesty International gemeldet hatte. Unter diesen Leuten stellte ich mir junge, handfeste Kerle in knallengen Jeans vor, bärtig und mit flammendem Blick. Die würden mich schon freikämpfen, so wie es mit Corvalán in Chile oder Theodorakis in Griechenland gelungen war. Diese Gewissheit gab mir Kraft, ich drückte mein Rückgrat durch und sah den Geheimen fest in die Augen. Diese senkten wirklich den Blick und murmelten auf Sächsisch: »Wer'n S'e nich noch frech, Sie!« Und: »Sie sind vorläufig festgenommen. Bei einem Fluchtversuch wird scharf geschossen!«

Wie der Teufel rasten die vier, ich auf dem Rücksitz in ihrer Mitte, über die Autobahn in meine Bezirksstadt. Auf meine Frage nach dem Haftbefehl und dem Vorwurf grinsten sie nur. Wer die Macht hat, hat auch das Recht, so nennen sie es. Wo auch die Öffentlichkeit staatlich gelenkt wird, hat das Individuum keine Chance. In meinen Schläfen hämmerte es: Eine Nacht können sie mich so festhalten, der Haftrichter wird schon alles aufklären. Ich habe doch nichts Besonderes gemacht.

Bekannten ist es allerdings schon passiert, dass sie, als sie nach 24 Stunden erschöpft das Gebäude verließen, wenige Schritte weiter erneut festgenommen wurden, wieder zur »Klärung eines Sachverhalts«. Man konnte sich zwar hinterher beschweren, aber genauso gut konnte man auch das Meer anbrüllen. Stasi, Kripo, Staatsanwälte und Richter steckten alle unter einer Decke. Dass auch mein Anwalt Wolfgang Schnur als IM »Torsten« zu diesem Sumpf gehörte, wusste ich damals noch nicht. Ich studierte den pickeligen, kurz geschorenen Nacken des vor mir sitzenden Dederonhemdes. Das waren sie also, die es zu jeder Zeit gibt. Die Büttel, die Knechte, die jeden Auftrag übernehmen, die nie eine eigene Meinung haben, aber zynisch, machtgeil und unmenschlich sind. Wie können sie nur abends ihre Kinder küssen und ihnen von ihrem Judaslohn Geschenke kaufen? Doch ich durfte mich nicht aufregen, brauchte meine Kraft noch. Jetzt durfte ich keine Schwäche zeigen und tröstete mich im Geist mit Bettina Wegeners Lied: *Du bist gestürzt, doch nicht gefallen, und liegst nicht auf den Knien. Dir geht es wie den Nachtigallen, die allzu laut geschrien. Der Mensch lernt sterben oder siegen im Glück wie in der Not. Ein Vogel lernt in Freiheit fliegen und singt bis in den Tod!*

Der Wagen hielt vor einer burgähnlichen Anlage, mir wurde eine Decke über den Kopf geworfen. Dunkelheit. Ich hörte das Tor quietschen, der Wagen startete und hielt gleich wieder. Hundegebell, Rufe, Wortfetzen, man riss mir die Decke vom Kopf. Vor mir eine Gittertür, eine Uniform schrie: »Komm'se, bisschen zügig, da ran, Gesicht zur Wand, Beine breit!«, und tastete mich heftig ab. Drinnen musste ich mich ausziehen, alles. »Bücken, Arschbacken auseinander!« Jemand sah rein. Wie kann man einen Menschen so demütigen? Nackt stand ich vor den grinsenden Stasitypen mit der blutroten Kordel um die Schulterstücke und musste nun alte Polizeihosen, ein blau gestreiftes Fleischerhemd und Filzlatschen anziehen. »Daran gewöhn'se sich schon. Komm'se, Hände auf den Rücken!« Überall brannten rote Lampen, die anzeigten, in welchen Räumen sich gerade jemand aufhielt – alles nur, damit sich Gefangene nicht beim Vorbeiführen begegneten. Ein Geisterhaus. Riegel, Schlösser, Spione in den Türen. Nein, das ist kein Museum, kein

KZ. Und du bist hier als Gefangener. Die blutrote Kordel klapperte mit ihrem Schlüsselbund. »Rein hier. Vergessen Sie Ihren Namen, Sie sind jetzt Nummer 220, links!« Ich wurde in einen sehr schmalen Raum mit zugemauertem Fenster gestoßen. An der Decke summte penetrant eine Neonröhre. Das Bett war so schmal, dass nur zwei Matratzen längs hineinpassten. Es war verboten, tagsüber darauf zu sitzen oder sich anzulehnen. Diese Einzelzelle sollte die nächsten vier Monate mein Zuhause sein. Oft sollte ich nachts am Lüftungsschlitz hängen, gierig die Geräusche der Cottbuser Straßenbahn, das Rauschen des fernen Spreewehrs und das Hupen der Autos aufsaugend. Alle zehn Minuten schlich sich eine Uniform heran, schaltete kurz das Neon an und blaffte durch den Spion: »Links, weg von der Wand!« Was sind das bloß für Menschen?, dachte ich. Wie kommen die zur Stasi? Wie ist denen zumute, bei all dem Unrecht und der Unmenschlichkeit, an denen sie beteiligt sind? Haben die ein Gewissen? Wahrscheinlich liegt es unter einem Berg von Arroganz und Überheblichkeit begraben. Wann ist in ihnen der Mensch gestorben und was haben sie vom Leben? Sie haben ihre Sensibilität gegen ein paar Privilegien getauscht und werden diese heulend beweinen, wenn es mal anders kommt. Wenn sie zur Rechenschaft gezogen werden.

Irgendwann muss ich eingeschlafen sein. Laut und grell begann der Tag mit einem dröhnenden Hupton früh um vier. Zellen wurden auf- und zugeschlossen. Das hallende, krachende Geräusch werde ich wohl nie vergessen. Nur so merkte ich in dieser Burg des Schweigens, dass auch andere Gefangene in den Nebenzellen waren. Abruptes, kaltes Neonlicht, krachendes Klopfen an den Türen, metallisches Hallen eiserner Riegel. Waschen, Anziehen, Meldung in kürzester Zeit. »Verwahrraum mit einem Strafgefangenen belegt!« Dann Warten auf die Marmeladenbrote, das Plastikmesser, den Apfel. Der Plastikbecher, das einzige private Gut, wanderte zum Empfang der Zichorienbrühe durch die Türklappe. Danach das »Neue Deutschland« für 20 Minuten zum Lesen – alle Nachrichten aus Westdeutschland waren herausgeschnitten. Die zensierten ihre eigene Zeitung! Danach das Warten auf die nächste Vernehmung, im Bewusstsein, dass dein einziger Gesprächspartner in dieser schweren Zeit dein ärgster Feind ist. Morgens dringt durch den Lüftungsschlitz wenigstens das Tageslicht in die Zelle. Der Sonnenfleck auf graugelb getünchter Wand wandert in zwei Stunden eine Handbreit. Ganz nahe schiebst du deine Augen an die armeegrüne Wand, die Botschaften der Vorgänger zu lesen, die kaum sichtbar mit millimeterdünner, verbotener Bleistiftmine gekritzelt wurden. Der Hungerstreikler ein Stockwerk tiefer ruft mir in der Mittagspause der Wärter mit dem zum Trichter gerollten »Neuen Deutschland« die Heizungsröhre entlang Mut zu. Mein Vernehmer bestellt mich und lauert: »Sie haben einen Brief bekommen. Sie könnten ihn lesen, wenn ich ihn nicht gerade zerreißen würde. Post wird Ihnen nicht genehmigt. Haben Sie sich zur Aussage besonnen?« Schon, aber in anderer Weise. Das innere Zittern hört erst wieder auf, wenn er gegangen ist. Ein weiterer Monat Einzelhaft. Mit der Zeit gerinnt das Leben. Extrovertierte Menschen zerbrechen daran.

Im selben Monat erreichte den Innenminister der DDR eine umfangreiche Liste mit Unterschriften aus ganz Italien, die die Amnesty-Gruppe in Brescia für meine Freilassung gesammelt hatte. Gleichzeitig kümmerten sich Aktivisten derselben Organisation aus dem dänischen Esbjerg mit Briefen und Paketen um die Unterstützung meiner Eltern.

Von dem grellen Neonlicht, das tagsüber angeschaltet blieb, brannten mir die Augen, und der Summton verursachte dröhnende Kopfschmerzen. Als ich mich später auf dem Boden krümmte, weil ich durch den psychischen Druck eine Nierenkolik bekommen hatte, verweigerte die Stasi mir tagelang eine medizinische Behandlung. Dafür wurde ich täglich acht Stunden zur Vernehmung geschleppt. Der Oberleutnant mit dem Vogelkopf tat mitfühlend, schaltete sein Tonband ein und schrieb gleichzeitig jedes meiner Worte handschriftlich mit. Viel war das nicht. Bei den Treffen unserer Friedensgruppe, die ihn vornehmlich interessierten, kannten wir uns nur bei den Vornamen. Adressen waren uninteressant, ansonsten war ich vergesslich. Mit dieser beharrlichen Behauptung löste ich einen Wutanfall aus. Mir wurden dafür in den nächsten Monaten die »Sprecherbesuche« meiner Mutter gestrichen. »Der Strafgefangene tritt überzogen höflich auf und besteht auf angeblichen Rechten, bei deren Nichterfüllung er eine Verletzung von Menschenrechten behauptet«, las ich später von seiner Hand in meiner Gefangenenakte.

Die Tür wurde krachend aufgeschlossen. Die roten Lampen brannten. Ich schritt, die Hände auf dem Rücken, an den Wachen vorbei zur

»Freistunde«, die nur 40 Minuten dauerte. Man hatte uns für die Dauer der Gefangenschaft Uhren und jedes Schreibzeug abgenommen. Draußen ging es Stufen hinunter, vorbei an Stahltüren. Acht Freiluftzellen gruppierten sich wie Tortenstücke um einen Wachtturm mit Maschinengewehr. Drei Meter breit, acht Meter lang, die Mauern fünf Meter hoch und darüber ein Vogelgitter. Jeder Strafgefangene bekam eine eigene Zelle. Reden, Rufen oder Steinchenwerfen war verboten. Immerhin räusperten oder niesten wir öfter, um uns einander unserer Existenz zu versichern. Die bedrückende Isolierung wurde so als Illusion entlarvt. Einen mögen sie brechen, aber viele können widerstehen. Gut gelernt hatten die Kommunisten diese Art der Demütigung. Sie hatten ja selbst genügend Zeit in ähnlichen Zuchthäusern verbracht. Im Abschluss meiner Stasiakte war ich mit der Kennziffer »KZ 4.1.« im Krisenfall zur Liquidierung vorgesehen worden.

Während man draußen im Dreieck lief, wurden drinnen täglich die Zellen nach Bleistiftstummeln oder Papier durchsucht. Ich blickte auf das Untersuchungsgefängnis der Staatssicherheit. Vier Stockwerke vergitterte Fenster – statt Glasscheiben waren überall Glasbausteine hinter die Gitter gemauert, davor schwarze Eisenplatten angeschweißt. Hoch oben über den Freizellen ein Laufgang, wo ständig ein Posten hin- und herlief und auf die Gefangenen in der Gruft hinunterstarrte – alles aus Beton, grau und düster und kalt. In meine deprimierte Stimmung drängte sich bei diesem Anblick plötzlich ein Gedanke: Schneerose! Da war sie wieder, die Hoffnung gegen alle Hoffnungslosigkeit. Und ich hob den Kopf in den stahlgrauen Himmel und begann beim Gehen zu summen: *Wacht auf, Verdammte dieser Erde…* Mit diesem Arbeiterkampflied war ich groß geworden, in der Schule hatten wir den Text auswendig gelernt, und so sang ich immer deutlicher: »… die man noch zum Hungern zwingt! Das Recht, wie Glut im Kraterherde, nun mit Macht zum Durchbruch dringt! Reinen Tisch macht mit den Bedrängern, Heer der Sklaven wache auf!« Ich schaute dem Bewaffneten über meinem Kopf in die Augen und dachte: Was wirst du denken, wenn du stirbst? Wofür hast du gelebt? Das war also dein erbärmliches Leben, dein einziges, und bald ist es sinnlos weg. Jede Kritik in sich unterdrücken, nur gehorchen, wenn andere befehlen. Arm dran. Der Posten starrte mich an, machte unsichere Bewegungen und blaffte verhalten: »Hörn'se auf damit! Singen ist hier verboten! Auch so was!«

Ich brach ab und musste lachen. Sie ertragen ihre eigenen Lieder nicht mehr. Die müssen ja so unsicher sein. Mensch, wie erbärmlich klein sind sie doch in ihrer Macht. Statt zu argumentieren, verlangen sie vom ganzen Volk Anbetung ihrer parteilichen Phrasen. Aber den Kampf gegen Bücher und Lieder werden sie verlieren. Die Nazis haben verloren, und sie werden auch verlieren.

Mitte 1982 wurde ich von einer jungen Richterin in meiner Lausitzer Heimatstadt zu 20 Monaten Haft ohne Bewährung wegen »öffentlicher Herabwürdigung Polens« verurteilt. Erschwerend kam dazu, dass der Geheimdienst bei einer Hausdurchsuchung alte Aufzeichnungen zum Bau eines Heißluftballons gefunden hatte. Ein Jahr später wurde ich am Ostermorgen für 95 000 DM direkt aus der Einzelzelle, die wir »Tigerkäfig« nannten, von der Bundesregierung freigekauft. Nach vier Stunden Busfahrt, flankiert vom weißen Mercedes des Rechtsanwalts Vogel und sauer blickenden Stasitypen, umfing uns sanft der beginnende Frühling in den hessischen Bergen. Ein unbeschreibliches Gefühl, endlich wieder zehn Schritte geradeaus gehen zu können und mit dem richtigen Namen angesprochen zu werden. Dauernd erwartete ich anfangs, dass noch etwas Schlimmes passieren müsse. Zu vieles war anders. Sonst verbotene Westzeitschriften lagen offen am Kiosk aus. Neugierig starrte ich beim ersten Spaziergang in der Stadt in die Gesichter der Westdeutschen. Ich meinte, dass mir jeder ansehen müsse, wo ich herkam und was ich hinter mir hatte. Aber es interessierte sich keiner für mich.

URS M. FIECHTNER

Sex and Drugs and Rock 'n' Roll – and Amnesty?

Es ist schon eine Ewigkeit her, aber gefühlt war es eigentlich erst gestern, als ein vor Empörung schwitzender und vor Zorn purpurrot leuchtender Deutschlehrer türenknallend in die 11. Klasse eines baden-württembergischen Gymnasiums stürmte. Er hatte die Zeitung gelesen: Einer seiner Schüler hatte zur Gründung einer Amnesty-Gruppe aufgerufen. Öffentlich. In der Zeitung. Und der Name der Schule wurde auch noch genannt. Das war zu viel!

Mit einem »Terroristenfreund« wolle er nichts zu tun haben, brüllte der Lehrer. Er war außer sich und tobte so laut, dass die Wände wackelten. Genau genommen, tobte er auf Schwäbisch – was angesichts einer solch gemütlichen Mundart bereits als künstlerische Leistung anerkannt werden muss – und brüllte daher wörtlich »Terrorischtefreindle«. Aber es klang überhaupt nicht gemütlich. Das Wahre, Gute und Schöne ist in der Pflichterfüllung des Menschen zu finden, empörte er sich, nicht in sogenannten »Rechten«, und das gelte besonders für Deutsche. Wer von Menschenrechten fasele, sei ein vaterlandsloser Geselle und würde mit seiner Humanitätsduselei den Namen seiner Schule in den Dreck ziehen und die Namen aller aufrechten Deutschen noch dazu. Und das auch noch in diesen Zeiten, in denen der Russe vor der Tür stehe und Terroristen das Land bedrohten. Nur ein ausgemachtes Charakterschwein könne in solchen Zeiten die Gehirne mit dem Gefasel über Menschenrechte vernebeln, das sei doch dasselbe wie Drogen verteilen oder die Leute mit perverser Musik verrückt machen, ereiferte er sich, so was mache nur ein Unterwanderer, ein nützlicher Idiot feindlicher Geheimdienste, ein Berufsrevoluzzer! Ein Staatsfeind! Er brüllte laut, er brüllte lange, wurde immer röter im Gesicht und begann, mit Büchern um sich zu werfen. Erst mit dem Klassenbuch, dann mit seiner riesigen Aktentasche, die, weil er viel mehr ein Schwäbisch- als ein Deutschlehrer war, mit den Werken von Uhland, Hauff, Mörike und anderen Schlaftabletten vollgestopft war, die ihm sonst dazu dienten, seine Stunden in feierliche Hochämter für antiken Nationalstolz zu verwandeln – was durchaus bedenklich war, denn wenn ein Schwabe anfängt, kreischend mit Mörike um sich zu werfen, dann steht er nicht mehr am Rande des Nervenzusammenbruchs, sondern ist schon mittendrin wie Spätzle in der Soße. Solche Dreckskerle dulde er nicht in seinem Klassenzimmer, schrie er. »Raus hier! Du hast Hausverbot! Lebenslang! Und deine Kinder und Kindeskinder auch!«

Ich war nicht besonders beeindruckt von der Stringenz seiner Argumente, aber doch von der Vehemenz, mit der sie vorgetragen wurden. Also verließ ich die Schule, sozusagen vorsichtshalber, um nicht verantwortlich zu sein für den explosiven Herztod eines Deutschlehrers, vor allem aber, weil ich der friedensstiftenden Bedingung des Schuldirektors, den Aufruf zur Gründung einer Amnesty-Gruppe »doch ganz einfach zurückzunehmen«, nicht folgen wollte.
Außerdem waren mir Wutanfälle alter Männer mit einem politisch bedingten Blutdruckproblem nicht fremd. Wie viele andere meiner Generation kannte ich derartige Ausbrüche schon, schließlich waren wir mitten im Kalten Krieg, dessen Betonwände und Eisernen Vorhänge sich nicht nur an irgendwelchen Zonengrenzen aufbauten, sondern sich kreuz und quer durch die gesamte Gesellschaft zogen. Überall entlang der Grenzen waren Minen vergraben, die jederzeit hochgehen konnten, wenn man seinen eigenen Weg suchen und nicht auf den streng beschilderten Straßen unserer Eltern, Lehrer oder Professoren marschieren wollte. Bei uns in Deutschland lagen noch ein paar mehr Minen herum als anderswo, denn zu denen, die aus den Angstfabriken des Kalten Krieges stammten, gesellten sich noch die vielen hinzu, die aus den finstersten Zeiten der Vergangenheit unserer Eltern und Großeltern übrig geblieben waren.

Das unrühmliche Ende meiner Schulkarriere hatte schon zwei Jahre zuvor begonnen, Anfang der 70er-Jahre, an einer bayerischen Schule unweit von München. Damals war ich 16 Jahre alt und gehörte zu einem Kreis von Schülerinnen und Schülern, die einige Probleme mit jenen Minen aus der Vergangenheit hatten. Wir wollten nicht länger von Leuten unterrichtet werden, die ihr Handwerkszeug in der Nazizeit erworben und die, wie wir fanden, seitdem nichts dazugelernt hatten. Wir wunderten uns über unsere Geschichtslehrer, die begeistert und endlos über Karl den Großen oder den Alten Fritz schwadronieren konnten, aber nur schmallippig und kurz angebunden in ein paar Schulstunden durch das »Dritte Reich« hetzten, als wäre jemand hinter ihnen her. Wir hatten Zweifel an der Qualifikation von Französischlehrern, die ihre Sprachkenntnisse ausschließlich als Besatzungssoldaten erworben hatten, und wir fanden es seltsam, dass der Direktor undisziplinierte Klassen, in denen es etwas lauter zuging, mit dem Ausruf »Hier geht es ja zu wie in einer Judenschule« unter Kontrolle zu bringen versuchte.

Wir hingegen versuchten den Direktor unter Kontrolle zu bringen, indem wir gegen ihn auf der Straße demonstrierten – in der Zeitung hieß es, es sei die erste Demonstration seit den Novemberunruhen von 1918 gewesen –, aber wir hatten in Physik nicht aufgepasst und die Sache mit dem längeren Hebel falsch berechnet. Es flog zwar niemand sofort aus der Schule, aber unsere Noten wurden wie durch Zauberhand immer schlechter – und wenn einzelne Lehrer dabei nicht mitspielen wollten, wurden längst benotete Klassenarbeiten von der Fachaufsicht eingezogen und neu bewertet. Wenn das alles nichts half, hagelte es Suspendierungen für geringste Vergehen, womit der vorübergehende Ausschluss vom Unterricht gemeint war. Gegen legalisiertes Schulschwänzen ist zwar nichts zu sagen, dumm war nur, dass jede Schularbeit in dieser Zeit automatisch mit einer glatten Sechs bewertet wurde. Es gab eine Menge Druck und langsam wussten wir nicht mehr, wie wir uns dagegen wehren sollten. Manchmal zweifelten wir auch daran, ob wir noch im Recht waren oder tatsächlich so verwirrt und verdorben, wie es unsere Lehrer von uns behaupteten.

In dieser Zeit kamen Referenten von Amnesty International an die Schule. Es war ein Zufall, der nichts mit unseren Konflikten zu tun hatte, sondern nur mit einem Projekttag über Lateinamerika, über die sozialen und politischen Konflikte dort und über die Unterdrückung der Meinungsfreiheit durch Diktaturen. Manches davon kam uns ein bisschen bekannt vor, aber vor allem begegneten wir den ersten Erwachsenen in unserem Leben, die eine präzise Vorstellung von der Freiheit des Menschen hatten, die etwas zu sagen hatten über unsere Rechte, nicht nur über unsere Pflichten, und die dabei nüchtern und vernünftig blieben, ganz weit weg von all den ideologischen Verkrampfungen und den verfeindeten Lagern jener Zeit. Außerdem schienen sie unsere Lehrer nervös zu machen, mehr noch als die Demonstrationen, weil das, was sie da hören mussten, nicht nur in der Menschenrechtserklärung, sondern auch im Grundgesetz der Bundesrepublik Deutschland stand. Das war interessant.

Wir nagelten an das Schultor ein Schild mit einer Aufschrift, die wir uns von den Grenzübergängen an der Berliner Mauer abgeschaut hatten: »Achtung! Sie verlassen den Geltungsbereich des Grundgesetzes der Bundesrepublik Deutschland!« und gründeten eine Schülergruppe von Amnesty International.

Damit hatten wir uns allerdings noch verdächtiger gemacht, als wir es sowieso schon waren. Ein paar Wochen später holte mich mein Vater am Schultor ab, was er sonst nie tat, schon gar nicht in voller Uniform. Er war damals ein hohes Tier bei der Bundeswehr, setzte aber seine Privilegien sparsam ein und kreuzte nur dann im Dienstwagen auf, mit Chauffeur und Adjutanten, wenn er eine wichtige diplomatische Funktion zu erfüllen hatte oder wenn, wie er sich militärisch knapp ausdrückte, »die Kacke am Dampfen« war. Offenbar war die Kacke diesmal sehr am Dampfen, denn sein Blutruck war am Anschlag und an seinen Schläfen konnte man die Zornesadern pochen sehen.

Mein Vater war ein aufrechter Mann und eine durch und durch ehrliche Haut, aus der er aber dank seines leicht entflammbaren Temperamentes auch wie ein Geschoss herausfahren konnte, sobald jemand seine in Eisen geschmiedeten Auffassungen von Ehre und Anstand infrage stellte oder es wagte, an seinem Weltbild zu rütteln. Zu seinem Unglück wurde pausenlos daran gerüttelt und die Welt war übervoll von Themen, die wie Brandbeschleuniger auf sein Temperament wirken mussten: Kommunismus (eine Weltverschwörung); Russen (stehen vor der Tür); Langhaarige (alles Kommunisten); Drogen (eine Waffe der Kommunisten); Rockmusik (Gehirnwäsche der Kommunisten); freie Liebe, Hippies, Homosexualität, Miniröcke, Kriegsdienstverweigerung, Pressefreiheit, Gleichberechtigung, Demonstranten, Pazifismus, Ungehorsam, Pornofilme (alles Tricks der Kommunisten) – die Reihe war endlos. Vor allem fürchtete mein Vater, ganz so wie meine Lehrer, um die »Jugend von heute« – die es damals allerdings ebenso wenig gab wie zu irgendeiner anderen Zeit und die für ihn in der größten Not war, unterwandert und verwirrt und aufgeweicht durch die drei übermächtigen Feinde Sex, Drogen und Musik.

An diesem Tag war leicht zu sehen, dass er an einem dieser Themen schwer zu schlucken hatte. Ich rechnete mit dem größten Anschiss aller Zeiten – wenn er wollte, konnte mein Vater ein komplettes Bataillon auf dem Kasernenhof derart in Grund und Boden brüllen, dass die Stahlhelme davonflogen. Aber diesmal blieb er ganz leise. Er ließ mich wortlos in seinen Dienstwagen einsteigen und blätterte in einer Akte auf seinem Schoß. »Ich weiß jetzt endlich, warum du urplötzlich so ein schlechter Schüler geworden bist«, sagte er. Und dann las er mir aus der Akte vor. Erst kamen die Namen und Adressen aller meiner Freunde. Dann die Adressen der Orte, an denen wir uns trafen, die Eisdiele, die Kneipe am See, der Sportplatz, die Disko im verlassenen Bootshaus, die Studenten-WG, der Badestrand ... Dann kam unsere Wohnung dran mit den Namen der Leute, die mich besuchten, Beschreibungen der Fahrräder, die vor der Tür standen, Nummernschilder von Mofas und Rollern und Autos, peinlicherweise auch die Personenbeschreibung und Namen der beiden Mädchen, mit denen ich gleichzeitig ging und die nichts voneinander wissen sollten (und meine Eltern schon gar nicht ...). Zuletzt waren alle Treffen der neuen Amnesty-Gruppe im evangelischen Gemeindehaus aufgelistet, einschließlich der Namen aller Mitglieder.

Es waren ungefähr 20 Seiten in Schreibmaschinenschrift, aus denen er mir da vorlas; die Daten stammten aus mehreren Monaten und waren fast lückenlos. Dann kam er zu den politischen Bewertungen. In der Studenten-WG gäbe es jemanden, las er vor, der zum »Marxistischen Studentenbund Spartakus« gehöre und einen Bart wie Fidel Castro trüge, eine meiner Freundinnen stamme aus einer Familie, die komplett sozialdemokratisch sei, im Dritten Reich im Exil gelebt habe und heute Willy Brandt unterstütze, mein bester Freund sei auf Veranstaltungen von Anarchisten gesehen worden, zwei weitere Freunde hätten an Veranstaltungen gegen die CSU und den Bundestagsabgeordneten Franz Josef Strauß teilgenommen, die Band, in der ich spielte, würde Drogen anpreisen, gezielt anti-amerikanische Lieder spielen und zu ungezügeltem Sex aufrufen, und die Schüler, die das ganze Theater gegen den Direktor inszeniert hätten, seien alle mit den JuSos und sonstigen Unterwanderern verbandelt. Und, o ja, diese Organisation Amnesty

International, bei der ich mich neuerdings herumtreiben würde, sei, und das wisse doch eigentlich jeder, nichts anderes als eine Schöpfung des sowjetischen Geheimdienstes KGB. Das sei wohl der Gipfel – sein Sohn ein russischer Agent!

Er klappte die Akte zu und sah mich an, noch immer puterrot, aber gefährlich leise. »Nein, nicht was du jetzt denkst«, sagte er, »ich schnüffele nicht hinter dir her – aber andere beobachten dich, und das aus gutem Grund, weil die Leute um dich herum restlos verdorben sind. Deine Schule hat den Verfassungsschutz auf dich aufmerksam gemacht, weil du dich in den falschen Kreisen herumtreibst. Du bist unter faule Äpfel geraten, du hast dich anstecken lassen und musst jetzt die Folgen tragen«. Er holte Luft und erklärte mir, dass ich in diesem Schuljahr zum zweiten Mal durchfallen würde, das sei schon jetzt ausgemachte Sache und nicht mehr zu verhindern. Und in Bayern würde mich dann kein Gymnasium mehr aufnehmen. Er dächte auch gar nicht daran, mich in dieser Umgebung zu lassen. Ab nächstem Jahr würde ich nebenan in Baden-Württemberg zur Schule gehen und dort von vorne anfangen. Und damit basta.

Mir blieb keine Wahl, als zu gehorchen. Und den Befehl meines Vaters ganz wörtlich zu nehmen, nämlich an der neuen Schule »von vorne anzufangen« … Die Attacke des Deutschlehrers, so durchgeknallt sie auch war, kam deshalb nicht wirklich überraschend.

Die Amnesty-Gruppe gibt es übrigens heute noch. Die Schule auch. Nur der Deutschlehrer ist nicht mehr da. Aber neulich hat mich einer seiner Nachfolger angerufen und deutliche Zeichen des Zorns gezeigt – über seine Schüler. Die seien politisch ungebildet und desinteressiert, klagte er. Sie hätten nicht die geringste Ahnung über Menschenrechte. Unwissenheit sei doch der perfekte Nährboden für politischen Radikalismus und so. Ob Amnesty da nicht irgendetwas tun könnte? Vielleicht einen Vortrag halten? Oder an der Schule eine Amnesty-Gruppe aufbauen?

Selbstverständlich habe ich ihm zugesagt. Morgen werde ich in meine alte Schule gehen und etwas über Amnesty erzählen. Und danach hole ich freiwillig die Polizei – wegen des lebenslangen Hausverbots.

MARKUS MUNZER-DORN

Der Anfang vom Lied

»Ihr Herren Generäle und ihr Herren Präsidenten!
Ihr Herren Unternehmer, all ihr Herren dieser Welt!
Jetzt werd ich euch mal sagen, was mir nicht gefällt!«

Ja, im Ernst, so fingen früher unsre Lieder an.
Voller Idealismus, den man nur bewundern,
voller Naivität, über die man nur staunen kann.

Als hätten wir nicht genau gewusst,
dass diese Lieder,
wenn sie denn jemals
aus der Kneipe, dem Hinterzimmer,
dem regennassen Festivalzelt
nach außen gedrungen wären
in die »Welt«,

schon in den ersten Vorzimmern jener Herrn
von deren untersten Sekretären
wie lästige Krümel
vom Schreibtisch gewischt worden wären.

Im Grunde waren wir wohl überzeugt
von unserer Machtlosigkeit.
Nichts wurde mit Singen, Dichten, Schreiben erreicht.

Aber da täuschten wir uns vielleicht.

Denn irgendwann hörte man
von diesen Leuten,
die Briefe schrieben,
beharrlich, hartnäckig, stur,
Briefe
von ausgesuchter Höflichkeit
und doch messerscharf.

Geehrter Herr Präsident,
schrieben sie,
Exzellenz, Eure Hoheit,
Herr Senator oder Herr Generalsekretär,

Wir bitten dringend um Information,
einen Menschen betreffend,
der in einem Ihrer Gefängnisse sitzt,
der nie ein Verbrechen beging
und nie vor einem Gericht stand,
der eine Ihnen unbequeme Meinung äußerte
und im Anschluss an eine friedliche Demonstration
einfach verschwand.

Wir haben uns gründlich informiert,
wir beobachten den Fall,
auch die Weltöffentlichkeit ist dabei.

Lassen Sie den Gefangenen frei!

Wieder diese Naivität,
über die man nur staunen kann.
Sogar die unteren Sekretäre,
die längst ein paar Hundert dieser Briefe
gewohnheitsmäßig in den Papierkorb gewischt hatten,
staunten irgendwann.

Und plötzlich hieß es
auch in den oberen Etagen:
Wieso wissen die das überhaupt?
Sind unsere Mauern nicht dick genug?
Wir haben doch dieses Subjekt
wie tausend andere
in aller Stille und spurlos verschwinden lassen
(haben wir jedenfalls geglaubt!).
Und warum hat so jemand
Freunde in aller Welt,
die uns auf die Finger schauen?

Und die Herren,
die so selbstgerechten,
blinzelten irritiert

im ungewohnten Licht der Öffentlichkeit
und waren auf einmal bereit
zu Zugeständnissen
an die Menschlichkeit.

Ja, ab und zu konnte man erleben,
wie große Herren
lernten, klein beizugeben.

Das ist die Macht
der geballten Machtlosigkeit.

Das ist
unbefugte Einmischung
in innere Angelegenheiten
unserer eigenen Welt.

Und das veränderte eine Menge,
nicht nur unsre Liedanfänge.

Hier wird keine Menschheit errettet,
keine Schlacht
und kein letztes Gefecht gewonnen.

Wir verloren jedoch
mit der Zeit
ein Stück weit den Glauben
an die eigene Machtlosigkeit.

Autorenverzeichnis

Bilgin, Sakir: *1951 in der Türkei, seit 1976 in Deutschland, 1978–2003 Lehrer in Köln, 01/1983–03/1986 in türkischer Militärhaft, Menschenrechtler und Autor mehrerer Bücher in türkischer und deutscher Sprache.

Brauckmann, Roland: *1959 in Rochlitz, gelernter Schriftsetzer, arbeitet als wissenschaftlicher Mitarbeiter im Haus der Geschichte, Projektgruppe Leipzig, lebt in Hoyerswerda.

Clauß, Moritz: *1991 in Berlin, Schüler der 13. Klasse an einem bayerischen Gymnasium, Mitglied der Amnesty-Gruppe Neu-Ulm.

Diehl, David: *1981 in Heidelberg, 2002–2008 Jurastudium an den Universitäten Heidelberg und Leiden (NL), seit 2008 Doktorand und Kollegiat des Graduiertenkollegs »Erfolgreiche Internationale Streitbeilegung«, 2008–2009 Mitarbeiter am Max-Planck-Institut für Völkerrecht in Heidelberg, seit 2010 Mitarbeiter an der Universität Potsdam, Mitglied der nationalen Koordinationsgruppe gegen Straflosigkeit von Amnesty International.

Dijk, Lutz van: *1955 in Berlin, danach Lehrer in Hamburg und später Mitarbeiter des Anne-Frank-Hauses in Amsterdam, seit 2001 Gründungs-Codirektor von HOKISA *(www.hokisa.co.za)* in Kapstadt, einer Stiftung, die sich in Südafrika für von Aids betroffene Kinder und Jugendliche engagiert.

Eickelpasch, Rosida: *1944, aufgewachsen in Olbernau/Erzgebirge, verheiratet, drei Kinder, seit mehr als 30 Jahren aktives Mitglied bei Amnesty International, lebt in Ennigerloh/Westfalen.

Engelmann, Reiner: *1952 in Völkenroth/Hunsrück, Sozialpädagoge, Autor und Herausgeber, Lehrerfortbildungen in den Bereichen Leseförderung, Gewaltprävention und »Kultur der Anerkennung«, seit 1969 Mitglied bei Amnesty International, lebt in Sprendlingen/Rheinhessen.

Fiechtner, Urs M.: *1955 in Bonn, aufgewachsen in Lateinamerika, seit 1976 freiberuflicher Schriftsteller und Herausgeber, schreibt Prosa, Lyrik und Sachtexte sowohl für Jugendliche wie für Erwachsene, darunter viele Bücher zu Menschenrechtsthemen, seit 1970 Mitglied bei Amnesty International, lebt in Langenau bei Ulm.

Flacke, Uschi: Autorin und Kabarettistin, 44 Buchveröffentlichungen, Autorin für zahlreiche Filmdrehbücher, Theaterstücke und Musicals, Auszeichnungen u. a. Goldener Spatz, Österreichischer Jugendbuchpreis (Kollektion).

Jacobsen, Ingo: Seit über 30 Jahren Mitglied bei Amnesty International. Er ist dort in der Koordinationsgruppe für das englischsprachige südliche Afrika tätig. Von 1991–1998 war er Regionalbeauftragter für Afrika und von 1998–2002 im Vorstand der deutschen Sektion. Seit 2001 ist er Sprecher der Arbeitsgruppe für die Durchführung des Aktionsprogramms für Menschenrechtsverteidiger.

John, Mathias: *1957, arbeitet seit 1980 ehrenamtlich bei Amnesty International und ist Sprecher des Arbeitskreises »Wirtschaft, Rüstung und Menschenrechte« der deutschen Sektion von Amnesty International. Arbeitsschwerpunkte sind unter anderem die Verantwortung von Wirtschaftsunternehmen für Menschenrechte, Konflikte und wirtschaftliche Aktivitäten, der Global Compact sowie das Thema konventionelle Rüstungstransfers und Menschenrechte, dabei insbesondere Kleinwaffen, Polizei-/Sicherheitsausrüstung und die Privatisierung von militärischen und polizeilichen Dienstleistungen.

Kerner, Charlotte: *1950 in Speyer, erhielt bereits zweimal den Deutschen Jugendliteraturpreis (1986 und 2000), schreibt am liebsten Biografien und Zukunftsgeschichten. Ihr Klon-Roman »Blueprint – Blaupause« wurde mit Franka Potente in der Hauptrolle erfolgreich verfilmt und in 13 Sprachen übersetzt. Sie lebt in Lübeck und Pollenca, Mallorca.

Kessler, Stefan: *1964 in Berlin, M. A., Studium der Geschichte, Volkswirtschaftslehre und Afrikanistik in Köln, Stipendiat der Friedrich-Ebert-Stiftung, seit 1985 Berufstätigkeit vor allem im Ausländer- und Asylrecht, gegenwärtig Senior Policy & Advocacy Officer beim

Jesuiten-Flüchtlingsdienst Europa in Brüssel. Seit 1980 Mitglied von Amnesty International, von 1998–2004 Vorstandsmitglied der deutschen Sektion von Amnesty International, seit 2006 Vorstandssprecher. Veröffentlichungen zu Menschenrechtsfragen, Flüchtlingspolitik, Ausländerrecht und historischen Themen.

Mahajan, Ragni: *1977 in Hamburg, Theologin, Vikarin der Nordelbischen Kirche in Hamburg, Sprecherin der Amnesty-Gruppe MERSI (Menschenrechtsverletzungen und sexuelle Identität) in Hamburg.

Mancuso, Elena: *1991 in Ulm, Schülerin der 13. Klasse an einem bayerischen Gymnasium, Mitglied der Amnesty-Gruppen in Ulm und Neu-Ulm.

Munzer-Dorn, Markus: *1955, klassische Gitarrenausbildung, studierte Literaturwissenschaft, Komponist vor allem für Bühnenmusik, Konzertgitarrist und Autor, lebt in Ulm.

Probst, Larissa M.: *1980, aufgewachsen in Südfrankreich und Norddeutschland, studierte Kommunikations- und Mediendesign in Dortmund. Seit 2001 tätig im Bereich Bildungsmarketing. Seit 2008 Geschäftsführerin der Service-Gesellschaft eines Verbandes im freien Bildungswesen. Mitglied im Bundesvorstand von Amnesty Deutschland.

Richtmann, Lea: *1990 in Ulm, Studentin, Mitglied von Amnesty-Gruppen in Ulm und Mannheim, lebt in Mannheim.

Richtmann, Mathis: *1992 in Ulm, Schüler der 13. Klasse an einem bayerischen Gymnasium, Mitglied der Amnesty-Gruppen in Ulm und Neu-Ulm.

Robbert, Florian: *1990, er wuchs in Kassel auf und machte dort sein Abitur. Seit August 2010 ist er, wie in seinem Artikel beschrieben, in Mexiko City. Wer Fragen an ihn hat, kann ihm schreiben unter *florian.robbert@freenet.de*

Ruge, Gerd: *1928, Ausbildung beim Nordwestdeutschen Rundfunk zum Journalisten. Seine Tätigkeit als Journalist führte ihn in viele Länder, u. a. in die Sowjetunion, Indochina, Korea, Amerika, Südosteuropa, später Leiter der Sendung »Monitor«, danach Leiter des Moskauer ARD-Studios. Er ist Autor und Träger zahlreicher bedeutender Preise, u. a. Adolf-Grimme-Preis, Bundesverdienstkreuz, Otto-Hahn-Friedensmedaille, Hans-Joachim-Friedrichs-Preis. Gerd Ruge war Mitbegründer der ersten deutschen Amnesty-Gruppe und lebt in Moskau.

Siege, Nasrin: *1950 in Teheran (Iran), deutsch-iranische Kinder- und Jugendbuchautorin und Psychologin, lebte von ihrem neunten Lebensjahr an in der Bundesrepublik und seit 1983 in verschiedenen afrikanischen Ländern, z. Z. in Äthiopien. Mit dem von ihr gegründeten Verein »Hilfe für Afrika e.V.« *(www.hilfefuerafrika.de)* unterstützt sie seit 1996 Kinderhilfsprojekte in Tansania, Sambia, Madagaskar und Äthiopien.

Weibel, Andrea: *1966, ausgebildete Lehrerin, Studium der Geschichte, Soziologie und Politologie in Zürich, wissenschaftliche Redakteurin beim Historischen Lexikon der Schweiz, Veröffentlichungen in »Lose Blätter«.

Quellenverzeichnis

Brauckmann, Roland: »Der wilde Mohn wächst nicht im Garten«, entnommen aus: Reiner Engelmann, Urs M. Fiechtner (Hg.), »Frei und gleich geboren – Ein Menschenrechte-Lesebuch«, Verlag Sauerländer, Aarau, Frankfurt am Main, Salzburg 1997, © Autor

Eickelpasch, Rosida: »Aufhören war nie eine Alternative«, gekürzte und aktualisierte Fassung des gleichnamigen Beitrags in: Reiner Engelmann, Urs M. Fiechtner (Hg.), »Aller Menschen Würde – Ein Lesebuch, amnesty international gewidmet«, Verlag Sauerländer, Aarau, Frankfurt am Main 2001, © Autorin

Engelmann, Reiner: »Kein Kinderspiel«, entnommen aus: Reiner Engelmann, Urs M. Fiechtner (Hg.), »Kinder ohne Kindheit – Ein Lesebuch über Kinderrechte, mit einem Vorwort von Wolfgang Niedecken«, Patmos Verlag, Sauerländer, Düsseldorf 2006, © Autor

Fiechtner, Urs M.: »Dass wir heute frei sind«, überarbeitete und erweiterte Fassung des Beitrags »amnesty international im Überblick«, in: Reiner Engelmann, Urs M. Fiechtner (Hg.), »Aller Menschen Würde – Ein Lesebuch, amnesty international gewidmet«, Verlag Sauerländer, Aarau, Frankfurt am Main 2001, © Autor

Fiechtner, Urs M.: »Die Postkarte«, entnommen aus: Urs M. Fiechtner, Sergio Vesely (Hg.), »Geschichten aus dem Niemandsland – Texte über Menschenwürde und Menschenrechte«, Schmetterling Verlag, Stuttgart 1999, © Autor

Munzer-Dorn. Markus: »Das Anfang vom Lied«, Reiner Engelmann, Urs M. Fiechtner (Hg.), »Aller Menschen Würde – Ein Lesebuch, amnesty international gewidmet«, Verlag Sauerländer, Aarau, Frankfurt am Main 2001, © Autor

Weibel, Andrea: »Der Kriegsverbrecher«, entnommen aus: Tobias Kiwitt, Ulrich Klan (Hg.), »Wer die Wahrheit spricht … muss immer ein gesatteltes Pferd bereithalten – Ein Lesebuch. 30 Geschichten aus dem Armin T. Wegner Literaturwettbewerb Menschenrechte, mit einem Nachwort von Günter Wallraff«, Wuppertal 2009, © by T. Kiwitt, U. Klan/Edition Roesner, Mödling (A) 2010

... own proper...
... ...ation with others.
property. ... one shall be arbitrarily deprived of h...

Article 18

Everyone has the right to freedom of thought,
conscience and religion; this right includes free-
om to change his religion or belief, and free-
m, either alone or in community with others
 in public or private, to manifest his religion
lief in teaching, practice, worship and ob-
nce.

19

has the right to freedom of opinion and
; this right includes freedom to hold
thout interference and to seek, re-
part information and ideas through
d regardless of frontiers.